中国旅游院校五星联盟教材编写出版项目

中国骨干旅游高职院校教材编写出版项目

旅游管理专业模块 ｜ 模块主编 黄国良 陈增红

# 旅游策划实务

## Tourism Planning Practices

主编 贾玉芳　　　副主编　王黎明　周　崴

王晓庆　刘开萌

中国旅游出版社

# 编辑出版工作指导委员会

# 编辑委员会

（按拼音首字母的音序排序）

# 特邀模块主编

# 出 版 说 明

把中国旅游业建设成国民经济的战略性支柱产业和人民群众更加满意的现代服务业，实现由世界旅游大国向世界旅游强国的跨越，是中国旅游界的光荣使命和艰巨任务。要达成这一宏伟目标，关键靠人才。人才的培养，关键看教育。教育质量的高低，关键在师资与教材。

经过 20 多年的发展，我国高等旅游职业教育已逐步形成了比较成熟的基础课程教学体系、专业模块课程体系以及学生行业实习制度，形成了紧密跟踪旅游行业动态发展和培养满足饭店、旅行社、旅游景区、旅游交通、会展、购物、娱乐等行业需求的人才的开放式办学理念，逐渐摸索出了一套有中国特色的应用型旅游人才培养模式。在肯定成绩的同时，旅游教育界也清醒地看到，目前的旅游高等职业教育教材建设和出版还存在着严重的不足，体现在教材反映出的专业教学理念滞后，学科体系不健全，内容更新慢，理论与旅游业实际发展部分脱节等，阻碍了旅游高等职业教育的健康发展。因此，必须对教材体系和教学内容进行改革，以适应飞速发展的中国旅游业对人才的需求。

上海旅游高等专科学校、浙江旅游职业学院、桂林旅游高等专科学校、南京旅游职业学院、山东旅游职业学院、郑州旅游职业学院等中国最早从事旅游职业教育的骨干旅游高职院校，在学科课程设置、专业教材开发、实训实习教学、旅游产学研一体化研究、旅游专业人才标准化体系建设等方面走在全国前列，成为全国旅游教育的排头兵、旅游教学科研改革的试验田、旅游职业教育创新发展的先行者。他们不仅是全国旅游职业教育的旗帜，也是国家旅游局非常关注的旅游教育人才培养示范单位，培养出众多高素质的应用型、复合型、技能型的旅游专业人才，为旅游业发展做出了贡献。中国旅游出版社作为旅游教材与教辅、旅游学术与理论研究、旅游资讯等行业图书的专业出版机构，充分认识到高质量的应用型、复合型、技能型人才对现阶段我国旅游行业发展的重要意义，认识到推广中国骨干旅游高等职业院校的基础课程、专业课程、实习制度对行业人才培养的重要性，由此发起并组织了中国旅游院校五星联盟教材编写出版项目暨中国骨干旅游高职院校教材编写出版项目，将六校的基础课程和专业课程的教材成系统精选出版。该项目得到了"五星联盟"院校的积极响应，得到了国家旅游局人事司、教育部高职高专旅游专业教学指导委员会、中国旅游协会旅游教育分会的大力支持。经过各方两年多的精心准备与辛勤编写，在国家"十二五"开局之年，这套教材终于推出面世了。

中国旅游院校五星联盟教材编写出版项目暨中国骨干旅游高职院校教材编写出版项目所含教材分为六个专业模块：**"旅游管理专业模块"**（《旅游概论》、《旅游经济学基础》、《中国旅游地理》、《中国旅游客源国与目的地国概况》、《旅游市场营销实务》、《旅游服务业应用心理学》、《旅游电子商务》、《旅游职业英语》、《旅游职业道德》、《旅游策划实务》、《旅游交际礼仪》）；**"酒店服务与管理专业模块"**（《酒店概论》、《酒店前厅部服务与管理》、《酒店客房部服务与管理》、《酒店餐饮部服务与管理》、《酒店财务管理》、《酒店英语》、《酒店市场营销》、《调酒与酒吧管理》）；**"旅行社服务与管理专业模块"**（《旅行社经营管理》、《旅游政策与法规》、《导游业务》、《导游文化基础知识》、《旅行社门市业务》、《旅行社业务操作技能实训》）；**"景区服务与管理专业模块"**（《景区规划原理与实务》、《景区服务与管理》、《旅游资源的调查与评价》）；**"会展服务与管理专业模块"**（《会展概论》、《会展策划与管理》、《会展设计与布置》、《实用会展英语》）；**"烹饪工艺与营养专业模块"**（《厨政管理》、《烹饪营养与食品安全》、《面点工艺学》、《西餐工艺与实训》）。本套教材实行模块主编审稿制，每一个专业模块均聘请了一至三位该学科领域的资深专家作为特邀主编，负责对本模块内每一位主编提交的编写大纲及书稿进行审阅，以确保本套教材的科学性、体系性和专业性。"五星联盟"的资深专家及六校相关课程的骨干教师参与了本套教材的编写工作。他们融合多年的教学经验和行业实践的体会，吸收了最新的教学与科研成果，选择了最适合旅游职业教育教学的方式进行编写，从而使本套教材具有了鲜明的特点。

1. 定位于旅游高等职业教育教材的"精品"风格，着眼于应用型、复合型、技能型人才的培养，强调互动式教学，强调旅游职业氛围以及与行业动态发展的零距离接触。

2. 强调三个维度能力的综合，即专业能力（掌握知识、掌握技能）、方法能力（学会学习、学会工作）、社会能力（学会共处、学会做人）。

3. 注重应用性，强调行动理念。职业院校学生的直观形象思维强于抽象逻辑思维，更擅长感性认识和行动把握。因此，本套教材根据各门课程的特点，突出对行业中的实际问题和热点问题的分析研讨，并以案例、资料表述和图表的形式予以展现，同时将学生应该掌握的知识点（理论）融入具体的案例阐释中，使学生能较好地将理论和职业要求、实际操作融合在一起。

4. 与相关的行业资格考试、职业考核相对应。目前，国家对于饭店、导游从业人员的资格考试制度已日渐完善，而会展、旅游规划等的从业资格考核也在很多旅游发达地区逐渐展开。有鉴于此，本教材在编写过程中尽可能参照最新的各项考试大纲，把考点融入到教材当中，让学生通过实践操作而不是理论的死记硬背来掌握知识，帮助他们顺利通过相关的考试。

中国旅游院校五星联盟教材编写出版项目暨中国骨干旅游高职院校教材编写出版项目是一个持续的出版工程，是以中国骨干旅游高职院校和中国旅游出版社为平台的可持续发展事业。我们对参与这一出版工程的所有特邀专家、学者及每一位主编、参编者和旅游企业界人士为本套教材编写贡献出的教育教学和行业从业的才华、智慧、经验以及辛勤劳动表示崇高的敬意和衷心的感谢。我们期望这套精品教材能在中国旅游高等职业教育教学中发挥它应有的作用，做出它应有的贡献，这也是众多参与此项编写出版工作的同人的共同希望。同时，我们更期盼旅游高等职业教育界和旅游行业的专家、学者、教师、企业界人士和学生在使用本套教材时，能对其中的不足之处提出宝贵意见和建议，我们将认真对待并吸纳合理意见和建议，不断对这套教材进行修改和完善，使之能够始终保持行业领先水平。这将是我们不懈的追求。

中国旅游出版社

2013 年 11 月

# 目 录
## CONTENTS

前 言 ⋯⋯⋯⋯⋯⋯⋯⋯⋯⋯⋯⋯⋯⋯⋯⋯⋯⋯⋯⋯⋯⋯⋯⋯⋯ 1

第一章 旅游策划概述 ⋯⋯⋯⋯⋯⋯⋯⋯⋯⋯⋯⋯⋯⋯⋯ 1

第一节 策划概述 ⋯⋯⋯⋯⋯⋯⋯⋯⋯⋯⋯⋯⋯⋯⋯⋯⋯⋯ 3

第二节 旅游策划概述 ⋯⋯⋯⋯⋯⋯⋯⋯⋯⋯⋯⋯⋯⋯⋯ 6

第三节 旅游策划的任务、类型及发展趋势 ⋯⋯⋯⋯ 17

复习与思考 ⋯⋯⋯⋯⋯⋯⋯⋯⋯⋯⋯⋯⋯⋯⋯⋯⋯⋯⋯⋯ 21

第二章 旅游策划的程序与技巧 ⋯⋯⋯⋯⋯⋯⋯⋯ 24

第一节 旅游策划的程序 ⋯⋯⋯⋯⋯⋯⋯⋯⋯⋯⋯⋯⋯ 27

第二节 旅游策划的技巧 ⋯⋯⋯⋯⋯⋯⋯⋯⋯⋯⋯⋯⋯ 37

复习与思考 ⋯⋯⋯⋯⋯⋯⋯⋯⋯⋯⋯⋯⋯⋯⋯⋯⋯⋯⋯⋯ 52

第三章 旅游发展战略策划 ⋯⋯⋯⋯⋯⋯⋯⋯⋯⋯ 56

第一节 旅游发展战略概述 ⋯⋯⋯⋯⋯⋯⋯⋯⋯⋯⋯⋯ 58

第二节 旅游发展战略策划的原则和内容 ⋯⋯⋯⋯⋯ 63

第三节 旅游发展战略策划的方法与程序 ⋯⋯⋯⋯⋯ 69

复习与思考 ⋯⋯⋯⋯⋯⋯⋯⋯⋯⋯⋯⋯⋯⋯⋯⋯⋯⋯⋯⋯ 72

| 第四章 | 旅游形象策划 | 75 |
|---|---|---|
| 第一节 | 旅游形象策划概述 | 77 |
| 第二节 | 旅游地形象策划 | 81 |
| 第三节 | 旅游企业形象策划 | 98 |
| 复习与思考 | | 106 |

| 第五章 | 旅游产品策划 | 111 |
|---|---|---|
| 第一节 | 旅游产品 | 113 |
| 第二节 | 旅游产品策划的理论基础 | 121 |
| 第三节 | 旅游产品策划的内容与方法 | 128 |
| 第四节 | 旅游产品组合策划 | 136 |
| 第五节 | 旅游新产品开发策划 | 139 |
| 复习与思考 | | 142 |

| 第六章 | 旅游节事策划 | 145 |
|---|---|---|
| 第一节 | 旅游节事概述 | 147 |
| 第二节 | 旅游节事策划的原则与方法 | 156 |
| 第三节 | 旅游节事策划的运作流程 | 159 |
| 第四节 | 旅游节事策划的发展 | 172 |
| 复习与思考 | | 175 |

| 第七章 | 旅游公共关系策划 | 178 |
|---|---|---|
| 第一节 | 旅游公共关系概述 | 180 |
| 第二节 | 旅游公关策划程序 | 187 |
| 第三节 | 旅游公关活动策划 | 192 |
| 复习与思考 | | 203 |

**第八章　旅游品牌策划** ································ 206

第一节　旅游品牌概述 ································ 208

第二节　旅游品牌定位策划 ···················· 211

第三节　旅游品牌视觉识别策划 ················ 215

第四节　旅游品牌传播策划 ···················· 219

复习与思考 ····································· 223

**第九章　旅游营销策划** ································ 225

第一节　旅游营销概述 ···························· 227

第二节　旅游客源市场开发策划 ················ 232

第三节　旅游产品促销策划 ···················· 245

复习与思考 ····································· 251

**参考文献** ········································· 254

# 前　言

21 世纪，旅游业已成为全球的三大产业之一。我国旅游资源丰富，开发潜力巨大，具有广阔的发展前景。近些年，国务院《关于加快发展旅游业的意见》及相关政策的陆续颁布实施，尤其是《旅游法》的出台更是极大地促进了旅游业的良性发展。《中国旅游业"十二五"人才发展规划》明确指出，要"推动建立健全多层次、多类型的旅游人才培训体系，鼓励旅游院校、科研院所、旅游企业等参与旅游实用人才培训，重点培养旅游基础研究、旅游创意策划、旅游规划设计等方面的人才"。随着我国旅游市场化进程的不断加快，现代旅游策划对中国社会经济的发展产生着日益重要的影响，策划与创新正在成为这个时代发展的助推器，策划是各类旅游活动的灵魂，成功的策划与优秀的案例无不闪烁着人类智慧的光芒。没有经过策划的旅游景区或旅游产品一定没有市场。旅游策划人员引导旅游产品的深层次开发，满足市场的多种需求，在旅游企业、相关政府主管部门充当智囊团、思想库，是决策者的亲密助手。

面对世界旅游业的新动向以及我国旅游业的迅猛发展格局，旅游市场向人们展示出了巨大的发展潜力，牵动着无数与旅游业相关的企业和个人，呼唤大批高素质的旅游策划人才。旅游策划能针对当前趋势，设计出符合游客口味的旅游产品，通过最优秀的营销方式将旅游产品深入人心，用最合理的收入模式促使游客愉快地消费。旅游策划能带动旅游业经济效益的增长，当游客口味随着旅游时代发展而发生变化时，旅游策划可以迅速而灵活地调整。旅游策划属于智力产业，旅游策划能使旅游开发项目增强竞争能力，能为旅游企业、相关政府主管部门创造经济价值和社会价值。在这种形势下，为了满足旅游业快速发展对旅游策划人才的需求，以培养策划人才为导向，以培养具有社会责任感和策划职业素养、具备国际化视野和战略思维能力、能够胜任现代策划业实际工作的复合型策划人才为目标，我们编写了《旅游策划实务》这本书。

　　《旅游策划实务》作为系列教材之一，针对高职旅游院校学生的特征，采用全新的编写体例，系统地阐述了旅游策划的基本知识、旅游策划的相关理论与实践、展现了旅游策划的普遍规律，包含了旅游策划的主要内容，力求用最具代表性和最新的案例来辅助理论的理解，形成了自己的特色。本书介绍了旅游策划的新理念和新观点，理论结合案例，形式轻松活泼，既可作为高职旅游院校学生教材，又可以为旅游各类企业的策划设计人员、投资人、经营管理人员提供很好的指导作用。本书通过专业系统理论知识学习和技能训练，使读者掌握旅游策划基础知识、工作流程、方法和策划技巧，为培养具有较高职业道德素质、理论策划水平和实战策划能力的卓越旅游策划人才队伍奠定基础。

　　本书前两章是基础的理论铺垫，第三至第九章是理论和实战的综合阐述，并且在每章的后边都附有复习与思考，方便学生随时反思与进步，最后还有适合本章学习的推荐阅读，有助于学生在本理论上精进及拓深。本书的第一章、第六章由贾玉芳负责编写，第二章由郭盼盼负责编写，第三章、第八章由王黎明负责编写，第四章由王晓庆负责编写，第五章由周崴负责编写，第七章由邓倩负责编写，第九章由李霞负责编写，全书由贾玉芳、王晓庆负责统稿。

　　本书在编写过程中参考和引用了不少学者和行业人士的文献和成果，有些未能一一注明，在此谨表感谢。由于时间仓促和旅游业发展迅速，书中难免存在疏漏和不足，恳请各位读者批评指正。

编者

2014 年 1 月

# 旅游策划概述

### 第一章

随着旅游业的发展，人们必然会越来越重视旅游策划的作用。旅游策划是旅游规划的灵魂，一个景区、一个企业甚至旅游目的地，旅游策划可以为政府旅游开发项目的立项提供科学的可行性研究方案，可以其全面的创新和科学严密的论证为旅游目的地注入新的血液，使旅游目的地成为人们关注的焦点。

本章介绍了策划的概念和功能，并对旅游行业与策划的关系进行了辨析；阐述了旅游策划的概念、基础、特征及原则，并对旅游策划的任务、类型进行了详细总结，预测了旅游策划未来的发展趋势。通过学习本章内容，学生可以对旅游策划有较为全面的了解和认知，为以后各章的学习打下基础。

## 学习目标 >>

### 知识目标

1. 了解策划的概念、功能及与旅游行业的关系。
2. 熟悉旅游策划的特征、基础及任务。
3. 熟悉旅游策划和旅游规划的区别与联系。
4. 掌握旅游策划的原则和类型。

### 技能目标

1. 清楚分辨旅游策划和旅游规划之间的区别。
2. 熟知旅游策划对旅游业发展的促进作用。
3. 能够运用旅游策划理念去分析和解决旅游实践过程中遇到的问题。

案　例

## 洛带古镇的崛起

洛带镇坐落在成都东部，西距成都市区18公里，南距龙泉驿区府所在地龙泉镇11公里，全镇人口2.3万。以前是一个很不起眼的小镇，在对洛带古镇的旅游业发展进行策划规划前，就连成都人也不知道"客家文化"，把那里聚居的客家人说的客家话误称为"土广东"，对客家文化的风俗更是一无所知。古镇的一条主要的老街也是破旧不堪。

1999年，杨振之主持编制了洛带镇旅游发展总体规划。他发现，洛带镇人口中90%以上的居民为客家人，这里至今仍讲客家话，沿袭着客家人的古老习俗。那些保留完好的客家文化，完全可以作为独特的旅游资源发掘并表现出来。洛带古镇有成渝高速公路和成洛公路通达，位于特大城市近郊，可进入性好，地处成都平原和龙泉山脉的接合地带，是花果山省级风景区的重要组成部分，经济发展状况较好，基础设施条件好，适宜发展旅游业。基于此，经过详细的市场调研、文化考察和详细论证，客家火龙节、客家水龙节、古镇观光和休闲系列产品等一项项化平淡为神奇的项目应运而生。经过一系列的策划规划和运作，名不见经传的洛带古镇受到了各级政府、媒体的密切关注。2002年洛带古镇被评为"四川省十大历史文化名镇"。2003年，洛带古镇被确定为"成都市五大历史文化名镇"。同时，古镇旅游知名度的逐渐提升，带动了洛带古镇和龙泉驿区的招商引资及地方经济发展。

2005年10月12日，世界客属第20届恳亲大会在成都市洛带古镇召开，来自美国、加拿大、法国、日本等20多个国家及我国港澳台地区、大陆17个省区市的155个代表团共计3000多名客家人，代表着全球8000多万客家人和200多个客属社团参加了此次全球客家人在成都的盛会，国内外60多家媒体近200名记者竞相参与报道。中央政府和国家有关部门、四川省及成都市相关领导出席会议。这次大会是世界客属恳亲大会历史上规模最大、规格最高、参与人数最多的一次盛会。

洛带古镇终于走向了世界，成为世界客家人大家族中的一员。古镇旅游经济得到了迅速发展，社会经济效益及辐射效应也全面体现。2002年，年接待游客人数达45万人次，实现旅游收入1670万元；2003年，年接待游客人数达61万人次，实现旅游收入2400万元；2004年，年接待游客人数达74万人次，实现旅游收入2945万元。世界客属第20届恳亲大会举行期间，海外客家人投资洛带古镇所隶属的龙泉驿区的合同金额达到60亿元人民币，投资成华区客家人聚居区的合同金额达2亿美元，几个区合计，投资成都市的合同金额达100亿元左右。洛带古镇土地价格由1999年策划规划时的每亩3万元人民币，在世界客属第20届恳亲大会时，上涨到每亩50万元人民币，土地价格在6年内涨了近17倍。仅以广东会馆为例，每逢周末和节假日，人流如潮，投资商出售的"客家伤心凉粉"每天销售量就超过3000份。

洛带古镇客家文化的策划、发现和推广，不仅带动了一个洛带古镇经济的发展，而且带动了整个四川省、成都市经济产业的发展，使其成为四川省、成都市与全世界客家人社会、经济、文化界联系的一座桥梁。旅游策划让洛带古镇走向世界，使其成为世界客家人的古镇、世界的古镇。

——资料来源：杨振之. 旅游策划的特殊性及旅游策划的能量 [N]. 中国旅游报，
2007 - 12 - 15（017）.

案例分析

1. 什么是旅游策划？它与旅游规划有何区别？

2. 策划人员应如何对旅游资源进行旅游策划，使其发挥最大的资源优势？

# 第一节 策划概述

## 一、策划的定义

策划的定义很多，现代学者从不同的角度，根据不同的标准，对"策划"下了不同的定义。有代表性的如：周黎民先生认为，"策划，也称作策画，是出主意、想办法、出谋划，它与谋略、创造、运筹、决策紧密相关"。日本著名策划大师星野匡认为，"所有的策划或多或少都有所谓虚构的东西，从虚构出发，然后创造事实，加上正当的理由，而且要光明正大地去做，这就是策划"。美国《哈佛企业管理丛书》中的《企业管理百科全书》认为：策划是一种程序，在本质上是一种运用脑力的理性行为。基本上所有的策划都是关于未来的事物，也就是说，策划是按照事物因果关系，衡量未来可采取之途径，作为目前决策之依据。策划是预先决定做什么，何时做，如何做，谁来做。策划如同一座桥，它连接着我们目前之地与未来要经过之处。

尽管从不同的角度，各家的观点侧重有所不同，但是都有共性，为此，可形成这样一种定义：策划就是策略、谋划，是为达到一定目标，在对资源进行充分调研的基础上进行的一种系统而全面的构思和谋划的创造性的思维过程。首先，策划不是一个人所能完成的，它是一项系统工程，是通过科学理性的分析对未来的事件进行预测的过程；其次，策划是通过巧妙地运用各种资源，整合各种资源来实施行动计划的行为；最后，策划是解决市场运行中实际问题的一揽子的方案和计划，重在科学系统地论证和分析，重视市场研究和可操作性。

## 二、策划的功能及其与旅游行业的关系

### （一）策划的功能

**规避潜在风险，减少决策的随意性**。如今的买卖市场变动大，竞争激烈，消费者的

需求也更加多样化。任何一项决策，通过认真调研、方案设计以及优劣比较，可以选择最佳的途径与方法来运作，增加项目的科学可行性，减少失误。在现实生活中很多企业在作决策时，基本上是领导人凭经验与个人智慧决策，无"策划"可言，带有很大的偶然性，自然失败的可能性就很大，有了策划这一手段，则可以减少这一现象的发生。

**各种资源得到优化配置和利用**。通过策划，很多项目都可以找到最经济的手段，同时可以有效地组合运用多种资源，自然有效地发挥了社会资源的更大价值。比如，通过高水平而专业的"策划"，可以帮助企业有效地整合资源，包括组织资源、品牌资源、人力资源、技术资源、市场资源、资讯资源、顾客资源等，使其发挥更大价值。同时还可以将企业内部资源与外部资源充分结合，减少一些工作项目的重复设置。

**项目工作的可行性增加**。策划的目的就是达到目标，从多个方案中选择最优方案，在此过程中，要考虑到各种可能会出现的问题，因此，项目运作成功的把握会更大。

**增强了过程的可控性**。在实践中一般企业在项目投资及管理活动中比较注重结果，但对过程缺乏监控保证。假如到最后效果不佳，管理者也无力回天了。策划则可以使操作过程变得有计划，工作被量化，细节可测，因此过程也可控制，通过量的积累，达到预期的质的转变。

**帮助决策者避免决策失误，增加工作效率**。策划具有一定的前瞻性，是对未来事物的决策和推断。由于策划工作是根据一定的科学规律来进行方案设计，可以避免企业决策中出现违反客观规律的常识的错误。策划可以帮助决策者选择一条正确的道路，虽然不保证一定百分之百成功，但至少可以避免一些百分之百的不成功选择与结局。策划讲究效率，需要统筹全局，保证各个环节的有机结合和相互协调。科学的程序可以减少浪费和消除低效率。通过策划，任何工作都变得有计划性和可控性，自然可以减少很多不必要的资源浪费，也可以避免无所事事带来的低效率。

**调整、改进产品，挖掘产品卖点，提升资源价值**。独特的创意可以帮助产品本身提升原有资源的价值，发现新的可利用资源，并通过系统的创意、设计实现资源向产品的转化，形成现实的产品。另外，可以帮助发掘产品的独特卖点。这些特点、特色有时是产品与生俱来的，有时是通过策划者的想象力、创造力"无中生有"产生的。产品一旦拥有独特卖点，必会带来巨大的市场吸引力，拓展其消费市场，扩大其销售量。

当然，策划的功能是客观可测的，但也有一定局限，过分夸大策划的功能是不负责任的。正确认识策划功能，既有利于策划服务的提供者，也有利于策划服务的消费者。

### (二) 策划与旅游的关系

策划和旅游是息息相关的。中国旅游业飞速发展到今天，旅游策划的重要性已经引起旅游决策者越来越多的重视。可以说，我们已经进入旅游策划的时代。如果说，先期的旅游业竞争还停留在比山川秀美、比水色诱人、比服务管理水平的优劣上，那么今天旅游业最后的竞争，比的就是策划，看谁能为旅游赋予新的色彩、新的活力。换言之，谁能推陈出新，谁就能掌握旅游市场的先机。

旅游策划注重独特的创意，是一项科学而全面的系统工程。旅游资源深层次的开发、旅游市场的有效推广和旅游产业的高效运营都离不开旅游策划。过去的旅游业缺乏策划，走了不少的弯路。以主题公园为例，在十多年里全国共建成各种规模和类型的主题公园3000多个，到现在70%明亏、暗亏或倒闭，20%维持经营运作，只有10%盈利。因缺乏专业水准的策划而造成的低水平重复建设，让全国至少有1000多亿元的不良资产躺在主题公园的"病房"里。另外，一些被当地奉为主要参考文本的旅游规划，文本外观虽装帧精美，但通篇都是资源优势、区位条件、开发布局等千篇一律的文字，很少就市场状况和形象策划作深入调研和分析。这些耗巨资编制的旅游规划一旦评审通过，便束之高阁，真正投入实际应用的少之又少。

中国现有的规划体系主要是确定生产力要素布局及配套的整体关系，但不可能按照项目运作的要求进行深度挖掘、创意与整合。而恰恰是规划不能达到的地方，策划是解决实际操作问题（如形象与营销、促销活动、招商引资、融资、开发管理等）最好的钥匙。旅游策划与旅游运营专家林峰认为，当目前的规划尚未建立起以产品为核心的编制体系时，策划就成为规划最好的补充。规划不能代替策划。旅游业历来被称为"点子产业"、"注意力产业"和"创新产业"。特别是在新经济时代，过去偏重以资源、资金、设备等有形资产投入为主的旅游业，现在知识、智力、管理、创新、品牌等无形资产开始发挥越来越重要的作用，甚至决定着企业在市场竞争中的胜负存亡。旅游业越来越需要以智力来贯穿策划、规划、设计、投资、开发、运营、营销、管理等各个环节。国务院发展研究中心副研究员刘锋认为，策划的缺位、虚位和错位，会直接影响到中国旅游产业的健康发展。

**课 堂 思 考**

旅游业需要什么样的旅游策划人才？

## 三、中国策划业的历史与现状

20世纪初，现代"策划"随同科学管理活动一起发端于美国。策划涉及企业的整体营销策划及管理方式的改变，并于20世纪50年代后进入快速发展时期。日本的企业策划发展于20世纪70年代中期，主要内容是"企业诊断"，日本企业界有句名言："没有企划，就没有企业"。在西方，商务策划作为一门学科，可以一直研学到博士学位。他们从事的主要工作包括：策划目标定位、策划诊断调查、策划创意构想、策划方案论证、策划实施操作、策划评估服务等。

我国的策划业兴起于 20 世纪 80 年代初期，最初是以"点子"公司的形式出现。80 年代后期，政府开始创办咨询策划企业，主要集中在投资、科技和财务咨询领域。90 年代初一批外资和私营"信息咨询"、"市场调查"公司开始涌现，并为企业提供规范化服务。90 年代中期，国外策划公司大批进入我国，从此策划业告别了"点子"时代，进入专业化发展阶段。到 90 年代末，一些国内策划公司已崭露头角。统计数据显示，我国策划公司已超过 1 万家，从业人员达到 100 万。现有 65% 的企业急需聘用企划人员，但其中 90% 的企业招聘不到优秀的人才。

据有关专家推断，我国企业正处于从执行型向决策型过渡的阶段，企业竞争能力成为企业综合实力的表现。随着国际上对我国智慧购买动力的增强、我国企业竞争对策划需要的增强、我国第二代资本拥有者对策划的依赖程度增强，都为策划人才带来了极佳的发展机会，今后几年中国企业将需要数百万策划人才。

商务创新已成为企业争取发展的必要前提和灵魂，也是企业间竞争的核心环节和关键所在。有关专家预言，新的世纪将是一个策划的时代。能为企业制定战略、优化生态、配置资源、创新营销，并不断注入发展活力的先导型商务人才——商务策划师将成为 21 世纪发展前景良好、收入丰厚、就业较稳定的热门职业之一。

国际上"商务策划师"这一新兴职业标准正式诞生于 1998 年，商务策划师可为决策者提供与管理创新有关的决策方案。在欧美企业中，商务策划师对应的最高岗位是 CKO（Chief Knowledge Officer），即首席知识官，策划师在这个岗位上管理着企业智力资源，是企业中真正的"首脑"。要成为一名优秀的商务策划师，创新能力最重要。一个总是能够在各自领域不断提供新创意、新设想、新产品的人，将会形成"我有人无"的优势，从而成为企业最受欢迎的人。

# 第二节　旅游策划概述

## 一、旅游策划的概念

### （一）旅游策划的概念

旅游策划是以旅游资源为基础，通过创造性思维分析旅游资源和旅游市场、设计旅游产品，实现旅游产品与旅游市场对接并同时实现旅游业发展目标的过程。其核心是通过创造性思维，将各种资源根据市场的需要进行整合，找出资源与市场间的核心关系，形成可实施的明确方案，并对近期的行动进行系统安排，从而打造出具有核心竞争力的旅游产品，实现旅游者的完美体验。

### （二）旅游策划与旅游规划的区别和联系

#### 1. 旅游策划与旅游规划的区别

（1）概念不同。从一般意义上讲，规划是全面的长远的计划；从专业角度来讲，规划必须有明确的本专业公认的内涵和编制程序，规划要求规范化、科学化。旅游规划是指以旅游市场的变化和发展为出发点，以旅游项目设计为重点，按国民经济发展的要求和当地旅游发展的基础，对旅游消费的六大要素和相关行业进行科学的安排和部署。旅游策划是通过整合各种资源，利用系统的分析方法和手段，通过对变化无穷的市场和各种相关要素的把握，设计出能解决实际问题的、具有科学的系统分析和论证的可行性方案和计划，并使这样的方案和计划达到最优化，使效益和价值达到最大化的过程。旅游规划强调方案的完整性和系统性；旅游策划则是一个思想驰骋的过程，也是一个科学判断的过程。

（2）性质不同。旅游策划是从创造性的角度出发，以资源与市场的对接为目标，用新颖而独树一帜的方法解决旅游资源、旅游产品、旅游营销等方面的配置方式问题，主要解决旅游吸引力、商业感召力、游憩方式、营销方式、商业模式等问题。因此，旅游策划必须具有创新性和可操作性。旅游规划则是政府指向性行为，有一套法定的规范程序，是对目的地或景区长期发展的综合平衡、战略指引与保护控制，以实现有序发展的目标。从某种程度上说，旅游规划是为旅游发展设计的一个框架，强调整体性、方向性，所以这个框架必须是长期的、稳定的、宏观的。从某种程度上说，旅游规划是方向，而旅游策划则是达到目的的一种手段。

（3）任务不同。旅游策划是针对明确而具体的目标，通过各种创造性思维和操作性安排，形成游憩方式、产品内容、主题品牌、商业模式方面的特性，创造出独特的旅游产品，或全面提升和延续老产品的生命力，或构建有效的营销促销方案，促使旅游地获得良好的经济效益。旅游策划着重解决的是文脉、商脉与市场互动的问题。旅游规划的基本任务是通过规划确定旅游发展目标，综合平衡游历体系、支持体系和保障体系之间的关系，拓展旅游内容的广度与深度，优化旅游产品的组合方式，以实现保护旅游业赖以生存的生态环境，实现旅游地社会、经济、环境可持续发展的统一。旅游规划侧重解决的是综合效益如何统一的问题。

**2. 旅游策划与旅游规划的联系**

（1）旅游策划是对旅游规划最好的补充与完善。旅游策划和旅游规划既是一个整体，又各有分工。旅游规划就相当于企业生产产品的过程，主要围绕硬件来做；而旅游策划则是在生产该产品之前的软件设计。要使旅游业得到健康发展，既要抓硬件又要抓软件，软件启动硬件，软件决定硬件。从这个角度来看，旅游策划在某种程度上决定着一个规划的生命力和影响力。另外，从时间与操作顺序来看，旅游策划的导入可在旅游规划前期，也可以在旅游规划的后期。旅游规划后期导入的策划叫旅游发展规划设计策划，重在解决设施、项目、营销、招商、融资等实际操作方面的问题，属于旅游规划组织实施层面的内容。旅游规划前期导入的策划叫旅游发展战略策划，重在解决旅游发展的总体目标与发展战略问题，属于旅游规划战略决策层面的内容。规划不能代替策划，策划恰恰涉及了规划无法触及的地方，策划解决了实际操作所提出的问题。现有的规划体系，主要是确定生产力要素布局及配套的整体关系，但不可能按照项目运作的要求进行深度挖掘创意与整合。而策划正是解决这一实际操作问题的最好钥匙，这些实际操作问题主要是：产品（或项目）、形象与营销、促销活动、可行性研究（投资评价）、招商引资、融资、开发管理。加入旅游策划才能保证规划具有科学旅游发展观的指引、编制的依据和战略的平台，并通过与旅游发展设计策划的有效对接而落到实处，从而从根源上避免现有规划中存在的问题，促使规划与当地实际情况结合得更为紧密，使规划更具科学性、前瞻性和指导性。

（2）旅游策划是旅游规划的灵魂。旅游策划是旅游规划的核心，或者说，旅游策划无论从战略层面还是从战术层面来看，都是先于旅游规划的。旅游策划是旅游规划的灵魂，规划是比策划更大的工程，它是对社会、经济、环境效益的最优化进行预测，它比策划更讲综合效益和协调发展，但规划的可操作性是由策划来保证的。从重点需要解决的问题来看，规划前期导入的旅游发展战略策划属于旅游规划的上一个层次，重在解决地方旅游发展的总体目标与战略决策层面的问题，涉及旅游发展目标、发展理念、发展方向、指导方针等多方面的内容，对旅游规划的战略决策有重要导向作用。

目前，旅游策划和旅游规划的理论和实践都处于不断探索和完善的过程，从行政管理看，有关行业行政管理部门各自制定了旅游规划的规范；而旅游策划起步晚，尚未见到标准、规范。两者结合的方式宜宽松，只要有利于旅游发展，各种结合方式都有存在的理由。策划和规划都是以对内部资源和外部环境准确把握为基础，审时度势，运筹策划，出谋定计。策划更着重于把握大局，对社会大趋势的把握。策划与规划两者是相通的，可以前后呼应，交叉进行，相辅相成，可以由专业策划公司和规划设计院分别承担；如果规划设计院有策划师，也可以由一个规划设计院承担，分别出成果（表1-1）。

表1-1　旅游策划与旅游规划的区别与联系

| 项目 | 旅游策划 | 旅游规划 |
| --- | --- | --- |
| 概念不同 | 优化创造 | 整体部署 |
| 性质不同 | 是一种手段 | 是一个方向 |
| 任务不同 | 着重解决文脉、商脉与市场互动的问题 | 综合效益如何统一的问题 |
| 联系 | 旅游策划是对旅游规划最好的补充与完善，是其灵魂 | |

课 堂 思 考

旅游策划与旅游创意、旅游计划有区别吗？

## 二、旅游策划的特征

旅游策划作为策划的一种，具有一般策划的基本特征，但也具有其特殊性，在很多时候，旅游策划的特殊性要超越策划的普遍性。如果对旅游业的特殊性没有深入研究，用策划的普遍原理和方法来解决旅游业的特殊问题，是难以获得令人满意的答案的。旅游策划除了具备一般策划所具有的目标性、系统性、科学性、客观性、时效性、信息性、效益性之外，还具有如下一些显著特征。

### （一）谋略性

谋略性是一般策划活动的根本特征，也是旅游策划的最基本特征，是旅游策划与旅游决策之间最重要的区别。旅游策划通常需要对委托的事项进行运筹、谋划、构思和设计，高瞻远瞩，放眼未来，把握全局，提出相应的创意、计策、创造性地解决看似不可能解决的问题，实现看似不可能实现的目标。田忌赛马、诸葛亮草船借箭就是古代智谋的典范。与一般的实践活动相比，旅游策划属于认识范畴内的活动，是一种智力活动；与一般的智力活动相比，它是一种知识高度密集型的复杂脑力劳动。它要求策划人员具备渊博的知识、丰富的经验、宽阔的视野、灵活的思维，善于开动脑筋，另辟蹊径，化难为易，解决问题。

谋略性是策划的特性，也是策划的精髓。旅游策划从某种程度上讲，是寻找旅游资源之间的差异性和独特性，并赋予创新。旅游策划者经过对策划对象的观察、分析，提出带有计谋性的活动方案，并提供独特的创意。旅游策划的谋略性体现在谋势、谋时和谋术三个方面，讲究的是顺应形势、掌握时机、借势而上。比如，中国人民志愿军入朝作战 50 周年之际，某旅行社推出志愿军老战士赴朝鲜纪念旅行就是很好的谋势之事。

## （二）创造性

从创造学的观点来看，旅游策划活动是根据旅游需求特点对旅游资源、相关旅游经营资源与相关素材的创造性加工过程。它要求策划人员灵活运用各种非逻辑思维方法去创造性地审视旅游资源的价值和旅游需求的变化，充分运用内外部可控资源，通过发散思维、巧妙组合与精心选择，实现旅游资源与需求的最佳对接，发挥旅游资源的最大价值。这是旅游策划活动谋略性的要求，是旅游需求不断变化的要求，也是旅游地持续发展的要求。可以说，创造性是旅游策划活动的本质特征，是旅游策划活动的生命力所在，也是旅游策划区别于旅游（工作）计划的根本特征。离开了创造性，旅游策划就失去了其应有的意义和价值。旅游创意所产生的化"腐朽"为"神奇"、化"对立"为"共存"、化"小事"为"大势"的效果就是创造性在旅游策划中最好的表现。

旅游策划是在观察分析的基础上，从创意开始，经构想变成概念，生发出主题，然后再由主题繁衍出各类行动方案、计划，并加以推行和实施。这一系列过程离不开创造。例如深圳，作为新开发的城市最初几乎无任何旅游资源基础可言，但首创出锦绣中华园。这一创造性的人文景观以及后来的世界之窗、中华民俗村和欢乐谷，与特区连在一起，产生了巨大的社会和经济效益。由此可见，创造性在旅游策划中是至关重要的。

## （三）体验性

旅游活动是游客在异地获得的不同于惯常生活的体验，成功的旅游策划必须能够为游客创设一种独特而丰富的旅游感受或经历。体验性是旅游策划区别于广告策划、新闻策划、地产策划等策划类型的最明显特征。例如，广告策划主要是利用摆事实、列数据、讲道理等方法通过寻求适当的诉求点将产品的信息传达给公众，说服他们购买某一产品；而旅游策划主要是通过设计旅游吸引物、旅游服务、旅游活动来组织旅游产品，向潜在市场提供一种独特的体验，以此吸引他们来进行旅游消费。这一特征决定了体验经济的理念是旅游策划的基本思想方法，体验设计的方法是旅游策划的一般技术方法。因此，体验性贯穿旅游策划的整个过程，体现在旅游策划的方方面面。旅游策划的体验性要求策划人员顺应体验经济的发展趋势，树立"以人为本、定制化服务"的理念，运用塑造氛围、情景设计、景观策划、活动组织、服务配套等手段，经过确定主题、选择正面线索、淘汰负面印象、提供纪念品等环节，为游客创造主题鲜明又同时设计逃避、审美、娱乐、教育四种体验类型的畅爽体验。

## （四）艺术性

旅游策划除了需要科学的理性分析、多元化的技术方法之外，在很大程度上还需要一定的艺术加工。运用艺术方法去策划旅游产品，可以更好地体现旅游活动的价值。艺术加工和创作的意义不仅在于它可以大大提升旅游资源的价值与功能，为普通的旅游产品增添更多的精神内涵，提供了无穷的回味空间，而且更重要的是它可以创设出独特的体验意境和体验方式，能够更好地满足游客的审美与逃避体验需求。例如，用"勐巴娜西"来宣传西双版纳，用"掀起你的盖头来"来营销新疆，将雅丹地貌命名为魔鬼城，将象形山石命名为阿诗玛，将喀纳斯的景观组合成以田园牧歌为意境的理想主义旅游产品，将海南岛的风景组合成以椰风海韵为象征的现实主义度假旅游产品，更有以漓江山水、玉龙雪山为天然舞台的演艺节目《印象·刘三姐》、《印象丽江·雪山篇》。可以说，有了艺术加工，使得游客突破了"看山就是山，看水就是水"的基本层次，走向"看山不是山，看水不是水"的提高层次，最终经过哲学感悟可能达到"看山还是山，看水还是水"的最高境界。旅游策划的艺术性是旅游策划与旅游规划的最大区别。这一特征要求旅游策划人员具有较为扎实的美学基础和较高的艺术修养，对传统文化特别是诗词、楹联、书画、园林、哲学等领域有较为深刻的理解，方能形成具有艺术性的创意和策划方案，策划出具有美学价值和艺术价值的旅游产品。

## （五）操作性

对旅游市场的研究，是旅游策划成功的关键。旅游市场不同于其他类型的市场，其可变性太大，难以把握。由于游客购买的是特殊的经历，许多旅游产品具有无形的特征，同时对旅游经历的感受又受到时时变换的游客心理因素的影响，市场特征虽是有规律可循，却难以捉摸。或者说，对旅游市场的认识比对其他行业市场的认识要难得多。委托方提出编制旅游策划的动议一般都是解决实际问题或实现既定目标，他们的出发点是通过旅游策划方案来指导未来的生产、经营与管理活动。因此，旅游策划的成果必须具有可操作性，没有可操作性的旅游策划文案对委托方而言不过是废纸一堆。可操作性是旅游策划区别于旅游创意、点子的重要特征。旅游策划的可操作性主要体现在三个方面：一是作为策划依据的信息必须是客观的、准确的，必须运用科学的方法对外部环境、旅游资源、市场需求进行调查分析，并搜集所需的资料；二是策划方案必须具有政策、法律、环境、经济和技术上的可行性，实现预期的效益目标；三是策划方案应该可以指导委托方的实践活动，有时策划书应包括方案实施方面的内容，以便于委托方实施。在委托方要求越来越高的情况下，旅游策划必须保证可操作性，避免"纸上画画，墙上挂挂，过了评审，全是废话"这种不良现象的产生。

### （六）风险性

旅游策划是一种常规条件下的旅游预谋，不确定因素很多，既有旅游组织自身条件变化等因素，又有旅游组织外部客观环境变化等因素。加之旅游业是一个服务性行业，具有易进入性和脆弱性等特点，一件小事或者一个根本看不出联系的因素都有可能直接或间接地影响旅游策划方案的实施。因此，旅游策划具有典型的风险性特征。旅游策划一般是大型活动或大型项目居多，小型项目很少。因此，旅游策划风险往往都是大风险。例如，由华新国际实业有限公司投资 2 亿元人民币建成的西南日月城，即是旅游策划的高风险特点的牺牲品。这座以大西南民族文化艺术为主，辅之以现代游乐科技手段的大型民族文化艺术主题公园，位于四川成都市郊牧马山开发区，由于当时策划定位不准确，1995 年开业初曾产生过短期的轰动效应，但随即出现经济滑坡，不到一年，月均游客量只能维持在 800 人次左右。

### （七）智力性

旅游策划的智力性主要表现在以下方面：第一，旅游策划融高知识、高智力及现代高新技术为一体。古代策划活动和策划思想主要集中于政治、外交和军事等活动，较少涉及其他领域，且往往附属于一些专门学科，不具备独立性。"二战"后出现的系统论、控制论和信息论等新兴学科为旅游策划提供了较为成熟的理论基础；同时，以电子计算机为代表的新技术的出现、发展和应用，为旅游策划提供了新的手段，从而使旅游策划活动趋于多样化和深层化。第二，智力在旅游策划中起主导作用。传统工业经济需要大量资金和设备，有形资产起主导作用。知识经济更依赖于智力、知识和信息，无形资产起主导作用。策划是一项利用他人智慧和金钱为自己创造利益的活动，所以在策划界，策划又有"外脑"之称。第三，智力在旅游策划中起基础作用。旅游策划是旅游策划者想象力的施展、主观的冲动、创新的欲望，以及对目标的好奇心和孜孜不倦的探索精神。它是知识的升华、经验的变形；它要求策划者思如泉涌，标新立异，能够从表面"平静"中及时发现新问题、新情况，勇于开拓。也就是说，旅游策划者只有具备高超的智慧，才能将各种知识融汇于排列有序、新奇独特的构想之中，使策划血肉丰满，富有强大的感召力和鼓动性。例如，美国人沃尔特·迪士尼策划美国迪士尼乐园的成功，香港中旅集团总经理马志民策划深圳"锦绣中华"的轰动，都以雄辩的事实证实了这一颠扑不破的真理。

### （八）竞争性

旅游策划的目的是通过精心策划，在未来激烈的市场竞争中提升旅游组织的竞争力，使之赢得竞争的主动地位，因此，竞争性是旅游策划的又一显著特征。旅游策划是旅游组织提高生存能力、发展能力和竞争能力的一种有效手段，是旅游组织敢于竞争、善于竞争和富有竞争力的意识和精神的集中体现。旅游策划竞争归根结底是旅游精神、旅游思想和旅游智慧的竞争。思想冲破牢笼，方能柳暗花明；思想自由飞翔，才能足智多谋。当人的思维完全被限制在现实问题的框架中时，就难以看到问题的全貌，无法找到改变目前被动局势的关键点。衡量旅游策划方案优劣的标准只有一个，那就是策划方案是否凸显竞争力。

## 三、旅游策划的理论基础

旅游策划的要素包括旅游市场、旅游资源、相关的政策法规、工程技术、策划程序等，在每一个项目的策划中，它们所起的作用是有差异的，从不同方面保证了旅游项目策划的顺利进行，是策划的基础性要素。概括来说，市场需求是导向，资源评价是基础，项目策划是灵魂，政策法规是保障，工程技术是支撑。

第一，市场需求是导向。最受市场欢迎的产品是最好的产品，旅游业也不例外，旅游项目策划要以市场需求作为导向，换言之，就是要以旅游消费者为中心。以市场需求为出发点来进行旅游项目的策划和设计，这就要求我们对客源市场以及影响市场需求的因素进行深入细致的分析，如不同旅游者的兴趣、偏好、支付能力、价值取向等，据此策划出能赢得游客喜爱的旅游项目和旅游产品，并引导经营者建立科学的市场营销模式，以使项目能够顺利实施，进而带来良好的市场效益。

第二，资源评价是基础。所谓旅游资源评价，是从资源开发利用的角度，对构成旅游资源的各要素，如观赏游憩价值、文化价值、规模丰度、适宜开发方向及开发潜力等方面对旅游资源进行综合评估，从而为开发利用提供科学依据。旅游资源的评价之所以是旅游规划和策划的基础性工作，是因为旅游资源的评价可以保证对资源价值评估的科学性。特别是对于旅游策划，具有很重要的意义，它可以避免策划者天马行空，不切实际地构想一些项目，听起来振奋人心，实际上难以实施；另外，对旅游资源的评价还需要相关专家多年野外工作经验和学术研究成果的支撑。

第三，项目策划是灵魂。项目策划就是运用创造性思维，对旅游资源及各种旅游要素的优势和特点进行创造性的优化组合，从而为开发出具有吸引力的旅游产品提供理念和创意基础。项目策划是介于科学与艺术之间的创作过程，是理性与感性激烈碰撞的产物。它既注重理性，又要求感性；既注重程式，又讲究创造。

第四，政策法规是保障。从世界范围看，尽管旅游对目的地的综合影响已被广泛研究和认识，但各国和各地区旅游的主导政策仍然是刺激旅游经济发展的重要因素。旅游业已经成为许多国家和地区的支柱产业。尤其是在发展中国家，旅游业往往被视作经济发展的突破口。为了实现这一目的，很多国家和地方都扩大了在旅游基础设施、服务设施、旅游吸引物、交通、旅游信息和促销方面的投入。在此背景下，对于我国旅游策划的发展来说，既是机遇也是挑战，我们应该因势利导，使政策法规成为促进旅游策划健康发展的有力保障，以早日实现旅游业的可持续发展。

　　第五，工程技术是支撑。大多数的旅游策划最终要通过工程项目来实现。这些工程项目既包括如宾馆、游客中心、停车场和交通道路等一般性旅游基础设施和服务设施的建设，也包括如观光电梯、索道、博物馆建筑、仿古街区等其他一些工程项目的建设。但无论是哪种策划，必须依靠工程建设才能落到实处。所以，工程技术与工程管理的科学性与先进性是旅游规划的重要技术支撑。只有这样，策划才能被顺利执行。

**案 例**

### 旅游策划理论：湘军领先全国

　　湖南是我国旅游资源大省。为了加快湖南旅游业的发展，近年来，湖南成功策划和实施了一系列在全国有着深远影响的旅游项目。从张家界的"飞越天门洞"到"阿迪力南岳走钢丝"；从"1996 中国旅游购物节"的举办到"张家界国际森林保护节"的举办，到"五岳联盟"金庸出山，再到首届中国齐白石国际文化艺术节的举办；从"万人同品万寿饼"的绝妙创意到"万人人体多米诺骨牌"的精彩表演、"十万人同唱浏阳河"的气壮山河，再到"中国红色之旅·百万青少年湘潭韶山行"的激情澎湃，湖南旅游策划数不胜数，精彩纷呈，旅游策划湘军已经引起了世人的瞩目。在重实战的同时，湖南旅游策划理论研究也是捷报频传。湖南省副省长贺同新在其出版的旅游理论专著《拥抱朝阳》中以专门的章节对旅游策划进行了论述，并呼吁人们重视旅游策划，这对湖南旅游策划理论研究无疑是个很大的鼓舞。2003 年，湖南省著名旅游策划专家刘汉洪、刘汉清兄弟出版了《策划为王》、《智慧为王》两部著作，对旅游策划理论进行了重要的论述。

　　——资料来源：旅游策划理论：湘军领先全国［N］．中国旅游报，2005－12－5（011）．

**案例分析**

　　如何利用旅游策划的原理为发展地方旅游业服务？

## 四、旅游策划的原则

　　**特色化原则**。特色化原则是旅游策划的中心原则，旅游策划最重要的就是通过策划设计出一个独特的、个性的、具有鲜明性和整体性的"形象概念"。一方面，旅游策划必须通过对各种分项旅游产品和服务来突出某一产品的独特之处，通过对自然景观、服务方式、建筑风格、园林设计、节庆事件等来塑造与强化旅游产品的特色，做到"你无我有，你有我优，你优我新，你新我奇"。鲜明的特色和个性往往能降低与其他旅游产品的雷同性，能使旅游者产生深刻的印象且难以忘怀，因而更有吸引力。发展个性已成为现代旅游竞争中获胜的法宝。另一方面，要特别注意保持其本土特色。任何活动如果抛开它赖以生存的根基——本土文化，就会产生千人一面、根基漂浮的后果。即使形式、内容创新了，即使投入了很多的人力、物力，也不会收到预期的效果，更不会产生深远的影响。

**市场导向原则**。旅游需求是随着时间的变化而不断地变化的，旅游市场也是瞬息万变的，必须时刻以市场为导向。一部经典影片、一档流行电视节目、一个社会热点都可以使一条原本冷清的线路变得火热，也可以使一条本已热门的线路变得越发火爆。例如，韩剧《大长今》使人们关注到了韩国美食，一时间去韩国品尝韩宫廷膳成为又一吸引游客的事物；"神六"的顺利升空引爆了众多航天迷们旅游的热情，科技旅游成为热点等。

**可行性原则**。可行性分析应贯穿于策划的全过程。旅游策划者在策划活动之前，一定要作可行性分析，以确保旅游策划目标的实现。策划方案形成后，必须进行可行性分析，以便选出最优方案。可行性分析主要从四个方面进行。一是利害性分析，即分析策划方案可能产生的利益、效果、危害情况和风险程度，综合考虑、全面衡量利害得失。二是经济性分析，即考虑策划方案是否符合以最低的代价取得最优效果的标准，力求以最小的经济投入实现策划目标。三是科学性分析，它包括两层含义：一方面，看策划方案是否是在科学理论指导下，在进行了实际调查、研究、预测的基础上，严格按照策划程序进行创造性思维和科学构想。另一方面，分析策划方案实施后各方面关系是否能够和谐统一，是否能够高效率地实施策划方案。四是合法性分析，即考虑策划方案是否符合法律法规要求，一方面策划方案要经过一定的合法程序和审批手续，另一方面策划方案的内容及实施结果要符合现行法律法规的规定和政策要求。

**创新性原则**。创新是事物得以发展的动力，是人类赖以生存和发展的主要手段。"创新是经济增长的四大车轮之一"，而人类社会的进步就是在一次次创新中完成的。中国旅游产业的发展也是伴随着一次次大到政策创新、制度创新，小到具体的服务操作程序和布景的创新中完成的。而创新也给创新者带来了相应的实惠。拿我国目前的餐饮业来看，饭店内的餐饮业无法与社会上的餐饮业进行竞争，原因之一就在于社会餐饮业不断地进行着创新，从服务的方式、产品更新到店面设计。目前北京各种主题餐厅各领风骚，而饭店餐厅由于受到管理方式等方面的限制而停滞不前。

**信息性原则**。在信息时代的今天，信息量的多寡成为影响人们活动成功与否的重要因素。作为旅游策划，它本身就是一种信息，即将旅游产品传达给旅游者的信息。而该信息是否能收到预期的效果则很大程度上取决于信息本身的完整性、可靠性、及时性和连续性。而这就取决于策划是否是在充分地掌握了旅游资源和受众双方的各方面的信息基础上制定出来的。

**系统性原则**。根据旅游策划的系统性原则，旅游策划不仅是社会经济和旅游活动系统的一个子系统，而且是由旅游策划目标、旅游策划对象、旅游策划文稿、旅游策划效果测定评估等子系统组成的一个母系统。这些系统相互关联，密切合作。旅游业是一个产业群体，同社会、经济、环境联系极为密切，产业中各部分之间、产业与环境之间存在着相互联系、相互制约的关系。在策划设计时，要充分考虑旅游策划所涉及的各种因素，不可有所偏颇。任何一个环节的缺失，都有可能导致整个策划的失败。旅游策划的这种系统性原则，在旅游策划实践中也被广泛应用。1998 年上海旅游节就是灵活运用系统性原则，发挥上海 10 个区县作为系统要素的独立功能开展旅游节庆活动的。

**效益性原则**。旅游策划的效益性原则是指旅游策划必须考虑如何以较小的投入取得较大的收益。保证旅游策划效益的最大化，获取较好的效益是旅游策划的出发点和归宿。没有效益的旅游策划也就没有任何实际意义。说到底，效益是每一个人、每个团体乃至国家追求的目标，是人们行为活动的动力。旅游策划是一种经济活动，创意比较好的旅游策划，能为旅游地或旅游企业带来丰厚的产出，创造较高的经济效益。旅游策划组织和个人，必须坚持经济效益性原则，严格实行经济核算，强化策划方案的经济功能，提高旅游组织经营活动的经济效果。同时，旅游策划也是一种社会文化活动，它能改善旅游地和旅游企业的旅游形象，保护和恢复民族传统文化，促进就业和提高人们的生活质量。但旅游策划及策划方案的实施涉及大量的人力、物力、财力的投入，如果策划不周，也可能导致资源和投入的浪费，使旅游地和旅游企业的形象遭受巨大的负面影响，具有较高的风险。

**时效性原则**。旅游时效是指旅游策划时机与效果之间的关系。旅游策划方案的价值将随时间的推移和条件的改变而变化。时效性原则要求在旅游策划过程中把握好时机，重视整体效果，尤其是处理好时机与效果之间的关系。在快速变化的现代社会里，各种情况变化频繁，利益竞争更为激烈，时机往往转瞬即逝。失去时机或时机不当必然会严重影响效果，甚至完全没有效果。因此，在旅游策划过程中，要尽可能缩短从策划到实施的周期，力图使决策发挥效应的寿命更长一些，长远效果更好一些。当然，重时机也不是说旅游策划活动以及从旅游策划到决策实施越快越好。一方面，旅游策划的周密性与时间的长短有关；另一方面，旅游策划方案的实施效果还与客观条件是否成熟有关，只有客观条件成熟时，方案的实施才能取得预期的效果。

 课 堂 思 考

如何运用旅游策划的原则来进行旅游策划？

# 第三节 旅游策划的任务、类型及发展趋势

## 一、旅游策划的任务

旅游策划的基本任务是：通过确定发展目标，提高吸引力，综合平衡游历体系、支持体系和保障体系的关系，拓展旅游内容的广度与深度，优化旅游产品的结构，保护旅游规划赖以发展的生态环境，保证旅游地获得良好的效益并促进地方社会经济的发展。

---

**相关链接** 🔍搜索

### 旅游策划的内容

旅游策划的内容包括以下十部分：资源分析、市场研究、定位分析、功能布局、游憩方式设计、景观概念策划、商业模式设计、旅游房地产概念性策划、运营实施计划、策划图件。

资源分析：考察项目资源、周边环境及相关资源，进行定性的资源分析；对全国及周边区域相似的资源进行比较分析，形成资源评价报告。

市场研究：收集相关市场资料，依据相关调查资源，分析市场需求，提出项目精确的市场定位与市场目标。

定位分析：通过 SWOT 分析，对项目区域的发展方向进行定位，通过系统整合，形成系统定位，包括主题定位、发展目标定位、功能定位、运营战略定位等。

功能布局：按照旅游六要素进行生产力要素配置与布局，进行游憩功能结构设计与空间布局设计。

游憩方式设计：设计整个系统的综合游憩模式，并按照观赏方式、观赏线路设计、游乐内容策划、故事编撰与场景布置策划、体验模式策划、特色餐饮策划、特色住宿策划，形成游程游线结构；落实"食、住、行、游、购、娱"六要素的具体互补镶嵌系统结构，由此形成具体的产品概念性设计。

景观概念策划：策划标志性建筑与风格规范要求、策划植物造景、园林景观、功能建筑。

商业模式设计：卖点策划与分析、收入点设置、收入结构设计、营销模式设计、品牌策划、营销渠道策划、促销思路策划、管理模式设计、人力资源开发策划、投资预估、财务预测、投资分期策划、融资策划、开发流程策划、杠杆运用策划、商业模式整合等。

旅游房地产概念性策划：充分利用项目资源进行旅游商业地产、产权酒店、度假地产等物业形态的旅游房地产概念性策划与初步预估。

运营实施计划：对项目投资运作进行目标任务分项的计划，以资金投入为基础，按照业务顺序与结构板块，形成具体的工作计划。

策划图件：包括区位分析图、市场分析图、现状分析图、功能分区示意图、项目布局示意图、道路交通与游线安排示意图、游憩方式与重点项目示意图、标志性景观及风格控制示意图、重要节点景观示意图等。

——资料来源：http://baike.baidu.com/view/2006128.htm

## 二、旅游策划的类型

### （一）按策划的规模划分

**个别策划**。就策划项目的地域范围而言，可以大到针对一个国家，小到针对一个景点。就策划的内容来说，可以针对一个项目的整体，也可以针对其中的一个局部内容，如给一个景区取个名字也是一种策划。

**整体策划**。整体旅游策划是指具有较大规模的围绕同一目标而进行的一系列的旅游活动或旅游项目、旅游线路的策划。

### （二）按层次划分

**旅游规划前的旅游策划——总体旅游策划**。在规划之前导入总体旅游策划，可以解决深度研究、确立核心引力和准确定位市场、主题、形象等问题；拟合资源与市场，形成具有吸引力的产品形态；落实战术和行动计划。在规划之前导入总体策划，可以解决目前规划中存在的一些问题：第一，深度进行市场研究，准确定位市场、定位主题、定位形象、确立核心吸引力；第二，拟合资源与市场，大胆创意，形成具有吸引力的产品形态；第三，运用韬略，建构战略，并落实为战术和行动计划。

**旅游规划后的旅游策划——深度旅游策划**。规划主要是在大问题上把握方向，规划完成后，需要进一步进行旅游策划，从而将规划的大理念转变为产品、项目、行动计划。一个好的规划，必然要高屋建瓴，高瞻远瞩，但由于规划的任务在于把握规划地长期的发展目标，涉及产业配套、用地控制与平衡等方向性的大问题，存在可操作性上的空缺。需要进一步进行策划，把规划的大理念转变为产品、项目、行动计划。依托策划报告，再编制详细规划，进行建设。

### （三）按旅游策划目标的时间长短划分

**短期旅游策划**。短期旅游策划一般是指从策划创意的提出到策划方案的出台再到策划方案的实施不超过一年的旅游策划。短期旅游策划比较适合各类节庆活动、宣传促销活动、招商活动等能够在短时间内策划到位的策划。

**中期旅游策划**。中期旅游策划一般是指从策划创意的提出到策划方案的出台再到策划方案的实施一般在一年以上，但不超过三年的旅游策划。中期旅游策划比较适应于客源市场策划、景区形象策划等方面的事项。

**长期旅游策划**。长期旅游策划一般是指从策划创意的提出到策划方案的出台再到策划方案的实施超过三年的旅游策划。长期旅游策划比较适用于政府旅游发展战略策划、企业品牌策划、景区（景点）建设策划等长期性的投资与发展事项的策划。

## （四）按旅游策划的内容不同划分

**旅游战略策略**。旅游战略策划是对旅游地未来整体发展方向以及目标进行的策划，前提是考察该地旅游资源禀赋以及国际性或者区域性的旅游市场，然后制定相应的旅游战略，一般时间较长，是一个系统性工程。

**旅游形象识别策划**。旅游形象识别策划包括旅游目的地和旅游企业的形象识别策划。即是旅游目的地及旅游企业对外的形象识别系统策划，包括理念识别策划、行为识别策划以及视觉识别策划。

**旅游服务策划**。旅游服务策划主要是指旅游企业管理主体单位对企业内员工、人力资源管理、整体运作以及对景区外的产品和服务策划。

**旅游产品和商品策划**。旅游产品主要是指旅游风景区内的基础设施建设以及各景点，是游客可以使用或观赏而不能带走的实体；相对于旅游产品来说，旅游商品更具有商业性，是旅游风景区当局或者当地居民为了增加收入、扩充旅游产业链而制作的具有当地民俗特色、蕴含当地人文历史的纪念品。旅游产品和商品策划是旅游策划中的重头戏，决定一个旅游景区在类型产品中是否具有独立存活的基础。

**旅游节事策划**。旅游节事策划主要指各类节庆活动及特殊事件的策划，目的是提升旅游目的地及旅游企业的旅游形象，增加其吸引度和影响力。

**旅游线路策划**。旅游线路策划是指以整合、建设、推广、组织游客感兴趣的旅游线路为目标所进行的策划。为了满足各类游客的多种需求，可以分为常规线路、专题线路以及焦点线路等。

**旅游公关策划**。旅游公关策划是指以加强旅游业与社会，特别是与游客的沟通，增强旅游业的社会信任度、美誉度，树立良好的公众形象为目标而进行的策划。旅游公关策划首先要考虑的对象是游客，其次是媒体，最后才是与策划者或委托策划者相联系的各行各业。

**旅游品牌策划**。旅游品牌策划是指以打造旅游强势品牌为目标所进行的策划。旅游市场随着旅游业的发展，竞争也越来越激烈，强势品牌已经成为在市场竞争中获胜的王牌，品牌也是生产力，已经得到了旅游市场竞争参与者的公认。旅游品牌的策划按其所涉及的范围可以分为旅游城市品牌策划、旅游饭店品牌策划、旅行社品牌策划、旅游景区（景点）品牌策划等。

**旅游营销策划**。旅游营销策划是指以提升策划者或委托者的形象，增强其市场竞争力、扩大市场销路为目标而进行的策划。旅游营销策划方案包括旅游产品定位、市场定位、价格定位、渠道定位、促销手段等内容，是增强旅游业竞争力的重要手段。旅游营销策划也是目前旅游界使用得比较多的一种手段。

---

相关链接　🔍搜索

### 首家中国旅游策划人俱乐部在京成立

2011 年 12 月 3 日，中国高级旅游策划师（职业经理人）特训班经过为期三天的特训学习在北京结业。参加本期特训班的 32 名学员完成全部课程学习并通过考核、测评者，就成为我国旅游行业首批高级旅游策划师、获得中华人民共和国发展和改革委员会批准承认的权威资格证书，即《中国商业职业经理人（旅游策划）执业资格证书》。该证书证明持证人已经具备了国家颁布的行业标准所规定的高级职业经理人应具备的职业素质与能力。特训班上以首期学员为核心还成立了中国旅游策划人俱乐部。

——资料来源：首家中国旅游策划人俱乐部在京成立. http://blog.sina.com.cn/
s/blog_ 6a4848b60100xgrd. html. 2011. 12. 19

---

## 三、旅游策划未来的发展趋势

随着近年来消费者出游水平逐渐提高，游客的出行特点与实际需求也在不断地变化。出境旅游爆发式增长，在线旅游业价格大战硝烟未散，高铁强烈冲击中短途航线，移动应用突飞猛进，各类创新技术及其应用正以前所未有的速度改变着旅游产品的销售过程和旅行者的购买行为。旅游策划也将产生新的定位和思路。旅游策划是一个科学的、完整的、理性的体系，它讲究的是程序，追求的目标是解决旅游业的实际问题。所以，科学、理性的旅游策划是其赖以存在的基础。但这可能使旅游策划显得过于理性而缺乏生命力。其原因在于，旅游行为是理性与感性共生的，而且有的时候，旅游行为的感性特征还要强于理性特征。因为，游客的感知在很大程度上是感性的，游客对旅游经历的体验也是感性的，游客心理活动的变化无常，游客的触景生情，都是情绪化很浓的感性行为。有鉴于此，若过分地强调旅游策划的理性和科学性，旅游策划的可行性可能会大受影响。所以，有学者提出了"后旅游策划"的概念。后旅游策划是针对旅游策划可能出现的弊端而提出的概念。后旅游策划与旅游策划在时间上并无先后之分，实则是同时存在着的两种不同的理念和方法论。后旅游策划是对旅游策划的批判，是对旅游策划有可能出现的过分注重科学、理性方法的矫正，它有利于矫正旅游策划的过于理性化，强调旅游策划的感性回归。换言之，在进行旅游策划的时候，必须抱着后旅游策划的批判态度，才能促使旅游策划的理性与感性的统一，也才能使旅游规划、景观设计、城市规划设计、建筑设计等达到至善境界。

 # 复习与思考

## 一、 名词解释
策划　旅游策划

## 二、 简答题
1. 策划的功能有哪些？
2. 策划与旅游的关系是怎样的？
3. 旅游策划和旅游规划的区别与联系？
4. 旅游策划是如何进行分类的？
5. 旅游策划未来的发展趋势是怎样的？

## 三、 单项选择题
1. 旅游策划的思想基础是（　　　）。

A. 战略　　　　　B. 理想　　　　　C. 文化　　　　　D. 差异

2. 旅游策划的发展基础是（　　　）。

A. 战略　　　　　B. 理想　　　　　C. 文化　　　　　D. 差异

## 四、 多项选择题
1. 旅游策划的特征有（　　　）。

A. 鲜明的地方性　　　　　B. 活动的集中性

C. 影响的广泛性　　　　　D. 效益的综合性

2. 旅游策划的原则包括（　　　）。

A. 特色化原则　　　　　B. 市场导向原则

C. 体验性原则　　　　　D. 可行性原则

3. 旅游策划的分类方式有（　　　）。

A. 按策划的规模划分　　　　　B. 按层次划分

C. 按时间长短划分　　　　　D. 按内容划分

## 五、 案例分析

### 哈尔滨冰雪大世界旅游项目策划

据统计，目前有近90%的主题公园经营不善。不过，哈尔滨的"冰雪大世界"在千年之交（1999年年底至2000年年初）的表现突出，在资金短缺，时间紧、任务急的情况下，成功地运作了这个意义重大的旅游项目，并使投资商如期获得利润回报。

**一、市场环境**

哈尔滨在兆麟公园连续举办了15届冰灯节，随着市场的变化，正逐渐失去以往的魅力，游人越来越少。为迎接新千年的到来，国家旅游局和中央电视台决定：在举行世纪庆典之际，向海内外宣传全国10个城市举办的千年庆典活动。哈尔滨以其自身的特色，入选10大城市之一，也是国家旅游局联办神州世纪游首游首式的城市。

哈尔滨市政府决定在松花江江心沙滩上建立前所未有的松花江冰雪大世界，展出冰雪作品万余件，工程总投资3300万元，活动历时8周。规划为4个主要景区，即"欢乐广场"、"世纪之声"、"冒险乐园"、"卡通世界"。松花江冰雪大世界是融思想性、趣味性、观赏性、参与性、娱乐性为一体，规模空前的冰雪精品工程。

**二、项目问题点**

（1）截止到1999年8月份还有2000万元的资金缺口没有得到解决。

（2）暖冬现象，缩短了结冰期，时间短、任务急。

（3）冰雪大世界的项目特点是不能重复使用。如果失败，浩大的工程等到来年春天将融化为一摊雪水，造成巨大的经济损失。

**三、市场调查与诊断策划**

（1）其他9个千年庆典城市，如泰山的千年庆典、世纪坛的千年庆典、三亚的千年庆典已相继成功举办，无不对哈尔滨的"冰雪大世界"提出挑战。

（2）新研制出的彩色冰雕技术将会运用到"冰雪大世界"中去，使得冰雕艺术更富有真实感，更富有吸引力。

（3）资金缺口，在1~2个月全部到位显得十分棘手。

（4）庆典活动准备工作繁杂琐碎，对人力物力有限的组委会提出了巨大的挑战。

**四、总体运作思路**

第一，新项目在松花江畔构筑占地28万平方米的冰雪大世界，强调参与性、刺激性、喜庆氛围。彩冰技术的采用，加上碰巧赶上"千年等一回"的"千年庆典"时光，进行了"项目交叉复合"，即以冰雪大世界为核心，把兆麟公园的冰灯、松花江的冬泳、太阳岛的雪雕冰雕及亚布力、二龙山的滑雪等诸道"名菜"整合在一起进行"打包"——推出"千年冰雪节"系列套餐，从而使早已吃惯、吃腻了"冰灯节"老菜的人们找到新的兴奋点，从而大大增加了游客人流量。

第二，在哈尔滨市总体形象上以"千年冰雪节"的面目出现，无疑是原来"冰灯节"名片的提段、提升。以国家旅游局作为主办单位之一，借助全球"千年庆典"大热潮的良机，在国内外众多媒体关注我国 10 个千年庆典城市的情况下，尤其是中央电视台将要推出 24 小时的"相逢 2000 年"全天直播，所有这些资源如把它们再"打包"进来，经过如此多层包装，无形之中已把冰雪大世界放到了一个良好的操作平台上。

第三，面对时间紧、任务重、资金严重缺口的现实，传统的流程：计划—投资—建设—广告招商—门票的做法已经不适用了。必须将创意与房地产运作、旅游门票运作、资本市场运作、广告运作、电视转播运作等整合在一起进行超常规运作，才有可能在一个月内解决重大的资金缺口，赶在冬季来临之前将基础设施搞好。

**五、创意构想**

冰雪大世界 28 万平方米的容量必须有丰富的创意才能把它搞活。为此策划者构想了一连串创意：千年白雪公主评选、空中飞毯、千年雪龙、创新门票形式、多层次景区、旅游一条龙等。采用新型营销方式，实现冰雪大世界的产品经营＋文化经营＋旅游经营＋房地产经营＋资本经营＋网络经营的全方位整合经营。最后进行总体打包，在对冰雪大世界提升段位，内容创新的基础上，对其进行整体性创意、策划、包装、设计、营销，让各个组成部分整合成一个有机体，宣传突出总体而不是某个子项目。

**六、融资策略与营销推广**

（1）上市公司。策划者提出，合作的伙伴不应该是普通的公司，应着眼于上市公司。

（2）有奖门票和彩票。推出特别门票——预售有奖门票或彩票来融资。

（3）专门的冰雪节网站系统、翔实地宣传冰雪节……

——资料来源：通过网络资料整理，内容有删减. http：//travel. ce. cn/
gdtj/201307/29/t20130729＿1003133. shtml

根据以上案例，回答如下问题：

1. 旅游策划的作用体现在哪些方面？

2. 该案例具体运用了哪些旅游策划的原则？

📖 **推荐阅读**

1. 沈祖祥. 旅游策划——理论·方法与定制化原创样本 ［M］. 上海：复旦大学出版社，2007.

2. 沈祖祥. 世界著名旅游策划实战案例 ［M］. 郑州：河南人民出版社，2004.

3. 杨力民. 创意旅游 ［M］. 北京：中国旅游出版社，2009.

4. 卢良志，吴江. 旅游策划学 ［M］. 北京. 旅游教育出版社. 2009.

### 第二章

# 旅游策划的程序与技巧

旅游策划是一项具有很强应用性和实践性的工作。作为一种科学性和艺术性高度统一的活动，它有着自身的运作规律、发展阶段与工作技巧。把握旅游策划的各阶段的特征是策划者达到策划目的，实现策划效益的有效保证；掌握旅游策划的技巧可以使旅游策划实现事半功倍的效果。

本章主要介绍了旅游策划的程序，并结合案例介绍了旅游策划中对"势"、"时"、"术"等技巧把握的方法。学习本章内容后，学生能够对旅游策划的原则与技巧有较为全面的理解。

## 学习目标

### 知识目标

1. 熟知旅游策划的程序。
2. 掌握旅游策划的技巧。

### 技能目标

1. 在从事旅游策划时能熟知旅游策划的各个阶段，提前有风险意识。
2. 能运用旅游策划的技巧从事旅游策划活动。

## 我们在不停争吵，张家界在不停偷笑

科幻电影《阿凡达》凭借具有非凡的想象力的剧情、震撼的画面，成为全球电影票房历史排名第一的影片，同时也是中国内地史上最卖座的国际大片。《阿凡达》中美轮美奂的场景取自哪里？

**"悬浮山"出处惹争议**

"南天一柱"为张家界"三千奇峰"中的一座，位于世界自然遗产武陵源风景名胜区袁家界景区南端，海拔高度1074米，垂直高度约150米，顶部植被郁郁葱葱，峰体造型奇特，垂直节理切割明显，仿若刀劈斧削般巍巍屹立于张家界，有顶天立地之势，故又名乾坤柱。

而此前，《阿凡达》导演卡梅隆称片中"悬浮山"（哈利路亚山）的原型来自中国黄山，遭到张家界网友强烈质疑，并用大量图片及文字证明：影片宣传画册上的"哈利路亚山"与张家界的"南天一柱"简直一模一样。随后《阿凡达》中的"中国元素"到底源自张家界还是黄山，在各类媒体上引起轩然大波。

随后，张家界政府通过湖南大学数字媒体研究所所长高春鸣获知，好莱坞摄影师汉森与该所助教李特曾一起深入张家界，进行为期4天的外景取景拍摄。2009年12月下旬，李特看到《阿凡达》的宣传海报时才恍然大悟，当时取景的许多图片成为《阿凡达》中"潘多拉星球"各种元素的原型，其中"南天一柱"图片就成为"哈利路亚山"即悬浮山的原型。而《阿凡达》影片当中有20分钟的画面就是源自张家界。

张家界中国国际旅行社董事长助理李平则称，"通过慢放发现，影片中出现多次的是黄石寨前山的'南天一柱'，而金鞭溪的'劈山救母'出现则不低于5次，出现最多的还是宝峰湖瀑布和袁家界迷魂台里面的'擎天柱'"。他直言，张家界和黄山的最大区别在于黄山是花岗岩地貌，山体非常光滑，几乎没有植被，而张家界是石英砂岩地貌，植被覆盖非常茂盛。

"悬浮山"出自黄山，还是张家界？网友们展开了热烈的争论。

**更不更名又起风波**

随后，张家界决定将"南天一柱"（又名乾坤柱）更名为《阿凡达》"哈利路亚山"。此举一出，舆论哗然。反对者认为，中国的景点，取个外国的名称或者电影的名称，不伦不类。而支持者则认为，张家界是世界自然遗产，神奇风景不仅是中国的，也是全世界的。现在把"南天一柱"更名为《阿凡达》"哈利路亚山"，就是向外界传递一个重要信息：张家界不仅属于世界，也已经走向世界。

**是事实还是炒作**

就在外界为了"南天一柱"更名为"哈利路亚山"而议论纷纷、批评声音不绝于耳的时候，张家界方面却一边否认，一边又抛出了更大的炸弹：成立了"阿凡达办公室"，讨论聘任卡梅隆为张家界名誉村民的可能性。

很多人开始回过味来：张家界这摆明了是在炒作啊，我们之前的质疑和争论不正是在帮着他们炒作吗？这么想显然是有道理的。不管质疑的声音多么强烈，批评的声音多么猛烈，一个不争的事实就是，已经很有名的张家界确实比以前更有名了，很多没有去过张家界旅游的人，也想有机会去看看了。

**《阿凡达》催热张家界旅游**

2010 年 1 月，以张家界中国国际旅行社为主的张家界多家本地旅行社在全国抢先推出了"张家界阿凡达之旅"系列产品，结合影片中的 15 处场景，设计了"阿凡达—潘多拉神奇之旅"、"阿凡达—哈利路亚山玄幻之旅"、"阿凡达—悬浮山神秘之旅"等多条精品旅游线路，让人们走近"悬浮山"，身临其境去验证《阿凡达》中"中国元素"。其中，刚刚更名为"哈利路亚山"的"南天一柱"景点成为人们关注的焦点。

同时，景区已将影片中的场景与当地实景作了对比，并在相似的取景地做了说明牌，"游客一到这里就可以感受到电影中的悬浮山与实地风景的相似程度"。

2010 年 1 月 24 日，媒体记者在张家界武陵源核心景区随机采访了 22 名游客，受《阿凡达》中"中国元素"的吸引到张家界来实地体验的有 19 名之多，其中有 13 名是两次以上来过张家界。有游客称，国际巨片大量援引中国元素，这表明中国绝美的自然风光已经在国际市场中叫得响当当，当前最紧要的是抓住这难得的机遇，更好地开拓海外市场，让中国更多更好的旅游资源走向国际。

2010 年 1 月 25 日，张家界"南天一柱"正式更名"哈利路亚山"，吸引了数百名海内外游客见证更名仪式。

如果说在《阿凡达》热映后张家界与黄山的取景地之争是第一回合的事件营销的话，之后的"南天一柱"更名则又持续性地增加了人们对于张家界的关注，而聘请卡梅隆为张家界名誉村民则将利用《阿凡达》来进行营销策划发挥得淋漓尽致。

——资料来源：http：//epaper. lnd. com. cn/html/lswb/20100129/
lswb380952. html/2010 - 01 - 29.

**案 例 分 析**

1. 如何把握旅游策划的时机？
2. 本案例运用了什么旅游策划技巧？

# 第一节  旅游策划的程序

旅游策划从确定任务到制定出策划方案并最终付诸实施，是一个系统的操作过程。虽然就旅游策划而言，旅游形象策划、产品策划、节庆策划等都有各自的特点和操作程序，不过也有一些基本程序模式供旅游策划人员借鉴。本节重点对比较常见的旅游策划的程序进行介绍。

旅游策划程序主要包括：确定旅游策划者阶段、界定问题阶段、拟订计划阶段、调查分析阶段、策划创意阶段、撰写策划书阶段、修改与实施阶段、反馈与修订阶段。

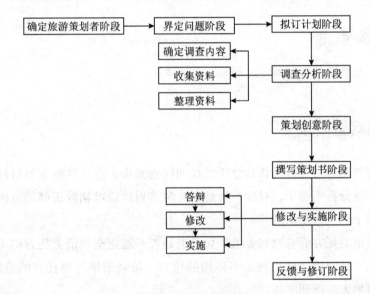

**图2－1  旅游策划的程序流程图**

## 一、确定旅游策划者阶段

一项策划能否成功实现，首先在于是否选择了合适的旅游策划者。旅游策划者可能是本企业的策划部门，也可能是企业或政府委托的专业旅游策划公司或高校、科研机构等人员。一般来讲，旅游策划者应具备以下素质：第一，具备渊博的旅游相关知识。了解国内外旅游发展的现状与趋势，关注社会热点，具备地理、历史民俗、旅游资源开发与应用、旅游营销等知识。第二，具备敏锐的问题意识。优秀的旅游策划人员应该具备发现问题迅速分析出问题的实质，并能找到解决问题的思路。第三，具备创意工作能力。也就是说，善于就问题展开创意思考，并综合他人的想法和意见，归纳出有意义的结论，创造性地提出解决问题的方案。第四，具有团队协作精神。旅游策划大多需要由一个团队合作完成。团队成员需要精诚合作，既要信息互通，集思广益，又要完成每个人的分内工作。第五，具有文案工作能力。策划文本的制作完成需要通晓文字工作，掌握制图方法的人合作完成。所以策划者需要具备文案工作能力。

旅游策划的组织者要根据策划内容，认真考量策划公司、科研机构等的资质能力，挑选出合适的策划者来参与旅游策划工作。

课 堂 思 考

旅游策划团队的组建需要关注哪些问题？

## 二、界定问题阶段

界定问题就是对问题进行认真分析，找到问题实质，它是旅游策划目标具体化的前提。如果对问题分析不明了，目标不清楚，旅游策划就很难朝着正确的方向前行。界定问题主要从以下三个方面来展开：

第一，弄清委托方的意愿与要求。如果策划者不能完全领悟委托方的本意，就可能把有限的时间、精力错误地用到了不该用的地方，策划结果与委托方的意愿出现偏差，从而使旅游策划无法得到实施。

第二，调查研究策划对象。在了解委托方的本意后，要调查了解这一意愿的实现是否符合实际情况，是否具备可行性。如果通过科学论证发现委托方的意愿不可能实现，则要尽量劝对方放弃；如果可以通过改进来实现更大的效益，则要明确向委托方提出改进的方向；如果对方坚持自己的意愿，策划者可以放弃这一策划任务，以免浪费彼此的时间与精力。现在全国掀起了创建 5A 级景区的热潮，但不乏一些并不具备相关条件而盲目要求策划人员去创建 5A 级景区的策划要求。策划人员要认真分析，慎重决定是否接下此任务。

第三，明确策划目标与重点。在对策划对象进行了研究，确定了可行性后，将目标进行细分，包括总体目标和分目标，长期目标和短期目标，主要目标和次要目标。明确好目标后，分析主次、先后，找出策划的重点。

如何找出旅游策划关键问题所在？

## 三、拟订计划阶段

旅游策划是一个有计划、有步骤的活动过程。旅游策划计划是对旅游策划各个环节的具体安排，是旅游策划活动有序进行的依据和保障。在接受委托方的委托后，根据对方的要求、问题的特点，制订出详细周密的策划计划。计划的具体内容包括：拟订完成工作的时间表、具体做哪些工作、人员分工等。

完成工作的时间安排包括什么时间开展市场调查，什么时间组织讨论，什么时间撰写策划报告书，什么时间进行汇报；而小组分工就是根据小组成员的特长明确小组成员的具体任务，小组成员之间要相互配合，分工但不分家。

## 四、调查分析阶段

调查分析是旅游策划的基础和依据，其调查的内容是收集市场从生产到消费全过程的有关资料，经分析研究，确立旅游策划的目标、受众、诉求点、表现方法和实施策略。调查分析主要包括确定调查内容，收集资料和整理资料三部分内容。

### （一）确定调查内容

在收集整理资料之前，要明确调查的内容。收集资料带有一定的目的性。如果漫无目标，眉毛胡子一把抓，不仅会增加工作量，而且会使目标不集中，不能获得有效的资料。调查的内容和策划对象有关。以下是风景区旅游项目策划所要调查的内容：

#### 1. 旅游资源调查

主要包括资源赋存情况调查和资源环境情况调查。对资源赋存状况的调查主要包括资源数量、质量、分布、特色、类型及吸引力等。对旅游地的资源赋存情况调查比区域旅游规划中的调查要详细得多，要求旅游地的绝大部分都被调查到。对于那些面积广大、条件恶劣的部分，可以借助遥感图协助调查，有条件的还可以用直升机来协助调查。旅游地的资源赋存调查要详细记录旅游地的景点、景物，对一些重要的景点、景物，还要进行拍照、摄像，制作幻灯片。

对旅游资源环境情况的调查内容主要包括自然环境调查和人文环境调查两方面。其中，自然环境调查主要包括气候条件、水文条件、地质地貌条件和生物条件等；人文环境调查主要包括历史沿革、经济状况、社会文化环境以及地方管理等情况。

### 2. 旅游市场调查

市场导向是旅游策划的基本原则和依据。旅游市场调查主要有市场需求调查、游客评价调查、旅游产品组合调查和旅游市场环境调查等。其中，市场需求调查包括对旅游者的位置、规模、构成、动机、出游趋势及出游方式等的调查；游客评价调查的内容即游客对旅游产品的价格及设施、服务水平等的评价与接受程度等；旅游产品组合调查的内容主要是产品组合的广度、深度和相关性等；旅游市场环境调查包括政治环境、法律环境、经济环境、社会文化环境、地理环境、外部市场竞争环境等。

### 3. 旅游设施与服务调查

（1）旅游基础设施。旅游基础设施的使用者主要是当地居民，但也是旅游者必须依赖的设施。例如，内部交通道路系统，水、电、气、热的供应系统，废物、废气、废水的排污处理系统，邮电通信系统，金融系统，医疗系统，治安管理系统以及从客源地到目的地的外部交通系统等。

（2）旅游专门设施。可供当地居民使用但主要供旅游者使用的服务设施，如旅馆、别墅、度假村、野营帐篷等住宿设施，汽车、飞机、游船、缆车等交通设施，影剧院、夜总会等娱乐设施，旅游商店、摊点等购物设施以及旅行社等服务设施。

（3）旅游服务。分基本服务和辅助服务，基本服务有客房服务、餐饮服务、交通服务、导游服务、购物服务、娱乐服务等；辅助服务有理发、医院、洗衣、金融、保险、通信咨询、出入境手续、托运、签证等。

## （二）收集资料

### 1. 收集第二手资料

市场调查人员面临的信息资料有原始资料和第二手资料两种。原始资料又称第一手资料，是指须由调查人员为本次调查目的而直接从调查对象处搜集的信息资料。二手资料是前一次或由他人收集、整理并存放于某处的信息资料，也称现有资料。调查人员使用第二手资料的好处在于可以有效地节约调查研究所使用的时间以及人力物力。

第二手资料的获得主要有以下几个方面的来源：第一，企业内部来源。包括各种会计、统计报表，企业内部的有关记录、凭证、各种经营指标，客户资料以及以前的研究报告。第二，政府来源。由政府发布的有关信息、文件、统计公报、研究报告等。第三，报刊书籍。包括各种有关的报纸、杂志、手册、年鉴、书籍、企业名录以及有关机构发布的资料。第四，商业资料。包括由企业发布的信息资料，企业咨询机构出售的信息资料、年度研究报告。

而第二手资料也有其不足之处：所收集的资料往往不能很好地满足调查的目的，对解决问题不能完全适用，过时的资料比较缺乏精确性，因而不能原封不动地被直接加以利用。

### 2. 收集原始资料

在第二手资料满足不了工作需要的情况下，就需要旅游策划者亲自去调查获得原始资料。原始资料不仅能够弥补原有二手资料的不足，而且使得资料更具有可靠性、时效性和真实性。原始资料的收集一般来说有如下几种方法：

（1）观察法。它是由调查人员在现场观察有关参与者及其环境的一种方法。观察的对象可以是产品、顾客，也可以是竞争对手、环境因素等。观察得到的原始资料往往比较生动、直观、可靠。观察法的局限性在于：它一般只能看到表层现象，很难对深层因素进行分析。例如，顾客的职业、文化水平、心理动机等，就很难通过观察法去了解。

（2）会议法。它是通过召开调查会议的形式搜集原始资料的一种方法。采用会议法应注意：会议的准备必须充分、完善，与会者的水平和素质是会议成功与否的基本保证，对会议内容的认真记录与核实是取得可靠资料的依据。

（3）询问法。这是运用最多、适应面最广的一种市场调查方法，它可以用来搜集各种市场信息资料。例如，顾客的行为、动机、态度、意见，竞争对手的动态，市场的热点问题，企业的广告效果，各销售渠道的状况等。询问法最适合于描述性调查。具体的调查方法有三种：第一，电话访问。这一方法获得的信息最迅速、最及时，反应率较高，可以及时解决许多疑难问题。其局限在于谈话时间有限，不能提太多的问题。第二，发放问卷。包括邮寄问卷、街头发放、上门发放三种形式。此法送达率较高，成本较低，比较容易被调查对象所接受。其局限在于反应率无切实保障，问卷的回收率比较低。第三，人员访问。包括预约访问和街头采访。由于采用面谈方式，此法最灵活，内容可多可少，可以深入交谈，可以察言观色，随时调整访问的内容。其局限性在于成本最高，最费时费力。

（4）网络搜索法。通过百度、谷歌等搜索引擎或进入专业数据库来获取自己需要的信息。

（5）实验法。它是将选定的刺激因素引入被控制的环境中，进而系统地改变刺激程度，以搜集和测量调查对象的反应的一种方法。有时可以根据需要，将调查对象分成若干小组，然后分别给予不同程度的外部刺激，以便进行分析对比。特别是当对同一现象存在不同解释的时候，运用实验法可以找出真实的原因。因此，实验法适合于因果调查。例如，为确定某项产品的价格，可以进行这样的实验：在两处环境基本相同的销售点以两种价格同时销售该产品，然后统计两处的销售量。若两处对比销售量相差不大，说明价格不是影响该商品销售量的主要因素；反之，则说明价格对该产品有重要影响。这种结果若在一段时间内持续稳定则可证明它是可靠的。

## （三）整理资料

收集来的资料很多，需要进行分门别类、去粗取精、去伪存真，这是旅游策划调查分析阶段资料的整理过程。

在对资料进行评估时，应掌握三个标准：第一，公正性。资料应客观公正，不带偏见和恶意，发布资料的机构越权威，其资料就越客观公正。第二，时效性。应当注意考察资料是否过时。第三，可靠性。多数统计资料是采用抽样调查的方法得到的。因此，抽取的样本是否具有典型性、代表性，抽取样本的数量是否充足等对资料的可靠性有很大的影响。

将收集来的资料按照不同的类别进行整理，使凌乱的资料变成有用的情报，这样对问题的认识能更加深入，也基本上产生了解决问题的方案。

# 五、策划创意阶段

## （一）创意的来源

旅游策划是为了找到能够解决问题的方法、方案，这种方法、方案就是旅游策划的创意。创意不是单凭某一个人的点子就可以简单得来的，而是经过系统地组织、整理，形成可以实现的构想和方案。一般来说，创意可能来自如下三方面：

第一，来自组织内部。有许多好的创意可能已经存在于旅游工作人员的脑海里，只不过它们没有被发现，或者没有被重视，抑或只是一个点子，因此需要策划人员对内部人员进行广泛的征询和调查。

第二，来自社会。对于某一方面的问题，可能在社会上已经存在解决方案，如在书籍中，在从事相同工作的人的意识里，已有成功的先例（社会上有很多关于成功策划案例的书籍）。这就需要策划人员占有大量的资料、具有丰富的阅历以及对此类问题解决方案的把握。

第三，来自策划人员的灵感。谈到某一具体的策划，也许人人都能说上几条意见，拿出几套解决方案，但要得到好的策划创意、好的解决方案，就不是人人能够做到的，这需要策划人员具有丰富的经验和一定的素养。

## （二）获得策划创意的方法

策划创意的获得并没有秘诀，好的策划创意往往来自创意的灵感，也就是创意暗示、创意联想、模糊印象、灵机闪现等，将灵感经过整理、变形、加工和组合，就形成创意。因此，寻找策划创意的线索就是要寻找创意的灵感。产生好的策划创意的人，并非一定要绝顶聪明，反应敏捷，关键在于其能否正确把握策划主题，能否深入地看待问题，能否有丰富的联想，能否掌握正确的策划方法。以下是寻求策划创意线索的几种常见的方法：

**借鉴法**。在广泛收集资料时，可能会获得一些与策划对象情况相类似的好的创意。这时，策划人员要结合策划对象的具体情况，对收集到的创意添加新内容，加以修改、变更和加工，产生新的灵感与创意。

**感性认识法**。仅靠现成的策划创意来应付策划的需要是不够的，同样，仅靠策划小组成员袖手枯坐，绞尽脑汁想点子也是不够的。策划人员必须积极走动，亲自去探寻，以获得感性认识。在感性认识的基础上，往往会获得新的创意或灵感。感性认识法，就是参加到生产、经营、消费过程中，同各种生产者、批发商、零售商和消费者进行交谈，必要时还得拜访同业前辈及不同行业的人士，多开座谈会，多到有成功策划经验的企业去考察，在与各种关系人士的交流中获得创意和灵感。

**日积月累法**。很多创意不是突然产生的，而是在日积月累的基础上产生的。策划者在日常的工作和学习过程中，慢慢地积累起有关旅游策划的资料和经验，在需要的时候，可以顺利地做出高效率的策划来。日积月累法常用的手段有：经常去参加策划方面的座谈会，听这方面的演讲，向前辈同行请教，摘抄、剪报、记录、做卡片，并且将这些收集来的资料进行整理，分门别类等。

**联想法**。利用策划者的大脑，通过联想获得策划创意的方法就是联想法。联想法中还有一些具体的方法：①头脑风暴法。策划小组成员在一起开会，让每个成员把他的想法说出来，然后让每个人根据大家的想法，动动脑子，再加上自己新的联想，提出新的看法，最后能获得比较一致的创意。②关键词法。事先收集一些与本策划有关的关键词写在卡片上，然后翻阅卡片以寻求联想点。

**案 例**

### 中国第一"慢城"——高淳

名不见经传的江苏南京高淳县桠溪镇，因为一条于 2010 年 11 月被世界慢城组织授予"慢城"称号的消息，迅速火遍网络——在同年 11 月苏格兰国际慢城会议上，高淳以桠溪"生态之旅"区域被世界慢城组织正式授予"国际慢城"称号。高淳，成为我国第一个"国际慢城"。

"慢城"是一种放慢生活节奏的城市形态，是指人口在 5 万以下的城镇、村庄或社区，反污染、反噪声，支持都市绿化，支持绿色能源，支持传统手工方法作业，没有快餐区和大型超市。

高淳桠溪"生态之旅"区域位于高淳县桠溪镇西北部，面积约 49 平方公里，人口约 2 万，那里的山灵秀葱郁，那里的水像一块块未被开凿的璞玉，卞和望玉山和氏璧的传说，把这块福地衬托得美丽至极，桠溪镇的生态之旅区域没有一家工矿企业，荆海竹林，有机茶园；瓜果飘香：桃花村、杏花村、石榴村、枫林、薰衣草、向日葵、杭白菊等基地都在筹建和酝酿之中。当地的农家乐，全是二星级的，古朴酒香，颇有些"借问酒家何处有，牧童遥指杏花村"的味道。

对于 30 多年来已习惯埋头奔走于"急行军"、深陷高速发展带来种种"城市病"的国人来说，号称中国首个"国际慢城"的横空出现，引发了广泛的震撼和瞩目。"慢城市"（City Slow）理念实际上是"慢餐"、"慢生活"运动的延伸，提倡人们保持传统社区生活和节奏，建设可持续发展的家园。其核心理念，就是把"生活的城市"变成真正的"宜居的城市"。

——资料来源：http：//blog. sina. com. cn/s/blog_ 85ab91100100yr91. html/2011 – 12 – 30.

**案 例 分 析**

高淳赢得关注的原因是什么？

## （三）确立策划方案

在旅游策划过程中，往往会有几个策划创意，得到几个策划方案，但是实际操作却只能是一个策划方案，因此要选定和确立一个方案。一个可行的方案应具备以下三个条件：

**具有可操作性**。方案本身要符合单位和企业的实际情况，包括人力、物力、时间和财力条件等，还要有此方案实施时所必须具备的外部条件。

**得到领导的信任与支持**。策划方案能否顺利推行、执行到底，与领导的信任和支持程度有很大的关系。因为推行一个策划，往往需要大量的资金投入，而在推行之初，看不出任何效果。如果领导意志不坚定，对策划方案的信心产生动摇，支持与信任的程度降低，经常会使策划方案夭折。

**得到其他部门的支持与配合。**方案的实施除了领导的支持外，还需要其他部门的全力配合。作为旅游策划来说，如果是对一个地区进行策划，那么其他部门就是与旅游相关的部门，如园林、建设、环保、规划等。如果是对企业进行策划，那么其他部门就是企业内部的各个部门。因此，在策划方案制订之初，就必须与其他部门沟通、协商，最好请各个部门的领导直接参与策划。这种共同制订的策划方案，是大家所参与的、认可的方案，可以得到各部门的全力支持和配合。

---

**相关链接** 🔍搜索

## 可行性分析的四要素

在分析策划可行性时，需要从市场、能力、环境、效益四个方面去衡量。

| 要素名称 | 具体衡量项目 |
| --- | --- |
| 市场 | 他们（目标市场）是谁？ |
| | 他们有多少人？ |
| | 他们愿意花多少钱？ |
| | 他们有别的选择吗（竞争对手)？ |
| | 他们的兴趣点在哪里（卖点)？ |
| 能力 | 财力：资金是否充足？ |
| | 人力：人员配备是否合理？ |
| | 感召力：传播是否通畅？ |
| | 创新力：项目是否有新意？ |
| | 亲和力：项目提供、推广及分销等是否契合？ |
| | 保障力：突发事件能否应付？ |
| | 系统力：策划、推广、实施及后续是否严密部署？ |
| 效益 | 能否收到良好的经济效益？ |
| | 社会效益如何？ |
| | 长期与短期有哪些收益？ |
| | 有形收益和无形收益有哪些？ |
| 环境 | 是否顺应自然环境？ |
| | 是否适应外部社会环境（政治因素、文化因素、经济因素、法律法规)？ |

——资料来源：http：//www.docin.com/p－351652624.html.

## 六、撰写策划书阶段

策划书是策划的物质载体，是策划思想与实施方法的文字化、书面化。旅游策划方案必须整理成策划书，提交给委托方、相关部门与领导，为策划的实施提供依据，方便参考。策划书一般由文字、图表、照片、效果图等组成。不同类型的旅游策划，有不同的专题策划书，其目标要求各不相同，在内容上也千差万别，但是策划书包含一些基本内容，有的学者将其概括为"5W3H"，也就是：What（什么）——策划的目标、内容；Who（谁）——策划相关人员；Where（何处）——策划场所；When（何时）——策划的日程计划；Why（为什么）——策划的原因；How（怎样）——策划的方法；How（怎样）——策划的表现形式；How（怎样）——策划的预算。

一份完整的旅游策划书应包括如下的内容：策划的名称，委托单位名称，策划者名称；策划的完成时间；策划的目标及指导思想；策划对象的社会、经济、市场环境与资源条件；策划方案的具体内容及详细说明；策划的进度表（时间安排）；策划的预算和计划（人力、费用、物力）；策划的预期效果分析（经济、社会、环境）；如果有第二、第三方案，写出其概要；策划实施需要注意的事项。

## 七、修改与实施阶段

**答辩**（征求意见）。一项旅游策划需要花费较多的经费，其合理与否直接决定着策划的效果，所以一项策划在实施之前必须征求意见或答辩。征求意见是把策划书下发给各个相关的主要领导和其他人员，广泛征求他们的意见。答辩则要求严格一些，由主要领导和相关部门的领导向策划小组就策划的内容进行询问。更严格的答辩，不仅要有主要领导和相关部门的领导，还要请这方面的专家参与。策划小组应对策划书的内容作出比较详细的阐述，对提出的问题作明确的答复，并认真记下各方的意见和建议，虚心接受批评。

**修改**。要认真对待从各方面反馈回来的意见和建议。对于一些合理的意见和建议，需要进行整理，并有针对性地对策划书进行修改。如果意见不多，则可以少修改；如果意见较多，则需要进行较大的修改，甚至从头再来。

**实施**。经过同意和批准的旅游策划，就要付诸实践，进入策划的实施阶段。实施阶段是一个比较长的阶段，可能是几个月、几年，甚至几十年。在实施过程中，要对策划进行有效的管理，尤其要保持策划的连续性、权威性，按照策划的内容实施。

## 八、反馈与修订阶段

策划方案运作后，是否收到了预期效果，在操作中是否需要进一步修订方案，这就需要对策划进行适时的监控，并对策划效果进行评估和反馈。这样做也是为了更好地对委托方负责，为策划者的口碑负责。

第一，策划人员要跟踪和监控策划的实施情况，及时收集和掌握执行活动中的各种信息，分析执行情况，并根据客观条件影响执行的情况对方案进行补充、修正，使其适应新情况，这样才能保证方案目标的实现。

第二，策划人员需要对策划效果进行测评。常见的方法有观察体验法、目标管理法、参照评估法、专家评估法和民意调查法等。通过测评，了解策划效果，确定是否完成既定目标，是否需要修改策划方案。

**表 2 - 1  旅游策划效果的反馈方法**

| 序号 | 方法名称 | 含义及要求 |
|---|---|---|
| 1 | 观察体验法 | 策划人员亲自参加策划活动，现场了解策划工作的进展情况，直接观察、估计其效果的快速评估 |
| 2 | 目标管理法 | 将测量到的结果与原定的目标相对照，以衡量策划活动效果 |
| 3 | 参照评估法 | 以其他旅游地或企业的策划活动为标准，通过比较来分析策划效果 |
| 4 | 专家评估法 | 邀请工作经验丰富的策划专家来测评策划活动效果，他们的测评结论一般都比较公正、准确 |
| 5 | 民意调查法 | 通过调查公众对委托方或策划对象的态度在策划实施前后的变化来测评策划活动效果 |
| 6 | 新闻分析法 | 通过观察、分析新闻媒介对策划活动实施情况的报道来测量策划活动效果 |

# 第二节  旅游策划的技巧

策划活动是随机性、灵活性很强的创造性工作。古人云："文无定法"，策划更没有定法，不可能有现成的策划套路和策划秘方。但是，通过对前人的经验和实践中成功的策划案例进行分析，可以总结出一些旅游策划的技巧。

旅游策划专家沈祖祥将旅游策划技巧总结为是对"势"、"时"、"术"的三大影响旅游策划因素的巧妙运用。"势"，是指策划客体所处的环境形势，对"势"的运用，就是对所处空间的策划。"时"，是指根据形势的发展变化而决定的最佳运用时机，也即对"时间"、"时机"的策划。"术"，是指所采用的招数、方法，即对谋略行使方式的策划。"势"、"时"、"术"三者构成了旅游策划的"金三角"，旅游策划者只有熟练掌握这个"金三角"，审时度势，在合适的时间，运用合适的方法进行旅游策划，才能在旅游策划中立于不败之地。

# 一、旅游策划的"势"

这里的"势"就是通常所说的"大环境"、"趋势"、"潮流"等。旅游策划者在实施策划之前，务必先"度势"，后"运势"，也就是先对策划所处的环境、时局等客观情况进行判断；然后选取其中有利于进行策划的因素，积极利用，进而推动策划的顺利进行。对"势"的利用，可以从"借势"、"顺势"、"转势"、"造势"四个方面来展开，其中运用最广泛的是"借势"。

## （一）借势

借势，顾名思义，就是借他人或事物之势为我所用。比如，狐假虎威就是借势的典范。旅游策划中借势主要有以下几种形式：

**借人物之势**。借人物之势是指借助某一名人的影响力，策划出相应的活动项目或利用其来进行营销活动。无论古人还是今人，只要有一定的影响力，都可以为我们所用。从借古人来看，中国古代的帝王、将相、文人墨客、传说故事人物等名人生活、留下过足迹的地方，都可以选择性地利用。而借今人之势者也广泛存在。例如，随着于丹在《百家讲坛》中讲《论语》而被熟知，山东旅游局适时地邀请于丹担当济宁旅游形象大使，来鲁畅谈儒家文化。儒家文化，一直给人一种"太神圣、太庄严"的感觉，与普通大众有距离感。通过于丹的讲述，儒家文化资源变得可以被普通大众接受，而作为儒家文化载体的山东曲阜三孔景区也获得了更多人的认可。当然，名人资源开发能否成功，也受制于很多的因素，例如资源的品位级别、规模、区位条件、体验价值以及竞争力等。那些体验性与参与性更强的文化资源，开发成功的可能性更大。

**借时间之势**。借时间之势是指借助某一特殊的、有重大意义的时间进行旅游策划，以达到发展旅游业的目的。例如，浙江台州策划的"千禧年中国第一缕阳光"、泰山点千年圣火等。特殊的时间往往具有特殊的意义，会产生特殊的效果。

**借事件之势**。借事件之势是指借助某一事件的影响进行旅游策划，以达到旅游策划的目标。例如，在"神舟"九号、"神舟"十号飞天之际，许多旅行社就纷纷利用人们对航天事业的关注，推出酒泉航天观摩游。游客纷至沓来，酒泉全市2万张床位供不应求，旅游价格更是成倍攀升。

## 中国旅游日与宁海旅游策划

### 设立"中国旅游日"问题的提出

2009年12月3日，国务院发出了《关于加快发展旅游业的意见》，明确提出要设立"中国旅游日"。

2009年12月4日，中国国家旅游局正式启动设立"中国旅游日"相关工作。

2009年12月7日，"中国旅游日征集策划专项工作委员会"办公室就设立"中国旅游日"向社会公开征集具体日期方案，新浪网就"中国旅游日"设立日期开展民意调查……

### 各方之争

12月26日：2010年年初，湖南省旅游局正式向国家旅游局提出，请求将毛泽东的出生之日即12月26日定为中国旅游日，并陈述了十大理由。

7月5日：1980年7月5日，邓小平视察峨眉山时曾作出重要指示，"从此，峨眉山开始了旅游建设步伐，至今已成为国际知名旅游景区"。

7月15日：1979年7月15日邓小平同志视察黄山，并发表关于发展旅游业的重要谈话，标志着中国旅游业走向改革开放。邓小平的"黄山谈话"开启了中国现代旅游业的发展之路。

9月28日：孔子的诞辰，且安排在世界旅游日之后，容易把概念做大。

### 宁海的胜利

宁海是地理名著《徐霞客游记》的开篇之地。1613年，徐霞客正是从宁海西门出发，踏上了游历山川之路。19年后，他再次从宁海骑马出发，重游天台山、雁荡山等地。

陈放创意村在对宁海进行旅游策划时，提议宁海努力利用中国旅游日的评选，把《徐霞客游记》的开篇日5月19日确定为"中国旅游日"，并且提出了系统地整合宁海旅游资源，打造品牌活动，借助品牌推广活动实现"中国旅游日"在宁海"安家"的目的。经过一系列的努力，2010年12月28日，宁海县在北京举办"第八届中国徐霞客开游节"新闻发布会。中华文化促进会、中青报等机构及与会专家都发出倡议：将5月19日设立为"中国旅游日"。2011年3月30日上午，国务院常务会议通过决议，将《徐霞客游记》开篇日5月19日定为"中国旅游日"。

在为宁海县政府提供的策划方案中，陈放提出了围绕徐霞客而进行的系列策划活动，如：①宁海二日游；②徐霞客旅游知识大奖赛；③徐霞客公园；④中华探险博物馆；⑤成立徐霞客旅游基金；⑥中国旅游形象大使和旅游之星评选大赛；⑦徐霞客系列大征集；⑧征集现代徐霞客；⑨找寻现代旅游探险英雄，颁发现代徐霞客奖；⑩在宁海成立徐霞客研究会等。

与此同时，方案还首次提出重走"徐霞客路线图"之新世纪探险游。新世纪探险游的实质，是一个文化之旅、创意之旅。在这个过程中，将生发出无穷的亮点，最后将"百亮归海（宁海）"。主要的路线包括：①天台山"霞客行"登山比赛；②武夷山"乌龙茶之旅"；③南岳庙会；④漓江漂流；⑤贵州地貌风采游；⑥大理"火把节"；⑦鸡足山森林探险；⑧丽江古城探秘；⑨峨眉山生态考察；⑩三峡"霞客杯"龙舟大赛；⑪武当山道教寻根；⑫华山攀岩；⑬嵩山武术大会；⑭五台山慈善募捐活动；⑮探险队京城巡回报告活动；⑯曲阜"祭孔"；⑰南京"徐霞客知识竞赛"；⑱庐山"历史文化节"；⑲黄山"徐霞客"杯日出摄影大赛；⑳江阴"徐霞客故里行"；㉑西湖"荷花节"等。

——资料来源：陈放. 欢呼5.19中国旅游日——中国旅游步入新纪元，http：//blog. sina. com. cn/s/blog_ 4a7a3daa0100s27h. html/2011－04－02.

**借影视作品之势**。影视作品的热映，对于所涉及的旅游景区的广泛传播起到了重大的作用。电影《非诚勿扰》在杭州西溪湿地的拍摄，让西溪湿地从一个名不见经传的湿地公园被纳入了赴浙江旅游的常规行程；而在《阿凡达》热播之时，张家界更是借助于其"南天一柱"是影片中哈利路亚山的原型而将其更名为"哈利路亚山"，扩大了其在国际国内的影响力。

**借政策之势**。借政策之势主要是借助各级政府的重大旅游决策而进行的旅游策划。旅游业是政府主导型产业，政府的决策对旅游业的发展至关重要。例如，2004年国家旅游局决定将红色旅游作为一个重点来发展，决策一出，湖南、江西等省便率先启动规划了一批红色旅游线路和景点，并策划了一系列的大型主题活动，如湖南省和国家旅游局、团中央在韶山组织了声势浩大的"中国红色之旅、百万青少年湘潭韶山行"大型主题活动；江西组织了"新世纪、新长征、新旅游——2004中国红色之旅万里行"活动。

**借山水之势**。借山水之势就是利用自然界山水的大致走势、形态和奇特造化等，营造新景点，策划新活动。对旅游策划者来说，山水是永远做不完的大文章，要从平庸中发现神奇、寻找出吸引人的卖点。近些年，利用山水而成功的旅游策划数不胜数。例如，张家界的飞机穿越天门洞，天门洞如果没有那一次穿越，也许永远只是一个任人评点的山洞，可是那次穿越之后，天门洞便与挑战和冒险联系在了一起。

**借建筑之势**。借建筑之势就是利用古代或现代建筑的影响力而策划出丰富的旅游活动或景区项目。建筑是人类文化的立体体现，是重要的文化遗产。自古以来，我国人民创造了十分丰富而独特的建筑文化，为各地旅游业发展提供了广泛的资源。例如，各类书院、寺庙、民居、宫殿等都是策划旅游景点的好素材。平遥古城、丽江古城、周庄等都是利用古建筑策划出来的景区。北京的故宫、西安的华清池等更是利用古建筑促进旅游发展的典范之作。现代建筑也可以策划成好的景观景点，例如，现代的水立方、鸟巢、东方明珠、三峡大坝等。

*借特产之势*。借特产之势就是利用一地特有的物产策划出旅游活动、旅游产品或者进行旅游营销。我国地域广博，各地物产特色各不相同，有不少已经久负盛名。例如，吐鲁番的葡萄、盱眙的龙虾、青岛的啤酒、景德镇的陶瓷等。在发展旅游业时，完全可以利用这些知名的特产，并结合民俗等活动，策划出独具特色的节庆活动。江苏盱眙，在旅游业起步时，由于景点资源特色不够突出，旅游发展步履维艰。策划专家提出了利用小龙虾这一特产来发展旅游业的思路。10 多年来，盱眙已成功举办了 13 届龙虾节，同时，盱眙更是以"有滋有味的龙虾、有滋有味的文化、有滋有味的山水"在中央电视台进行城市形象传播。借美食之名，盱眙扩大了影响力，并发展了休闲旅游，盱眙旅游业开展得如火如荼。

*借民俗之势*。就是借助一地的特色民风民俗，策划出旅游活动项目或进行旅游营销，促进一地旅游业的发展。我国地域辽阔，各地居民在长期适应当地环境的基础上形成了具有浓郁地方特色的民族风情，这正是旅游策划的好素材。例如，云南的傣族风情园、泸沽湖的走婚等，这些民间风俗习惯只要稍加整合，就可以成为独具魅力的景观景点和旅游节庆活动。我国著名导演张艺谋等策划的大型室外实景演出《印象·刘三姐》、《印象·丽江》等，都是借民俗之势进行旅游策划的文化精品。

## （二）顺势

顺势也就是顺应潮流之势，即出现了某种旅游策划人员可以利用其来发展旅游业的趋势或苗头，策划人员可以顺应潮流，有效地进行包装和引导，推出给力的旅游策划。

如今营地旅游快速发展，汽车旅游营地也将发展成为一个重要的旅游产品。如何建设汽车营地？汽车旅游营地不应该仅仅提供一个供游客搭帐篷野营、简单的自己动手烹饪食物的通电通水的地方；汽车旅游营地的策划者应该顺应需求，建设汽车营地时在环境选择、主题策划、民俗风情等方面多下功夫。

## （三）转势

转势就是运用一定的手段和方法将某种不利的势，转化为对自己有利的势。转势的目的是要使无势变为有势，使劣势转为优势。

案例

## 从地震中走出来的旅游城市——丽江

1996 年，丽江发生了大地震，损失惨重，而丽江人却反弹琵琶，把坏事变好事。如今丽江以绝世之姿出现在世人面前，成为中国旅游的最热点。那么他们是如何实现转势的呢？

1995 年 11 月，丽江申报"世界文化遗产"城市。1996 年 2 月 3 日，丽江发生里氏 7 级大地震，震中地区交通、通电、供水中断，全市上百间房屋倒塌，以丽江为中心的 4 市、9 县遭受了巨大的财产损失和人员伤亡。对于丽江来讲，大地震是一次百年不遇的大灾难，而且恰逢丽江申报世界文化遗产，这对于申报工作无疑是严峻的挑战。当时丽江各界都很绝望，也有人建议完全推翻现有残局重建古城。联合国教科文组织打电话询问，准备取消丽江的申遗请求，因为里氏 7 级是严重破坏性地震，他们估计丽江可能被震得一塌糊涂了。但是经过考察专家发现，由于丽江多是中国传统木结构房屋，采用木柱梁、木屋架，房屋一排排相互连着。这种木结构能抗震，所以虽然墙体坍塌，但木质框架并没有发生毁灭性的破坏。

是重建还是恢复原貌？丽江选择了根据"修旧如旧"的重建原则去恢复原貌，完成了古城的民居恢复、排污工程、供水工程等，提升了古城的历史文化内涵和古城基础设施水平。同时，政府提出了"大灾难、大机遇、大发展"的方针，借此契机将原来一些与古城风貌不协调的建筑进行了拆迁改造，并将古城里的机关和企业搬迁出来，使古城被完好地保存下来。按计划，丽江的重建工作需要 3 年，实际只用了 2 年多的时间就完成了。

1997 年 12 月 4 日，丽江市成功地被联合国教科文组织批准列为"世界文化遗产"城市，填补了我国在"世界文化遗产"中无历史文化名城的空白。之后，"三江并流"、"东巴古籍文献"等也相继被评为世界自然遗产、世界记忆遗产。丽江抓住"申遗"带来的重大机遇，创造了世界遗产保护与旅游业发展双赢的"丽江模式"，促进遗产保护与旅游业发展相互促进、相得益彰。

如今的丽江，作为一种有美景、有人文、有浓郁地方特色，逃离都市喧嚣的地方出现在大众视野里。丽江已经成了一种生活方式，小资圣地。都市里没有的慢节奏，咖啡、小院、音乐和大把阳光的悠闲生活使其成为全中国公认的最热门的旅游城市。

——资料来源：http://www.ljjsly.com/attraction/content/159.html

 案 例 分 析

丽江的转势成功对于震后的四川有何借鉴意义？

## （四）造势

造势指的是通过一定的方式去制造一种声势，营造一种旅游氛围，从而激发旅游者的旅游动机。广告宣传是最常用的一种造势方法。造势一般都是大手笔的、铺天盖地的

广告宣传，多媒体、全方位、立体式的大肆宣扬，往往能对目标对象达到震撼身心的效果，从而在公众中树立形象、营造氛围。造势有战略造势和战术造势之分，战略造势主要影响人们观念和发展潮流，从而引导旅游消费，而战术造势主要是为了达到单项产品销售或其他单项目的而采取的具体措施。

## 二、旅游策划的"时"

"时"就是时机、时间、机会和机遇。对"时"的运用，就是对所处的时间机会的谋略性运用。旅游策划中对"时"的把握最为复杂，也最为机动，策划如果能捕捉到合适时机，就能取得事半功倍的效果。

旅游时机具有偶然性和规律性两个特点：一方面，旅游时机具有时机的偶然性。任何社会重大事件、民间文化热点或自然现象都有可能蕴藏着发展旅游的契机。这种契机的出现，是随机的、偶然的。例如，自然现象中的流星雨、云海、海市蜃楼等气候现象。另一方面，旅游时机又具有一定的规律性。例如，情人节、妇女节等节日都会周而复始地出现，旅游策划者可以根据时间的变化对旅游时机的出现作出较为准确的判断，以便在时机来临之前做充分的准备，创造出最佳的策划。

### （一）未雨绸缪，时刻准备

时机总是悄悄地来临。为了避免丧失机会，策划人员必须把功课做到前面。只有如此，才能保证在机遇来临时，迅速作出反应，从而抓住机遇。例如，诊断出旅游市场的走势，当旅游市场发育成熟时，适时推出旅游产品，从而抢得先机。旅游业的特点决定了旅游组织要取得溢出利润，必须走在市场前面。这就要求旅游策划者既要有预见性，又要有准备性。比如，旅游策划者可以在预测旅游高峰到来之前，合理配置旅游资源，安排设计旅游线路，按实际情况配备旅游服务人员和导游人员的数量，使各项工作井然有序，这样才能在"旺季"来临时从容应对，避免因准备不足而造成的人员短缺、管理混乱等一系列问题。

### （二）细心观察，准确预测

时机的出现，表面上是一种偶然，但其实又是一种必然，那么在时机出现之前，一定会表现出一定的征兆。因此，要有较强的敏感性，能够从微小的征兆中发现背后隐藏的机会。当然，这种能力需要时间和经验的积累才能够具备。旅游策划者一要细心观察市场，二要分析市场，三要准确判断，四要找出内在隐含规律，五要发现先兆，把握时机，按照规律办事，从而赢得先机。

### （三）创意独特，鲜活生动

任何现象的发展变化，都可能内隐着旅游发展的契机。如果思维平庸，那么就不能够辨别出机会的到来。只有具有创造性的思维，才能具有独特的眼光，才能捕捉到事物的细微变化。作为旅游策划者，应该积极地探寻机会，通过有意识地运筹，发现旅游策划的最佳时机。

对于旅游者来说，旅游行为是一种感性的行为，其旅游动机受特定时机的影响，存在着"时间心理"现象。例如在特定的假期内，外部大众行为的感染加上内在需求的促动，就有可能强化个体旅游动机，从而形成旅游行为。此时背景下，具有创意的独特旅游项目或者活动，就会对旅游者产生更强烈的旅游动机激发。利用旅游者的时间心理现象，开展独特的旅游创意策划，是旅游策划中的重要技巧之一。

在日常的生活中，可以为旅游策划所利用的时间点主要有以下几种：

**社会节假日**。例如，我国的各种传统节日，春节、清明节、端午节、中秋节、"十一"黄金周等。另外，随着外来文化的影响日益加剧，西方一些节日也不可忽视，如情人节、圣诞节等。此外，教师节、妇女节、父亲节、母亲节等节日都可以利用，策划适当的旅游活动。

**重大社会活动**。随着国家或地方经济实力的增强，国家层面或地方层面的世界性重大活动，如体育性活动（奥运会、亚运会、亚锦赛等）、政治活动、教育活动、会展活动、选美活动等日益增多，这些活动都给举办地及其关联地带来大量的机会。对于旅游策划者来说，要根据活动的类型及其内容发现其中蕴含的机会，并为旅游发展所利用。例如，2008 年的北京奥运会、2010 年的上海世博会都给中国旅游业带来巨大的机遇。

**公众热点**。公众关心、议论的热点和焦点，往往也是旅游策划的最佳时机。例如，热播的电影或电视节目涉及的地方，备受关注的自然现象（日食），当前的政治明星或政治事件等，这些都是可以被利用的策划对象。成都借《功夫熊猫》有效地传播了城市形象；开平碉楼牵手《让子弹飞》，成功提升了其知名度。

## 三、旅游策划的"术"

"术"就是旅游策划的方法、招数或者说手段，"术"是指导旅游策划的工具。由于旅游策划的跳跃性和独特性，理性的公式化和模式化的方法可能对旅游策划的作用不大。同时由于旅游策划的"势"的复杂性，决定了旅游策划的方法是复合的、动态的多种方法的融合。常用的旅游策划方法有以下几种：

## （一）头脑风暴法

头脑风暴法是一种专家会议的形式，在一种和谐融洽的氛围中，由主持人简明扼要地介绍要解决的问题，各位不同领域内的专家可以畅所欲言地发表自己的观点，每一位专家都不对其他专家的观点和看法进行评论和否定。在这种宽松而激烈的畅谈环境下，与会者可以克服心理障碍，让思维自由驰骋，同时，借助集体的知识互补、信息刺激和情绪鼓励，通过联想提出大量创造性的设想。最后，由高屋建瓴式的人物甄别和统筹各种想法，形成思维创意。

相关链接｜　🔍搜索

### 头脑风暴法的有趣运用

有一年，美国北方格外严寒，大雪纷飞，电线上积满冰雪，大跨度的电线常被积雪压断，严重影响通信。过去，许多人试图解决这一问题，但都未能如愿以偿。后来，电信公司经理应用奥斯本发明的头脑风暴法，尝试解决这一难题。他召开了一种能让头脑卷起风暴的座谈会，参加会议的是不同专业的技术人员，要求他们必须遵守以下原则：第一，自由思考。即要求与会者尽可能解放思想，无拘无束地思考问题并畅所欲言。第二，延迟评判。即要求与会者在会上不要对他人的设想评头论足。第三，以量求质。即鼓励与会者尽可能多而广地提出设想，以大量的设想来保证质量较高的设想的存在。第四，结合改善。即鼓励与会者积极进行智力互补，在增加自己提出设想的同时，注意思考如何把两个或更多的设想结合成另一个更完善的设想。

按照这种会议规则，大家七嘴八舌地议论开来。有人提出设计一种专用的电线清雪机；有人想到用电热来化解冰雪；也有人建议用振荡技术来清除积雪；还有人提出能否带上几把大扫帚，乘坐直升机去扫电线上的积雪。对于这种"坐飞机扫雪"的设想，大家心里尽管觉得滑稽可笑，但在会上也无人提出批评。相反，有一位工程师在百思不得其解时，听到用飞机扫雪的想法后，大脑突然受到冲击，一种简单可行且高效率的清雪方法冒了出来。他想，每当大雪过后，出动直升机沿积雪严重的电线飞行，依靠高速旋转的螺旋桨即可将电线上的积雪迅速扇落。他马上提出"用直升机扇雪"的新设想，顿时又引起其他与会者的联想，有关用飞机除雪的主意一下子又多了七八条。不到一小时，与会的10名技术人员共提出90多条新设想。

会后，公司组织专家对设想进行分类论证。专家们认为设计专用清雪机，采用电热或电磁振荡等方法清除电线上的积雪，在技术上虽然可行，但研制费用大，周期长，一时难以见效。那种因"坐飞机扫雪"激发出来的几种设想倒是一种大胆的新方案，如果可行，将是一种既简单又高效的好办法。经过现场试验，发现用直升机扇雪真能奏效，一个久悬未决的难题，终于在头脑风暴会中得到了巧妙的解决。

——资料来源：http：//iask.sina.com.cn/b/8974743.html.

## （二）策划树法

策划树法又名决策树法。因为任何一类或一种旅游策划都会存在一定的风险性，为减少其风险，在策划中就可以采用策划树法。策划树法就是从一个基点出发，将各种可能性全部标注在一个树状的图示中，然后依据内外各种主客观条件对每一种可能性进行分析，在分析的基础上制订出最佳的策划方案，尽量降低旅游策划中的不确定性风险。

## （三）另辟蹊径法

另辟蹊径法是一种超越常规，从问题的不同面进行思维来获取创意的策划方法。换个角度往往能看到别人看不到的一面，同时激发出的创意由于给人"出人意料"的刺激而具有更强的冲击力，往往能收到意想不到的效果。旅游策划往往需要剑走偏锋，出奇制胜，所以在旅游策划中更需要另辟蹊径的方法。例如，王衍用在策划山东邹城的旅游定位时，孟子让位于孟母，避开曲阜孔子高大的身影，不主动打孟子牌而打孟母牌，推出"天下第一母亲在邹城"的宣传口号。又如，一般的名人故里在做策划时，都直接围绕名人主题来展开，而沈祖祥在策划浙江湖州孟郊故里时，考虑到孟郊的影响并不登峰造极，而其《游子吟》却影响深远，广为传唱，因而"围绕孟郊做文章，跳出孟郊做文章"，将"游子心，思乡情"作为孟郊故里旅游文化的敏感点来进行旅游策划，从而剑走偏锋，获得了良好的效果。

---

**案　例**

### 深坑中崛起的五星级酒店

天马深坑位于上海佘山国家旅游度假区横山东侧，海拔 -89 米，是周长 1000 多米的采石坑，它是被人工、机械采石 50 多年后遗留下的，并聚集雨水形成一个深潭，被当地人称作"大坑"。后来因缺乏管理，工业废水、生活垃圾让湖水变色，导致周边臭气熏天。

天马深坑酒店规划图

这样的一个臭水坑能做什么？填平了，然后建点什么，可能是最常见的思路。但策划人员在考察了深坑地形和市场环境后，创造性地提出了利用深坑的自然环境，清理垃圾，引入洁净水源，在深坑里建起一座 21 层的五星级酒店的设想。

为了造势，在深坑酒店建设之前，就在上海相关媒体上对这一美好设想进行了大幅的勾画，吸引了无数上海人前去探险、观"奇"。同时，系列的策划活动还在开展，比如"十一"黄金周期间，在深坑酒店建成之前，松江将举行一次深坑告别之旅，组织游客到深坑参观和留影，以见证从采石坑到五星级酒店这一翻天覆地的变化。根据规划，这座"地质坑五星酒店"将建设水下2层，水面到地平面17层，地平面上2层，一共21层。酒店在大坑的潭水中将建有2层水下情景客房，采用先进的水族馆设计技术，包括人造岩石和珊瑚礁设计、水族馆环境设计等，营造出置身海底漫游的新奇感。酒店从水面到地平面的17层及地平面上的2层设计为总统景观房、标准客房、水底餐厅与咖啡馆等，其中400间客房均设有观景露台，与对面坑壁设计的落差100米左右的瀑布形成虚与实、动与静的对比；一座悬索桥连接东西两侧，为攀岩、蹦极、水上运动等极富挑战性的运动提供条件，让入住者体验到坑下世界的别致情趣。如果按设计建五星级酒店，那会是世界上人工深坑里海拔最低的，−65米。"深坑宾馆"的设计理念就是要极力营造出一个"依附于独特的自然地形、层层生长出的空中花园"。大坑中的五星级酒店是上海佘山"天马山现代服务业集聚区"的一部分，建成后将与周边的体验中心、中心绿地、主题乐园形成区域优势。

——通过网络资料整理，http：//www.china−designer.com/news2/Get/hangyejd/

180751203.htm/2012−3−2.

天马深坑酒店是运用什么方法开展旅游策划的？

## （四）纲举目张法

在旅游策划中，面对纷繁芜杂的策划素材，必须确定一个明确的策划主题。旅游策划的定位就是旅游策划的纲，只有抓住了"纲"这个牛鼻子，才能在纷乱的素材中理清思路，把一个个可利用素材合理地统领起来，如同串珠似的把一颗颗散落的珍珠串起来，形成形象鲜明、光彩夺目的策划主题项链。比如，一个城市在历史发展过程中，独特的地理位置都形成和留下了自己的独特自然文化遗产，那么在旅游发展方面，就必须给城市确定合理定位，只有如此，才能合理策划独特旅游项目和服务，这也就是纲举目张法。

## （五）置身界外法

"不识庐山真面目，只缘身在此山中。"对于旅游策划来说，要求策划者视野开阔、思想活跃，能把策划对象放在全省、全国甚至全世界的范围内去分析竞争与合作、市场与环境，并能对类似策划对象的策划动态全面把握。如果策划者对于策划对象是进得去而出不来，不能以旁观者的状态审视策划对象，那么就很难保证策划的大创意和可行性。策划专家王志刚在策划西安市曲江旅游发展时，就提出"欲策划曲江，先了解西安，欲了解西安，先了解中国"，在宏观大背景下考量曲江并成功地策划了曲江旅游。

## （六）逆向思维法

当前，区域内的旅游同构同质化竞争非常激烈和普遍，要想在这种白热化的环境下脱颖而出，就必须采用逆向思维，剑走偏锋，寻求标新立异式的卖点。

---

**案例**

### "出卖荒凉"的西部影视城

青山绿水，美景怡人，这可能是很多景区所追求的环境。但宁夏的西部影视城，却是一个因"出卖荒凉"而闻名遐迩的旅游胜地。西部影视城位于宁夏镇北堡，在此升起的明星之众，荣获国际国内大奖之多，皆为中国各地影视城之冠。而它的创意者张贤亮先生，也成为因"出卖荒凉"而首先致富的文化人。

镇北堡的两座城堡，是明清时期为防御贺兰山以北外族入侵府城银川而设置的军事要塞，历经数百年沧桑，以其雄浑、古朴的风格，成为贺兰山东麓一道独特的风景线。从拍摄由张贤亮编剧的《牧马人》、《老人与狗》开始，陆续在城堡里建起的塔林、农舍、客店、酿酒作坊，还有仿古的月亮门，无不是就地取土，一片金黄。迄今，这里已拍摄了《红高粱》、《关中刀客》、《黄河绝恋》、《大话西游》、《新龙门客栈》、《书剑恩仇录》等90多部影片和电视剧。一进镇北堡西部影城大门，就看到影壁上有一行令人感动的大字："中国电影从这里走向世界"，人们纷纷在影壁前留影。在这里，游客不仅可以参观，还可以穿上50多部影视剧中曾经使用过的300多套服装，听从专业导演、摄像师的安排，亲自演一回影视剧中的精彩片段，并剪辑录制成VCD盘，还能要求编辑把原版电影声音甚至镜头切入自己的录像中。通过影视现场的情景再现和亲自体验，完成游客的一种心灵旅游，带来新的增值。

在这里，中国西部的大自然与小城镇的人文已融为一体，令人感到有一种透着黄土味的荒凉感和原始性、民间性。正是"它的粗犷，它的朴拙，它的苍凉，它的遒劲"，让人们有了别样的感受。"出卖荒凉"的张贤亮，没向国家贷一分钱款，也没向社会化一分钱缘，就给古堡废墟注入了新的生命力，其有形资产已达3000多万元，而无形资产少说也该达好几个亿了。

——资料来源：http://lvyou.elong.com/5276951/tour/a1jbgo19.html.

## （七）衍生法

旅游策划中应该拓宽策划对象日常作用和常态表现，应对其进行发散和拓宽思维，采用移植、嫁接和拓展等手段，发现策划对象新的价值。

例如，北京的 798 艺术区，就是将老厂区转变功能变成了艺术区。798 艺术区原为国营 798 厂等电子工业的老厂区所在地。随着城市发展的需求，电子工业逐渐退出，而大量艺术家涌入。在对原有的历史文化遗留进行保护的前提下，他们将原有的工业厂房进行了重新定义、设计和改造，带来的是对于建筑和生活方式的创造性的理解。这些空置厂房经他们改造后本身成为新的建筑作品，在历史文脉与发展范式之间，实用与审美之间与厂区的旧有建筑展开了生动的对话。现今 798 艺术区已经引起了国内外媒体和大众的广泛关注，演化为一个文化概念，并成为北京都市文化的新地标，对各类专业人士及普通大众产生了强烈的吸引力。

## （八）文化包装法

文化是旅游的灵魂，旅游是文化的载体。没有文化的旅游策划是庸俗的、低层次的和没有灵魂的。在旅游策划中，要读懂和吃透旅游策划对象的文化内涵，为策划对象找到"魂"，并且通过一系列的策划去活化和展示其文化内涵。唯有如此，才能使策划对象鲜活生动又不失高雅。

西安大唐芙蓉园，气势恢宏，园内亭、台、楼、阁、榭、桥、廊等一应俱全。园内的唐式建筑几乎集唐代所有建筑形式之大成，是国内最大、最有震撼力的仿唐建筑群，在国内开了多项旅游文化领域之先河。国内一流的策划专家、唐文化专家、旅游专家给这座千亩园林赋予了丰富、多元的唐文化内涵。这里有神圣恢宏的皇家文化、科举进士的精英文化（杏园探花、曲江流饮、雁塔题名）、四方来朝的外交文化、曲水流觞的酒文化、陆羽茶圣的茶文化、一步一景皆唐诗的诗歌文化、"三月三日天气新，长安水边多丽人"的女性文化、佛道并存的宗教文化、霓裳羽衣胡旋舞的歌舞文化等。文化的贯穿和包装让人们在观赏景区之后也对唐文化有了更深刻的理解，从而有了更多的收获。

## （九）移植法

所谓移植法，就是把其他事物的特点或功能合理地复制，迁移过来创造另一种新事物的旅游策划方法。

深圳华侨城旅游开发策划就是一个利用移植旅游策划成功的案例。1985 年，为完善深圳华侨城的开发方案，香港中旅集团有限公司总经理马志民带一批人赴欧洲考察。受荷兰"小人国"景区的启发，他把"小人国"的核心创意——"景观缩微"借鉴移植到深圳，独树一帜地开发策划了"锦绣中华"、"世界之窗"、"中国民族文化村"、"欢乐谷"4个景区。4个景区策划了不同的主题，锦绣中华是中国自然风光和人文历史精粹的缩影；中国民俗文化村是荟萃国内各民族的民间艺术、民俗风情和民居建筑于一园的大型文化游览区；世界之窗以世界文化为主题，集世界奇观、历史遗迹、古今名胜、自然风光、民俗风情和各国歌舞于一园，再现了一个美妙动人的世界；欢乐谷以欢乐为主题，利用现代主题公园营造自然环境的设计手法，为少年儿童和家庭兴建的主题游园。4个景区互相辉映，整合为独具特色的华侨城旅游区。

张艺谋的"印象"山水实景演出的策划也是一个移植旅游策划法的成功案例。张艺谋是一个电影导演，他将电影技术移植到了旅游演出的策划。一是利用电影造景手法，构建了"印象"山水实景演出的场景；二是运用"大片"场景手法和音响效果，以大量的参演人群，营造了山水实景演出宏大的感染力。游客看"印象"山水实景演出，实际就像到片场，观看一部电影的拍摄。

---

**相关链接** 🔍 搜索

### 从"世界上最好的工作"看旅游策划技巧

澳大利亚昆士兰旅游局于2009年年初在全球进行"世界上最好的工作"的网络招聘活动，短短数月时间，便给昆士兰带来了超过1亿澳元的公关价值。它已被业界视为最成功的旅游策划案例，对我国旅游开发具有积极的借鉴意义。笔者试从"势"、"时"、"术"的运用来还原和透析其策划技巧。

**"势"的运用**

"世界上最好的工作"的成功不是偶然的，可以说是成功运用"借势"、"顺势"、"转势"、"造势"的典范。

第一，借山水之势。"世界上最好的工作"借大堡礁无与伦比的自然资源优势为支撑，来增强其在全世界招聘岛屿看护员的底气，同时大堡礁美丽舒适的环境也为"最好"添加了注解。

第二，顺心理之势。"世界上最好的工作"的成功，还得益于它顺应了人们"工作轻松、回报丰厚"的心理渴求。昆士兰旅游局精心策划的工作内容和福利待遇不但符合"最好工作"的标准，而且达到物超所值的效果。

第三，转条件之势。按照一般性的认知要求，如果世界上有最好的工作，其招聘条件必然苛刻，否则难以凸显工作的价值。昆士兰旅游局的网络招聘另辟蹊径，尽可能地降低应聘标准，避免设置人为障碍，从而极大地拓宽了目标群体的受众范围。同时，它又以自娱自乐的方式吸引许多人参与活动，即使没有希望获得这份工作，很多人也会兴致盎然地录制一段视频参加或娱乐一下。

第四，造宣传之势。"世界上最好的工作"所有关键环节都在网上展开，昆士兰旅游局从一开始就建立了专门的招聘网站，通过环环相扣的情节设计推动活动的进展，不断产生新闻热点，达到震撼身心的效果；旅游局在全球各个办公室的员工则纷纷登录各自国家的论坛、社区发帖，让消息在网友中病毒式扩散，营造一种氛围。活动官方网站的合作伙伴是 Youtube，借助 Youtube 在全球的巨大影响，活动本身又得到了进一步的口碑和传播。

### "时"的运用

时，就是时机、机会和机遇。"世界上最好的工作"从"时"的角度来分析，可以从两个方面来把握。一是金融危机带来的机遇。2008 年金融风暴席卷全球，能够拥有一份稳定、高薪的工作，的确是件令人很向往的事情，澳大利亚昆士兰旅游局恰当其时地推出以惬意的工作环境和工作内容，以每小时 1400 美元的超高待遇在全球招聘所谓的"岛屿看护员"——工作之轻松、生活之惬意以及待遇之丰厚一下子吸引了全球无数人的眼球，媒体更是不惜用大量的版面进行免费的报道。二是营销时间的连续性。2009 年 1 月旅游局发布招聘通告，随后全球近 3.5 万人参与竞聘，然后通过层层选拔选取 11 名候选人前往汉密尔顿岛实地考察，5 月 6 日公布入围名单人选，最后于 6 月 5 日决出大堡礁护岛人的结果，整个过程历时半年，严丝合缝、高潮迭起。而获胜者的工作合同开始于 2009 年 7 月 1 日，终止于 2009 年 12 月 31 日，除更新博客外，其间还要不断接受媒体的采访，这使得整个旅游营销过程事实上又后延了半年，继续吸引全球众多媒体进行长时间的免费报道。

### "术"的运用

旅游策划是一项艰苦的脑力劳动，需要准确地把握旅游地的内部资源和外部环境，以独到的眼光和视角发现事物的独特属性。"世界上最好的工作"使用的策划之"术"主要表现为出奇制胜和以人为本。

"出奇制胜"就是要追求独创奇异，形成独特性卖点，化平淡为神奇。无论是营销还是传播，一个叫好又叫座的概念有利于提升事件受关注的程度，产生先声夺人的效果和放大式的广告效应。昆士兰旅游局成功将事件推广的主体——大堡礁，延伸到大堡礁看护员身上，再将看护员工作塑造成"世界上最好的工作"这一概念，借助逆向思维，以无穷的智慧形成了出奇制胜的市场卖点和商业感召力。换句话说，这个工作，与其说是招聘看护员，其实不如说是大堡礁的体验者——这正是昆士兰旅游局推出此活动的目的，通过体验式营销的方式来向世界宣扬大堡礁的美妙之处，同时充分利用招聘过程的吸引力成功进行营销造势，吸引全世界旅游者的关注，向全球推广大堡礁。

"以人为本"体现在招聘过程中 Web 2.0 的网络交互性上。澳大利亚昆士兰旅游局网站面向全球发布招聘通告时，专门搭建了一个名为"世界上最好的工作"的招聘网站，网站提供了多个国家语言版本；在投票过程上也进行了精心设置，投票者要先输入邮箱地址，然后查收一封来自"昆士兰旅游局"的确认件，确认后再行使投票权。在通过确认的环节中，参与投票的网民可以仔细浏览这个做得很漂亮、实质上是旅游网站的招聘网站，处处都是大堡礁的旖旎风光、万种风情，让人立刻产生神往之意。更重要的是，投票者的邮箱未来都会定期或不定期地收到来自大堡礁的问候，进一步挖掘了澳大利亚旅游的潜在客户价值。

　　"世界上最好的工作"案例显示，旅游策划是一项由"势"、"时"、"术"三种要素构成的高智商创意活动，尤其强调通过创造性思维，找出资源与市场间的核心关系，建构可采取的最优途径，形成可实施、有连续性的明确方案，并对每一阶段的行动进行系统安排。而旅游业的发展越来越需要以智力来贯穿策划、规划、设计、投资、开发、运营、营销、管理等各个环节，且只有高端的、切实可行的旅游策划方案才能为投资回报作保证，为旅游产业和旅游地带来显著的综合效益。此外，笔者认为"世界上最好的工作"的策划、营销手法可以部分移植到我国，并与既有的本土环境进行创新性耦合。例如，可对国内知名景区的高级管理人员进行全球网络招聘，高薪高福利，降低职业门槛，参赛规则为提交一份500字以内的景区发展报告；借鉴超女的营销和盈利模式，由海选到晋级赛。这种招聘，既有利于景区免费获取大量的创意蓝本和发展思路，又可以增加知名度提升旅游收入，还能网罗各方面的人才建立智库。

　　——资料来源：秦岩．从"世界上最好的工作"看旅游策划技巧［N］．中国旅游报，
2010－12－22．

# 复习与思考

## 一、名词解释
策划树法　纲举目张法　衍生法　文化包装法

## 二、简答题
1. 旅游策划的程序分为哪几个阶段？
2. 借势可以从哪些方面来开展？
3. 常见的哪些"时"可以在旅游策划中运用？

## 三、单项选择题
1. 原始资料的收集法中，运用最多、适应面最广的一种市场调查方法是（　　）。
A. 观察法　　　　　B. 会议法　　　　　C. 实验法　　　　　D. 询问法
2. 以一种专家会议的形式，专家们就某个问题可以畅所欲言地发表自身观点，每一位专家都不对其他专家的观点和看法进行评论和否定。这是旅游策划的（　　）。
A. 策划树法　　　　B. 另辟蹊径法　　　C. 头脑风暴法　　　D. 纲举目张法

## 四、多项选择题

1. 旅游策划的创新性主要体现在（　　　）。

A. 求"新"创新　　　　B. 求"异"创新

C. 求"最"创新　　　　D. 求"需"创新

2. 旅游策划的"术"包括（　　　）。

A. 衍生法　　　B. 文化包装法　　　C. 头脑风暴法　　　D. 逆向思维法

3. 寻求策划创意线索的几种常见的方法有（　　　）。

A. 借鉴法　　　B. 感性认识法　　　C. 日积月累法　　　D. 联想法

## 五、案例分析

### 清明上河园发展的"三乐章"

　　"到清明上河园一游，才知道大宋文化是如此多彩！"来过这座文化主题公园的游客，常常发出这样的感慨。有多大的吸引力，让如此多的游客对清明上河园这样向往？又是怎样的经营策略让清明上河园从名不见经传到名声大振，一步一个台阶迅猛发展到今天，形成知名品牌？

　　首先，请看一组数字：1999年，清明上河园开园第一个财政年度，收入即1000多万元；2010年，开园10年后，收入突破8000万元，在河南景区中排位第四；2011年全年总收入超亿元。

　　如此惊人的数字是怎样得来的？清明上河园的旅业传奇是如何创造的？他们的旅游策划又经历了哪几个发展阶段？让我们探求一下这座国家5A级景区的经营策略和发展思路。

**第一乐章：民俗文化 市井风情**

　　将民俗文化、市井风情从历史教科书中"移植"到园区，是清明上河园人的一大创造。正是通过清明上河园人超前的创意，不凡的构思，实现了人们"一朝步入画卷，一日梦回千年"的凤愿。走进清明上河园，就仿佛走进了千年前的北宋东京；记忆千载、千载记忆，都在这个园子里变成了现实。

　　旅游演艺是"活化历史"的重要方式。走进园区，人们仿佛走进了遥远的宋代。园子里，绿柳依依，虹桥如画；汴河之畔是喊着号子的纤夫；勾栏瓦肆里有古韵悠悠的吆喝声；每天开园时分，你可以到清明上河园大门口欣赏精彩热烈而不失庄重的开园仪式《包公迎宾》；每天上午，进入园内，你可以观赏到如同电视剧拍摄现场一般的《汴河漕运》实景表演；每天下午，你又可以观看硝烟弥漫、场面震撼的《汴河大战》。

　　清明上河园还是聚集身怀绝技市井奇人的地方，民间绝活处处可见。玻璃画、葫芦烙、喷火、踩高跷、吹糖人、捏面人、绘糖画、打花生糕等民俗风情得到了尽情展示。

众多特色的可参与的活动是清明上河园激发游客兴趣的重要内容。清明上河园还开发了古代攀岩、鬼谷探险漂流、水上竞标等宋代游乐活动。在趣园里，孩子们自由玩耍，投镖、射箭、爬绳、荡秋千、溜滑梯……纵情嬉戏，体验宋代游戏的乐趣。玩累了，游客们可以到园中的食街吃上一顿正宗的开封风味小吃，杏仁茶、黄焖鱼、炒凉粉、小笼包子……

与此同时，清明上河园还在园内增加了在北宋东京街头才能看到的场景和听到的叫卖声，有押解罪犯、乞丐乞讨的场景，还有算卦、神课等真人秀项目，这些历史情景的"再现"，把北宋社会的真实生活一一展现在游人面前。游客走在园区里，听到的、看到的，甚至触摸到的事物都具有浓郁的宋代气息，找到了步入北宋东京街头的感觉。

### 第二乐章：皇家园林 古代娱乐

在深挖文化内涵和景区一期建设的基础上，2003 年清明上河园的二期项目上马，两年后竣工。二期工程使清明上河园面积扩大到 4 万平方米，景区规模扩大了一倍，既增加了景区的内涵和厚度，实现了景区规模化的发展，又为拉长清明上河园旅游产品链条奠定了基础。

清明上河园二期景区的古代娱乐项目侧重于开发原来人们从没有见过，甚至连听说都没听说过的古代娱乐项目，如失传了 400 多年的独具北宋特色的木偶品种——水傀儡；北宋时期人们"玩儿"得比较普遍的"蹴鞠"；还有普通百姓很难一见的高水准表演项目皇家皮影；以及风靡于市井的斗鸡、皇家流行的马球等游艺活动。

一系列古代娱乐项目的面世，把皇家园林的景观与古代娱乐文化完美地融合在一起，加上历史化的主题贯穿全景区，从而营造了一个古老、清新、欢乐的休闲娱乐环境，走出了成功打造中国古代娱乐体验地的可喜一步。这些初次被挖掘出的古代娱乐项目因为让人耳目一新，因而引起了更多人的兴趣，一时间游客大增，甚至传为奇闻。

千年一曲东京梦，今朝方何如处寻。清明上河园一期工程，是民俗文化，市井文化；二期工程，是皇家文化，庙堂文化。民俗与庙堂，市井与皇家，高雅与通俗，在这里找到了很好的结合点，并以活动和演艺为载体，向经典化升华。

### 第三乐章：实景演出 心灵震撼

过去，到开封旅游常常被人们称作"只有太阳，没有月亮"的旅游。不过随着郑汴一体化的到来，清明上河园甚至可以说是整个开封市的烦恼也随之而来。

从开封的地理位置来讲，接待游客比较多，但是消费很少，原因是什么呢？几个景点一天就能逛完，吃了饭就走，留不住游客，所以酒店、餐饮业都少有受益，产业链也就没有形成。因此多年来开封市没有形成夜文化拳头产品，很多人认为也没有打造夜文化的必要。如果能够打造一台晚会，通过晚会留住游客，便可增加开封的旅游效应，形成产业链。

清明上河园已经规模化为一座历史文化名城，开封有着很独特、很诱人的魅力。怎样把这些深厚的底蕴、丰富的资源展现出来？怎样才能让游客在开封享受和领略到古都的文化呢？开封市政府想到了要打造一场反映开封古都文化的品牌演出，让游客既能感受到开封深厚的文化底蕴，又能领略到古都梦幻般的美景。基于此，清明上河园策划、制作了《大宋·东京梦华》这台大型水上实景演出。

　　《大宋·东京梦华》实景演出以八阕经典宋词串联全剧的剧情，艺术地再现了 1000 年前中国乃至世界最大、最繁荣的城市——北宋东京汴梁的繁华盛景。《大宋·东京梦华》实景演出的推出，现已成为"夜游开封"一个很重要的演出项目，不但使游客在开封停留的时间更长，而且让游客在美的享受中领略到了古都的魅力，加深了对开封的了解。《大宋·东京梦华》实景演出的打造，无论是从场景上，还是从视觉感受上以及艺术成就上，对开封乃至全省的文化、旅游和实景演出产业，都是一个很大的促进。

　　演出从 2005 年开始构思，2006 年思路成熟，2007 年 4 月进入策划、运作和实施阶段，10 月开始试演，好评如潮。

　　　　　　　　　——资料来源：根据网络资料整理，http：//blog. sina. com. cn/s/blog_
　　　　　　　　　　　　　　　　　　　　553afb9c0102dsjq. html

　　根据以上案例，回答如下问题：

　　1. 在清明上河园的策划中，哪些方面体现了策划专家对程序的把握？

　　2. 在清明上河园的策划中，运用了哪些旅游策划的技巧？

## 📖 推荐阅读

1. 沈祖祥. 旅游策划：理论、方法与定制化原创样本 [M]. 上海：复旦大学出版社，2007.

2. 杨振之. 旅游原创策划 [M]. 成都：四川大学出版社，2006.

3. 李峰. 旅游策划理论与实务 [M]. 北京：北京大学出版社，2013.

4. 黄翔. 旅游节庆与品牌建设理论·案例 [M]. 天津：南开大学出版社，2007.

### 第三章

# 旅游发展战略策划

每天都有新的企业不断地诞生，每天也有企业走向衰败和消亡；在激烈的市场竞争中有的企业能长盛不衰，有的企业则昙花一现；有的企业能够持续发展和壮大，而有的企业则从辉煌归于沉寂。面对企业的大千万象，面对企业的生生死死，是什么决定了企业持续发展呢？这就是"战略"。在策划中，战略是备受重视的内容，有人甚至提出了"战略为主"的策划理念。

本章根据战略管理理论要求和实际工作需要，对旅游发展战略及相关概念进行了阐释和辨析，介绍了发展战略的层次、意义；详细介绍了旅游发展战略的内容和方法，并阐述了旅游发展战略策划的条件评价。学习完本章，学生应该能够独立提出某旅游地（项目）的发展战略策划要点。

## 学习目标

### 知识目标

1. 了解旅游发展战略的概念。
2. 理解旅游发展战略策划的意义。
3. 掌握旅游发展战略策划的内容。

### 技能目标

1. 掌握旅游定位策划的方法与技巧。
2. 掌握旅游发展策划的程序与方法。
3. 能够独立提出某旅游地（项目）的发展战略策划要点。

**案　例**

## 盲人摸象的故事

佛经寓言《涅经》里有这样一个故事：在久远年代以前，有一个很有智慧的国王，名叫"镜面"。在他的国家里，除了他一人信奉佛法的真理之外，臣民们都信仰那些旁门左道，就好像怀疑日月的光明，反而去相信萤火的微亮一样。因此，这位国王常常感到很苦闷，他想："我总得想出一个办法来教育他们，使他们舍邪归正才好！"

有一天，国王突然召集他的臣子说："你们去把国境内所有生下来就瞎了眼睛的人，找到宫里来吧！"于是这些臣子便奉命分头在国内遍处找寻，隔了几天，臣子们都带着寻找到的瞎子回来了。镜面王很高兴地说："好极了，你们再去牵一头象，送到那些盲人那里去吧！"许多臣民听完这个消息都十分奇怪，不知道国王今天将要做些什么事。因此，大家都争先恐后地赶来参观。

镜面王在心里暗暗地欢喜："真好，今天该是教育他们的时候了。"于是他便叫那些盲人去摸象的身体：有摸着象脚的，有摸着象尾的，有摸着象头的……

国王便问他们："你们看见了象没有？"盲人们争着说："我们都看见了！"国王又问："那么你们所看见的象是怎样的呢？"

摸着象脚的盲人说："王啊！象好像漆桶一样。"

摸着象尾的盲人说："不，它像扫帚！"

摸着象腹的盲人说："像鼓呀！"

摸着象背的盲人说："你们都错了！它像一个高高的茶几才对！"

摸着象耳的盲人争着说："像簸箕。"

摸着象头的盲人说："谁说像簸箕？它明明像一只笆斗呀！"

摸着象牙的盲人说："王啊！象实在和角一样，尖尖的。"

……

因为这些盲人生来从没有看见过象是什么样的动物，难怪他们所摸到的、想到的都错了。但是他们还是各执一词，在王的面前争论不休。

于是，镜面王哈哈大笑地说："盲人呀，盲人！你们又何必争论是非呢？你们仅仅看到了一点，就认为自己是对了吗？唉！你们没有看见过象的全身，自以为是得到了象的全貌，就好比没有听见过佛法的人，自以为获得了真理一样。"接着国王又问来看热闹的臣民："臣民们啊！你们专门去相信那些琐屑的浅薄的邪论，而不去研究切实的、整体的佛法真理，和那些盲人摸象有什么两样呢？"

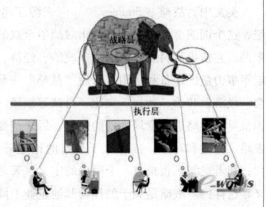

**管理启示**

我们对战略的认识就如同盲人摸象，因为从未有人能够具备完整地审视大象的眼光。每个人都紧紧地抓住战略形成的某一部分，同时对认识不到的其余部分则是一无所知。我们当然不能把大象的各个部分简单地加以拼凑来得到完整的大象，因为一头完整的大象远非它的局部相加。

——亨利·明茨伯格

——资料来源：盲人摸象的故事 ［EB/OL］. http：//www. liaotuo. org/
view－55343－1. html.

**案 例 分 析**

1. 什么是战略？
2. 在旅游领域，战略有什么作用和影响？

# 第一节　旅游发展战略概述

## 一、旅游发展战略

### （一）战略的含义

英文中，战略"Strategy"一词来源于希腊语"Strategos"，其含义是将军。到中世纪，这个词演变为军事术语，指对战争全局的筹划和谋略，是研究战争全局、规律性的东西。它依据敌对双方的军事、政治、经济、地理等因素，照顾战争全局的各方面，规定军事力量的准备和运用。以后"战略"一词逐渐超出了军事范围，被广泛地应用于社会、经济、政治、教育、文化、科技等领域。春秋时期孙武的《孙子兵法》被认为是中国最早对战略进行全局筹划的著作。后来演变为泛指统领性的、全局性的、左右胜败的谋略、方案和对策。虽然关于战略的论述著作汗牛充栋，但对于什么是战略，仁者见仁，智者见智，很难有一个明确的定义。著名的战略管理大师迈克尔·波特对战略的定义是这样的：战略是关于怎样与其他企业不同，意味着有意识地选择一系列的活动来提供独特的价值组合。在大师看来，战略意味着选择，有所为，有所不为，其实质是谋求长期的竞争力。战略到底是什么？简单地说，战略就是解决 3W：我是谁（Who）——

到哪去（Where）——怎么去（What）?

## （二）旅游发展战略的含义

旅游发展战略的概念来源于旅游企业生产经营活动的实践。它是指旅游企业面对激烈变化、严峻挑战的经营环境，在对旅游发展的现实条件、机会及可能出现的问题进行分析的基础上，为求得长期生存和不断发展而进行的总体性谋划。它一般是对某个地域较大范围的较长远的谋划，主要是从宏观的角度出发所进行的综合性的战略思考。

旅游发展战略策划，是在对基本现状分析的基础上，从宏观的角度对旅游发展战略的策划，即在对旅游发展的机会、必要性以及可能出现的问题分析的基础上，对旅游发展战略思想、战略目标、战略重点、影响战略目标实现的因素、实现战略目标的办法步骤的谋划。通俗地说，就是"定调子、定盘子、定路子"。"定调子"指的是旅游发展的定位，指导思想与方针，是战略制定的根本问题；"定盘子"指的是旅游区域的范围，发展的规模、目标、方向等，是战略制定的核心问题；"定路子"则是指旅游发展的计划与过程，以及具体的发展战略措施，是战略制定的主要问题；三者结合后才是解决区域旅游发展的战略问题。

旅游发展战略策划的主要任务是明确旅游业在国民经济和社会发展中的地位与作用，提出旅游业发展目标与任务，进行准确的战略定位，优化旅游业发展的要素结构与空间布局，实施有效发展旅游业的策略，促进旅游业持续、健康、稳定发展。

## （三）旅游发展战略的特点

**总体性**。旅游发展战略具有全局性的特征。它指以旅游企业全局为研究对象，来确定企业的总体目标，规定企业的总体行动，追求企业的总体效果。

**长远性**。战略并不是着重于眼前的利益而是谋求未来的发展，具有长远目标，因而在时间上是一个长期规划。它要预测未来外部环境和内部环境的变化，事件可能发生的趋向和影响，使企业能适应环境的变化而发展。

**方向性**。战略是决定企业未来发展方向的决策，也就是把企业从现在所处的地位转变为未来所预期达到的理想状态，指出未来发展方向，一步步地向预定目标迈进。

**竞争性**。竞争性是指企业在竞争中为战胜竞争对手，迎接环境的挑战而制订的一整套行动方案。

**风险性**。风险性，也可称对抗性，一方面来源于环境的变化，存在着不可控的不确定因素；另一方面来自竞争对手的反应，企业战略实施而引起对方的抗衡，或者对方采用新的战略行动而引起的抗争行为。这些变化不能不使战略的实施存在着风险。

### （四）旅游发展战略策划的构成要素

旅游发展战略策划的内容主要涉及以下几个方面：旅游业发展的科学定位、总体目标与具体目标、发展战略等。

**科学定位**。对任何事情而言都是先有定位后有目标，没有准确的定位就无法找到切实合理的发展目标。对一个旅游业组织发展战略而言，都是建立在准确定位的基础之上的，没有准确可行的定位，即使制定再好的战略目标也是空中楼阁。所以，旅游发展战略策划首先要对策划的对象有科学明确的定位。例如，《河南省"十二五"旅游产业发展规划》中确立建设全国旅游经济强省和世界知名的复合型旅游目的地、中国中部旅游集散中心地"一省两地"的总体定位；《卢氏县旅游发展总体规划（2012～2022年）》总体定位为"中国旅游新名县、国家旅游扶贫试验区、第四代旅游新样板"，区域定位为"中部地区的休闲度假新胜地、伏牛山旅游集散中心"。

**总体目标与具体目标**。总体目标是指在较长时间内，根据地区或项目的要求以及自身的自然、经济、社会条件，对资源的开发、利用及保护在空间上、时间上所做的总体安排和布局。具体目标则指要达到的各个阶段的具体的目标和任务。

**发展战略**。一个创新的旅游发展战略，不仅是旅游业发展的不竭动力，也是提升地区知名度的重要举措。例如，《卢氏县旅游发展总体规划（2012～2022年）》发展战略：旅游强县，引领发展；县城启动，优先发展；文化挖掘，创意发展；网络开发，业态发展；统筹整合，融合发展；生态保护，绿色发展。

 **课 堂 思 考**

旅游发展战略策划的构成要素包括哪几个方面？

## 二、旅游发展战略策划的层次

旅游发展战略包含的内容十分宽泛，旅游策划必须从宏观的角度并在大的背景下考虑问题。旅游发展战略策划，一般可按照以下两个层次进行。

### （一）国家层面旅游发展战略策划

国家层面的旅游发展战略因所处国家的大小、地位、现状、资源条件等因素不同而有着不同的关注点，通常这样的策划或规划活动由各个国家政府或大型的旅游组织完成，这一层面的战略表述更加宏观，体现国家旅游发展的大方向、大思路、大政策。

例如，《中国旅游业"十二五"发展规划纲要》中规定中国旅游业"十二五"的总体要求是在未来的五年中，我国旅游业要建设好旅游强国的产业基础，结合两大战略，在要素发展产业化、资源配置市场化、发展模式现代化等方面取得明显突破。发展总体思路是努力把旅游业培育成国民经济的战略性支柱产业和人民群众更加满意的现代服务业，世界旅游强国建设向前迈进重要步伐，为提高人民群众生活质量、全面建成小康社会、建设资源节约型和环境友好型社会、促进经济社会又好又快发展做出积极的贡献。发展方向是围绕两大战略目标和建设世界旅游强国，积极推动旅游业的产业化、市场化、国际化和现代化发展。主要发展目标是到"十二五"期末，旅游业初步建设成为国民经济的战略性支柱产业和人民群众更加满意的现代服务业，力争2020年我国旅游产业规模、质量、效益基本达到世界旅游强国水平。

### （二）区域旅游发展战略策划

相对国家层面，区域层面的旅游发展战略策划则显得更为具体和复杂一些，就是地方政府在中央总体旅游发展战略思想的指导下，结合地方经济发展的特点和旅游方面的优势，制定地方旅游发展战略的指导思想、目标及战略重点等。通常作为旅游策划来说，由于区域范围的不同，分为国家级、省级（省、直辖市和自治区）、市级（地市）、县级（县、区）和景区五个层面。区域旅游发展战略策划需要对区域旅游发展有准确的定位、科学的目标、可行的战略措施、切实的计划。

国家旅游局不仅制定旅游业的总体发展战略，甚至还介入国家级区域旅游的总体规划与开发。省级旅游发展战略相对国家级要具体一些，但相对市县级又要宏观一些，更注重总体利益与分区利益的协调。市级层面旅游发展战略策划，更强调抓住全市旅游发展的突出矛盾所在，关注旅游发展中的主要问题，强调定位的准确、旅游资源的整合、旅游发展的创新意识、特色旅游产品的开发、旅游竞争的策略、旅游市场的开拓、旅游产业的发展和旅游体制的改革等问题。县级旅游发展战略策划对比省市级的战略策划更具体，更注重可操作性，更强调市场营销与产品开发策略，更看重县域内的旅游龙头对全县旅游发展的示范效应。景区旅游发展战略是景区旅游发展策划的主要内容之一，重点在解决景区旅游发展的主要矛盾、产品定位、营销目标、经营体制和形象定位，尤其重视景区的持续发展和新市场的开拓。

## 三、旅游发展战略策划的意义

旅游发展战略是指导或决定区域旅游业发展方向与全局的策略，是旅游发展规划和旅游区总体规划中必备的重要内容，已经成为政府管理旅游产业和区域旅游开发的重要工作。大部分县级城市及旅游区都已经制定了自己的旅游发展战略，编制了旅游规划。旅游发展战略策划的战略定位，对于让优质的服务和渗透中国文化元素的旅游产品在信息全球化的时代家喻户晓，使品牌旅游产品最大限度地吸引全世界的目光具有重要意义。旅游发展战略策划可以最大限度地保护环境，促进旅游业可持续发展。

---

**案　例**

### 石屏的旅游发展战略策划

云南石屏的整体旅游策划，将"清泉石上流"作为长期的形象口号，并结合李怀秀、李怀福姐弟的原生态唱法，使得石屏成为"中国原生态歌舞之乡"，实现云南省历史性突破。策划方案实施半年后，石屏游客大增，旅游策划获得了巨大的成功。

石屏的形象定位为：清泉石上流，天下山水城。"清泉石上流"指的是：清——海菜清；泉——喜客泉；石——屏风石；上——豆腐上；流——人流。石屏古城山水独特，城在石上，石在水上，山水城垂直连为一体，古城正居于湖水之上，举世罕见，可谓最正宗的山水城。也可谓是一个地地道道的"浮城"，可将其称为"中国第一浮城"、"东方挪亚方舟"。

杨丽萍的《云南映象》相当比例的素材取自石屏，可以说是其取材最多的一个县。从全国各地的报道来看，《云南映象》最吸引人的招牌菜就是石屏的海菜腔和烟盒舞。

2006年，石屏的李怀秀、李怀富姐弟在第十二届中央电视台全国青年歌手电视大奖赛中，出人意料地获得了原生态唱法金奖，引起了全国轰动。石屏之后的宣传策略以李怀秀、李怀富姐弟为主形象，背景放上石屏的古城风光，打出"中国原生态歌舞之乡"和"海菜腔、烟盒舞，花腰歌舞甲天下"的口号。一夜之间，昆明市几乎所有的街道上都布满石屏的形象广告。

以前的石屏根本就没有什么旅游资源，还属于国家级贫困县，没有钱。策划方案实施后，石屏"中国原生态歌舞之乡"的形象深入人心，来石屏的游客比往年增加了4倍。云南省旅游局把石屏旅游称为"石屏现象"来进行专门研究。

——资料来源：通过网络资料整理．http：//blog. sina. com. cn/s/blog_ aeed
518c01019ilb. html. 2013. 01. 06

### 案例分析

1. 该案例是如何进行整体策划的？
2. 石屏的旅游发展战略是什么，其获得成功的原因体现在哪些方面？

# 第二节　旅游发展战略策划的原则和内容

## 一、旅游发展战略策划的原则

　　制定旅游发展战略策划的原则目的只有一个，就是确保战略策划的科学性和指导性。科学性是为了防止战略的偏差，脱离企业实际；而指导性是为了防止战略策划的无效，空耗企业的物力和财力，最终导致企业失败。旅游发展战略策划的基本原则，主要有：

　　**目的性原则**。旅游发展战略策划的目的性很强，它应能帮助企业选择发展方向和向何处去、如何去等问题，从结果来看是一个个阶段目标如何实现。所以，目的性原则是旅游发展战略策划最重要的原则。

　　**重点突出原则**。没有重点就等于没有方向，没有战略着力点。这一原则要求把企业生存和发展有重大影响的关键性问题作为旅游发展战略策划的重点，并在最重要的一点上集中力量，找到突破口，而不要分散精力，平均使用资源。

　　**可持续发展原则**。可持续发展的核心是科学发展观，就是坚持以人为本，树立全面、协调、可持续的发展观，促进经济社会和人的全面发展。对企业来说，可持续发展一方面要解决技术、产品、体制、产业等替代问题；另一方面要解决企业发展与环境保护问题，其重点是如何发展循环经济。循环经济能力越强，表明企业越有发展生命力。

　　**动态性原则**。旅游发展战略策划要求对企业的未来进行充分的预测，特别是对整个行业未来发展环境和企业内部本身可能经历的变革，要有科学的预见性。企业战略周期一般为3~5年，无论如何科学预测，企业在以后的3~5年内，内外部环境的变化也是难以预料的。因而，战略策划要留有余地，要保持一定的动态性。如果战略本身刚性过大，一旦实施后内外部环境发生较大变化时，企业则会不知所措。

## 二、旅游发展战略目标策划

### （一）旅游发展目标分析

　　旅游业是集食、住、行、游、购、娱等服务于一体的综合性大产业。发展旅游业是促进社会和国民经济和谐发展的重要内容，可以增加地方收入，促进地方经济的发展，缩小地区差异，有助于增加就业机会，促进产业结构调整，带动相关经济部门和行业的发展，有助于推动科学、技术、文化的交流和发展，有利于提高民众素质，加强社会主义精神文明建设。旅游发展战略目标是旅游目的地发展旅游业努力的方向和要求达到的目的，旅游发展目标分析是旅游发展战略策划的基础。旅游发展战略目标策划要根据旅游目的地的具体情况和要求而定，保证旅游发展符合社会经济发展的具体实际。

### （二）旅游发展战略构成

旅游发展战略目标不是单一的，而是各种目标的综合。通常包括总目标与子目标。

**旅游发展战略策划总目标**。战略策划总目标主要指的是整体战略思想实施所能达到的目的。可以概括为一定时期内某一地区旅游业发展的地位、速度、发展水平和竞争地位。《河南省"十二五"旅游产业发展规划》中确定河南省的旅游发展总体目标为：以培育全省战略性支柱产业和人民群众更加满意的现代服务业为总体目标，围绕大力发展，做大做强，全面统筹，重点突破，到2015年，把河南省打造成为国际知名、国内一流的旅游目的地，实现由旅游资源大省向旅游经济强省的跨越。

**旅游发展战略策划子目标**。战略策划子目标一般指的是分层次、分项目、分建设内容所要实现的指标，这些目标的组合得到其总目标发展的指标体系。在目标表述中，通常是定性与定量的结合。战略目标一般分阶段实施，要根据需求和供给来分析，策划不同阶段所要达到的分目标。一段可分为近期目标、中期目标和远期目标。例如，河南省旅游业在"十二五"期间，除总目标外，对于各个部分的建设，如产业指标、社会指标以及经济指标等都有具体明确的表述。

## 三、旅游发展战略思想

旅游发展战略思想是制定旅游发展战略的指导思想，是旅游资源、旅游产品开发和旅游企业经营的导向和应坚持的原则。旅游发展战略思想一般从资源开发、产品、市场、投融资等方面得以体现。

**旅游资源开发战略思想**。旅游资源开发的战略思想是旅游资源开发的导向。它是指在一定地域范围内，通过某种或多种方式，对分散于民间的各种形态的民俗文化旅游资源进行挖掘和建设，使其转化为具有较高吸引力的民俗旅游产品的各种行为的统称。例如，在旅游资源开发建设中，强调旅游发展的经济效益、社会效益和环境效益的高度统一；找准其开发的优势所在以及一些潜在优势，将经济利用价值高的资源通过外发、整合、包装形成不同类型的产品，向市场推介，引导消费者购买并出售产品来获得收入，从而达到资源向产品的转化，实现资源的经济效益。要充分挖掘本地独有的、具有垄断性质的资源；充分发挥本地区旅游资源和区位优势，坚持大旅游、大网络、大手笔的旅游网络建设方针；走区域旅游发展的路子。各地可依据本地区旅游发展目标来设定。

**旅游产品战略思想**。随着旅游业的迅速发展，旅游产品的供给非常丰富，旅游市场也相应变成了买方市场，旅游产品的替代竞争异常激烈。旅游产品战略思想要突出产品的地方特色，做到人无我有、人有我新、人新我换，开发唯我独尊的拳头产品；展示旅游产品的高文化内涵、高起点和高品位；根据客源市场的需求和变化，提高和完善旅游产品的品质和结构等。

**旅游市场战略思想**。旅游市场的战略思想主要是对市场如何进行营销的谋划。对于区域旅游发展来说，市场战略思想策划应该提出大市场、大营销的观念，运用立体化的多种促销方式和现代营销技术，加大市场营销力度，促进区域旅游市场良性增长和快速发展。例如，《河南省"十二五"旅游产业发展规划》中指出，积极开拓旅游市场，强化市场调查和市场细分，针对不同市场需求采取相应措施手段，积极开展市场营销。以省内城乡居民为主，多样化繁荣省内市场；以周边省份市场，长三角、珠三角、环渤海等城市群和东南沿海、中西部省会城市市场，京、津、沪、渝、穗等核心城市市场为主，多元化拓展国内市场；以日本、韩国、印度、俄罗斯、德国、北美市场，我国港、澳、台地区和东南亚市场为主，强力开拓境外市场。

**旅游投融资战略思想**。由于旅游业具有高投入、高产出的特点，并且是涉及面广、利益关系复杂的产业，其建设的资金不可能是单一的，是由多个主体、通过多种渠道筹措。因此，在投融资战略思想策划上，可以将资金来源分为政府和非政府性投资。政府部门应充分利用已有的资源优势、区位优势，积极改善旅游投资环境，制定优惠政策，放宽市场准入，降低市场门槛，引导各类社会资本加大对旅游业的开发力度。充分利用资本市场，通过企业上市、项目融资、联合融资、投资合作、发行公司（企业）债券、信托等方式，壮大旅游业发展资本，积极探索景区用所有权、经营权或门票收入作抵押进行融资的新方式。在旅游投融资策划中，进一步整合各方面的资金资源，使不同渠道的政府性资金直接或间接地投入到旅游开发项目的配套建设上。此外，可以采用兼并、参股、收购、债券、特许经营、租赁承包等多种方式参与旅游开发和经营；打造联合招商引资的资本平台，开辟"联贷联保"融资途径，金融机构创新产品和服务，及时推出针对旅游企业的综合授信及其他金融服务；试行地方旅游国债、信托等新型旅游融资产品。在融资时应注意加强项目管理、节约使用资金和实施滚动开发的形式。

# 四、旅游发展战略重点策划

旅游发展战略重点策划是找出旅游发展的主攻方向和影响旅游开发的主要矛盾，是决定旅游开发投入力量分配的关键。

**旅游发展的重心策划**。旅游发展的重心策划应指明决定旅游业发展的关键点，把握旅游发展的命脉，找准快速见效的生长点，具有牵一发而动全身的功效。例如，《河南省"十二五"旅游产业发展规划》指出，"十二五"是河南省旅游产业发展的黄金机遇期和转型升级的关键期，要围绕建设旅游强省目标，以建设旅游目的地、发展旅游度假区、培育旅游产业集聚区、完善集散服务网络为突破点，全面推进旅游产业跨越发展。

**旅游优先开发重点策划**。战略重点应该是这一地区具有旅游发展优势的龙头资源、龙头产业，集中优势兵力，把它作为优先开发的旅游区域。《卢氏县旅游发展总体规划（2012～2022年）》指出，打造"八大重点工程"，分别是特色县城建设工程、豫西大峡谷精品景区建设工程、双龙湾精品景区建设工程、玉皇山精品景区建设工程、熊耳山汤河精品景区建设工程、九龙山精品景区建设工程、卢氏之夜亮化建设工程以及和谐美丽环境建设工程。

**克服制约旅游业发展的重点因素策划**。一个地方发展旅游总会遇到这样或那样的困难和不足，实际上就是制约旅游发展的主要因素，在制定旅游发展战略时需要分析这些不足之处，找出问题，提出解决这些问题的战略思路和措施，这就是旅游战略重点策划中要考虑的问题。

**重点启动项目策划**。重点启动项目一般是具有轰动效应的旅游项目，以期尽早创造出该地方的旅游形象引力。轰动效应的项目对旅游者具有规模引力和中心吸引效应，因此要通过对市场和产品的科学对照分析之后，才能确定重点项目。鹤壁市五岩山旅游区总体规划指出，五岩山旅游区的建设在"做精药王谷、做响五岩山、打造中原一流养生休闲度假旅游区"的总体目标下，采取分组团建设、滚动发展的策略。近期（2012～2015年）主要建设药王谷—佛头山组团，包括药王谷文化内涵充实与景观提升工程、景区内部道路加宽加固和引水上山工程、旅游市场营销、药王大庙会、导览标识系统。建设游客服务中心组团。建设中草药种植观光园区、五岩山大峡谷五彩漂流、张家沟温泉度假村及《桃花庵》影视旅游点、施家沟李家地主大院及滑雪场、狐尾沟民俗旅游村及绿源生态农业观光园。政府完成从鹤壁市新城区到五岩山旅游区快速通道的建设。

# 五、旅游发展战略定位策划

战略定位是旅游发展战略策划的一个重要内容。根据实际工作的需要，旅游定位策划可以分为两个层次：

## （一）宏观旅游定位策划

宏观旅游定位策划一般包括性质定位、产品定位、市场定位、形象定位，共同组成宏观旅游定位策划体系，指导旅游地持续、快速、健康发展。

**性质定位**。性质定位主要说明旅游地的总体特色与主要功能，即是什么性质的旅游地、主要具有哪些功能，有时还需要进一步说明主题。例如，鹤壁五岩山的性质定位为：中原一流、全国知名、具有国际影响、以中医药养生康体为特色的山地休闲度假旅游区。三门峡甘山国家森林公园的性质定位为：以生态养生为特色的国民生态休闲基地。

**产品定位**。产品定位主要说明产品在旅游地旅游产品子旅游产品谱中的位置，包括旅游产品的类型、特色及主打产品。例如，三门峡甘山国家森林公园的产品定位为依托甘山森林公园三大生态资源，通过建立以生态产业为基础、以旅游产业为龙头、以旅游地产为效益保障的三大绿色产业体系，形成以乐活森林、缤纷森林、对话森林为主题的"森林城市（文化）"，创建了三门峡的城市品牌。

**市场定位**。市场定位主要确定客源地旅游市场的地域、职业或相关特征，通常要按照地域确定一级市场、二级市场和机会市场，有时还要根据需要确定按照职业或其他相关特征细分的目标市场。

**形象定位**。形象定位主要确定旅游地的旅游形象，用鲜明、凝练的语言概括出来，在公众心目中树立其独特的形象风格。例如2012年，河南省旅游局在原有"文化河南，壮美中原"的旅游形象定位上进行突破，推出了"心灵故乡，老家河南"的全新旅游形象。

## （二）微观旅游定位策划

微观旅游定位策划主要适用于具体旅游项目或产品，是对现有旅游资源的有效利用和整合、重新认识与发掘，并根据市场需求，采取有别于他人、优于他人的竞争策略，寻找产品、市场、形象方面的差异点、创新点和兴奋点。

相关链接　🔍搜索

## 国庆旅游市场火爆空前　艺龙网新战略赢在黄金周

中国网 2013 年 10 月 12 日讯　2013 年 10 月 8 日，艺龙在北京总部举办"舞龙"庆祝仪式，在北京的同事参加盛典，共同见证这一值得铭记的历史性的时刻。按照艺龙的传统，在线酒店预订单日订单每超过 1 万，艺龙就会举办一次"舞狮"庆祝仪式，而多 1 万份订单就多舞一头狮子。2010 年 9 月，酒店在线订单单日突破 1 万份，首次舞狮庆祝；2013 年 8 月，出现在庆祝会上的狮子已达到 8 头。3 年后的今天，酒店在线订单单日突破 10 万份，艺龙首次舞龙庆祝。

从 2013 年 8 月开始，艺龙网总裁崔广福宣布将艺龙网的市场发展战略从"在线酒店"转型为"移动酒店"。艺龙由传统的在线旅游代理（Online Tourism Agent，OTA）转型为移动旅游代理（Mobile Tourism Agent，MTA），可以说是艺龙在移动互联网时代顺应在线旅游行业发展，以极具市场前瞻性的目光进行的战略调整。随着移动互联网的深入发展以及智能手机等智能终端的普及，在线旅游的流量正在以前所未有的速度向移动端转移。据研究机构 HeBS Digital 发布的数据显示，线上与旅游相关的搜索流量在移动端上已占据 40%。这一点也可以从艺龙酒店订单量近 20% 来自移动客户端得到印证。

当传统的旅游业遇上移动互联网，到底会给人们的生活和在线旅游企业带来怎样的变化和结果？也许现在下结论还早，但眼下的情形却是，传统旅游业和移动互联网的融合趋势更为明显，包括艺龙、携程等在线旅游企业更是寄希望于攀上移动客户端这列快车以寻觅新的盈利增长点，占据旅游行业新版图。

对于市场契机的准确把握以及市场战略的积极调整，让艺龙网成为"移动旅游"浪潮的弄潮儿，也为艺龙由在线旅游向移动旅游的华丽转身奠定了基础。从推出国内首款可预订全球酒店的移动客户端"艺龙 APP"到确立移动酒店新战略，短短数月的时间艺龙在抢先占据市场制高点的同时也引领了行业发展趋势。艺龙 APP 的贡献比率已超过 20%，不仅说明了艺龙聚焦移动旅游的市场预判的成功，而且昭示着未来移动旅游美好的发展前景。

——资料来源：伍策国庆旅游市场火爆空前 艺龙网新战略赢在黄金周 ［EB/OL］.

（2013 - 10 - 12）中国网，http：//www. china. com. cn/travel/txt/2013 - 10/12/

content_ 30273297. htm.

# 第三节　旅游发展战略策划的方法与程序

## 一、旅游发展战略策划的方法

**搜集整理**。对于旅游发展战略策划而言，资料搜集主要包括企业内部情况、外部环境条件和竞争对手资料三个方面。针对搜集而来的资料加以整理，提出当前的战略机会等。

**判断创新**。通过客观地分析企业内外部环境、保守地评估自己与积极地预测竞争对手，来研究不远的将来。创新是旅游发展战略的灵魂。在这个一切都过剩的时代，创新思维是最稀缺的资源。凡是可以克隆的价值都是有限的，创新的背后是观念或理念，策划的意义最终在于改变人的观念。

**策略设计**。旅游发展战略需要实施和落实，要求具有非常强的可操作性，因此应进行策略设计。策略设计是旅游发展战略策划的核心内容。

**资源整合**。整合力是旅游发展战略策划的血脉。无法实施的旅游发展战略是纸上谈兵，任何成功的旅游发展战略策划都需要具体执行的平台和手段。旅游策划者不仅要转变旅游开发商和地方官员的思想，而且要为旅游发展搭建平台和整合资源。

## 二、旅游发展战略策划的程序

**第一，制定目标**。旅游发展战略，其目标都有这样一个共同的出发点，即旅游者满意、投入者回报及环境利用的保护。

**第二，调查研究阶段**。调查研究有两个目的：一是提供旅游发展战略策划的基本数据；二是组织参与策划的人员对旅游开发的潜力进行评估。

**第三，综合分析阶段**。整合调查研究阶段收集的各种信息，得出概括性的结论。

**第四，提出开发概念阶段**。旅游发展战略策划在很大程度上是一种概念思考，要求参与人员研究信息数据，进一步提出解决问题的方案。

**第五，提出开发建议阶段**。主要就开发活动和编制旅游发展战略方案提出建议，具体包括战略重点确定及实现战略目标的对策和政策保障等。

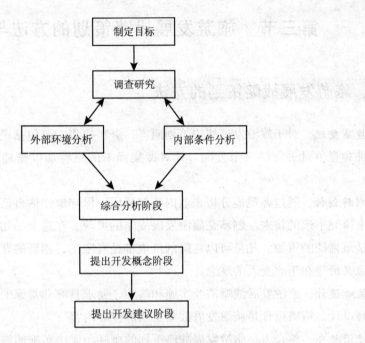

图 3-1 旅游发展战略策划的程序

## 三、旅游发展战略策划的因素评估

### (一) 旅游市场需求分析

*旅游市场现状分析*。对旅游市场的分析是旅游规划与策划的基本工作。必须以旅游市场需求为前提,开发设计适销对路、供需匹配的旅游产品。未来的旅游发展建立在现有市场的基础上,现有的旅游开发可能比较成功,已形成了一定的知名度,市场前景很好;也有可能不太成功,市场潜力不大。分析现有市场,能为未来的旅游开发和利用提供一定的思路。此外,在进行旅游产品策划时,对市场现状的评估主要从市场人数、构成、消费总值、过夜比例、游览天数等方面,通过统计资料获取。

*旅游能力的评估*。旅游能力的评估,可以从消费结构上进行判断:如果旅游业发展前景看好,人们在花费时就会优先考虑旅游;如果人们的消费观是其他消费优先,如住房、汽车和教育,旅游消费能力就有可能受到限制。旅游策划的核心就是对旅游产品配套要素的整合包装,以满足市场的消费需求。

　　**旅游形象分析评估**。人们对于旅游形象并不陌生，就旅游者而言，更是期待良好的旅游目的地形象。策划者在对旅游形象分析评估时应重点考虑：城市旅游的发展过程、展示体现旅游功能接待服务和独特的城市旅游形象。良好的旅游形象可以促进旅游业的发展。例如，嵩县提出"5A 嵩县"，栾川提出"全景栾川"，南召县提出"五个旅游一体化"，用旅游的概念和标准美化城市、建设乡村。反之，若旅游业的名声被败坏，则会抑制旅游业的进一步发展。

## （二）评估旅游供给

　　**旅游吸引物**。旅游经济发展的核心依托是旅游景区（点），而旅游景区（点）的核心依托是旅游吸引物。从效用的角度看，旅游者之所以会离开自己常住地到目的地旅游，是因为该特定目的地对该消费者更具有吸引力。因此，以此为基础形成的旅游景区（点）自然是"第一产品"。对于策划者来说，要处理好基本吸引力与市场开发之间的关系，遵循市场规律，"资源—市场—产品"三位一体进行整体开发。要强调"大旅游"理念，建立好旅游目的地的整体吸引力。提升创新推动旅游持续吸引力的动力。

　　**文化资源**。旅游开发应结合当地文化进行，文化旅游资源在旅游发展战略策划时应充分予以考虑，因为这些资源是一个地方社会和文化长期发展的结果，发展旅游应营造与传统接近的文化氛围，扶持本土文化。

　　**接待设施**。旅游发展战略策划要充分考虑道路、车站、机场、码头、电力设施、供水供气系统、排污系统等接待服务设施及服务水平。

　　**交通与可进入性**。发展旅游在很大程度上有赖于这个地区的可进入性，每个地方的旅游交通条件和可进入性都不同，有些地方铁路交通发达，有些地方公路交通起主要作用，有些地方航空旅行先进，是旅行的主要交通方式。旅游发展战略策划要考虑现在和未来对旅游目的地的各类交通的需求。

## （三）社会、环境和经济影响评估

　　**社会影响评估**。旅游目的地开发对目的地的影响表现在价值观、个人行为、家庭关系、生活方式、道德观念、宗教、语言、健康等方面的变化，简单地说，是对人的影响，是旅游地居民通过与游客的直接或间接接触所受到的影响。所以，将旅游开发区与当地居民的生活中心划分一定的界限，以免拥挤和产生其他社会问题。

　　**环境影响评估**。旅游活动及旅游业在给人类带来许多有利影响的同时也带来了对环境的破坏。旅游经济环境中目前存在的最大问题是旅游服务人员水平不高，服务质量档次不够，致使旅游经济环境中硬件和软件不相配套，造成旅游设施的浪费和使设施水平得不到发挥。所以，在开发前要对开发活动进行环境影响评价、分析、识别旅游经营过程中可能造成的影响提出相应的减免对策，把可能对旅游环境造成的负面影响降到最低限度。

**经济影响评估**。旅游是一种零散的综合产品。它由多种经济部门组合而成，同时受多种经济部门的制约和影响。旅游业的发展能够促进旅游目的地区域经济结构的改变。旅游消费涉及的食、住、行、游、购、娱等多方面，为了与旅游者的消费相适应，必须调整国民经济产业结构，调整最明显的是直接提供旅游消费资源的各部门，如交通、通信、轻工建筑及农业等。由此可见，旅游业对调整第一、第二、第三产业经济结构产生一定的影响。

 复习与思考

### 一、 名词解释

旅游发展战略　旅游发展战略策划

### 二、 简答题

1. 什么是旅游发展战略？不同层面的旅游发展战略有什么特点？

2. 旅游发展战略策划包括哪些内容？

3. 旅游发展战略策划有哪些方法？

### 三、 单项选择题

1. 旅游发展战略策划，一般可按照国家层面旅游发展战略策划和（　　　）进行。

A. 省级旅游发展战略策划　　　　B. 地市旅游发展战略策划

C. 景区旅游发展战略策划　　　　D. 区域旅游发展战略策划

2. 旅游发展战略策划的首要原则是（　　　）。

A. 动态性原则　　　　　　　　　B. 重点突出原则

C. 可持续发展原则　　　　　　　D. 目的性原则

### 四、 多项选择题

1. 旅游发展战略策划，通俗地说，就是（　　　）。

A. 定调子　　　　　　　　　　　B. 定盘子

C. 定方向　　　　　　　　　　　D. 定路子

2. 旅游发展战略的特点包括（　　　）。

A. 风险性　　　　　　　　　　　B. 长远性

C. 方向性　　　　　　　　D. 竞争性　　　　　　E. 总体性

## 五、 案例分析

### 长江三峡区域旅游发展规划纲要（节选）

#### 一、旅游业发展目标

长江三峡库区旅游业发展的总体目标是：将三峡旅游建设成以新三峡为品牌，以自然生态观光和人文览胜为基础，以休闲度假和民俗体验为主体，以科考探险和体育竞技为补充，融生态化、个性化和专题化为一体，具有国际影响力、竞争力和可持续发展的世界级旅游目的地。

规划期内将旅游业培育成库区支柱产业。到 2005 年，三峡旅游区（不含泸州、广安、华莹，下同）接待入境旅游者 120 万～125 万人次，实现旅游外汇收入 5.5 亿～6.5 亿美元；接待国内旅游者 9000 万～1 亿人次，旅游业总收入达到 500 亿～550 亿元人民币，相当于全区国内生产总值的 12.5%，形成支柱产业格局。

到 2010 年，三峡旅游区接待入境旅游者 195 万～215 万人次，实现旅游外汇收入 10.5 亿～12 亿美元；接待国内旅游者 1.6 亿～1.8 亿人次，旅游业总收入达到 1000 亿～1200 亿元人民币，相当于全区国内生产总值的 15%，进一步壮大旅游支柱产业。

#### 二、区域旅游形象定位

新三峡旅游总体形象为"永恒的遗产、巨变的景观"。永恒的三峡遗产内涵可包括：自然奇观宝库、峡江文化长河、民俗风情沃野；巨变的三峡景观内涵可包括：世界水电明珠、人间第一峡湖、全球移民奇迹。

#### 三、旅游发展的空间布局

三峡旅游发展空间架构为"两极、三轴、三区、四带"。两极分别为重庆都市旅游增长极和宜昌都市旅游增长极。三轴为以长江干线航道及沿线公路和铁路等为骨架，以重庆和宜昌为两大节点，包含传统三峡旅游线路的所有旅游吸引物的主干发展轴线；以东北—西南走向的 209 国道为依托，辐射带动神农架、大宁河、恩施、张家界、湘西州、同仁等地的"湘鄂陕"旅游发展辅轴；以西北—东南走向的乌江下游和渝怀铁路及区内公路为依托，辐射带动川东、渝西、赤水河等地的"川渝黔"旅游发展辅轴。三区为重庆大都市商务旅游片区、新三峡生态文化旅游片区、两坝一峡水电明珠旅游片区，是三峡区域旅游核心区。四带为赤水河旅游辐射带、乌江—梵净山旅游辐射带、清江旅游辐射带，是三峡区域辐射区的子区域。

三峡旅游中心地体系为：重庆、宜昌为区域主导进出通道城市；万州、张家界为区域辅助进出通道城市；黔江、铜仁、遵义、泸州、恩施、吉首为区域内部旅游中心城市；其他县级以上城市为区域旅游目的地城市。

#### 四、旅游产品开发

新三峡旅游产品开发要以市场需求为导向，进一步完善产品结构，着力构建游船旅游、移民旅游、历史文化旅游、自然生态旅游、都市旅游、节事会展旅游和三峡工程旅游 7 大类旅游产品，深度挖掘产品内涵，形成多样化旅游产品体系。

三峡旅游主干线着力提升游船度假旅游、高峡平湖观光旅游和峡江文化旅游。辐射区主要开发自然生态旅游和民族民俗旅游。进一步提升改造大三峡自然与文化旅游、小三峡自然与文化旅游、神农溪自然休闲与纤夫文化旅游等传统旅游产品。

### 五、旅游线路规划

着力推广库区4条精品旅游线：①长江三峡黄金水道旅游线（三峡大坝—巴东—巫山—奉节—万州—忠县—丰都—涪陵—重庆）；②宜万旅游线（三峡大坝—巴东—巫山—奉节—万州）；③东部"双神"旅游线（三峡大坝—香溪—神农架—神农溪—三峡大坝）；④中部生态精品旅游线（万州—开县—巫溪—神农架—三峡大坝）。

努力培育6条区域旅游线：①宜昌—神农架—神农溪—张家界；②万州—利川—凤凰古城—梵净山；③宜昌—恩施—利川—万州；④重庆—乌江画廊—梵净山—铜仁；⑤重庆—赤水遵义—贵阳；⑥武当山—神农架—长江三峡—张家界。

### 六、旅游市场营销规划

新三峡旅游市场应形成以观光旅游市场和商务旅游市场开发为基础，以休闲度假游、生态游、民族文化与民族风情体验游等旅游市场开发为主体，以其他特种旅游市场开发为补充的旅游市场格局。

新三峡入境旅游市场开发应以东亚、东南亚、港澳台地区市场开发为先导，以欧洲、北美洲和澳洲旅游市场开发为主体，其他地区旅游市场开发为补充；国内旅游市场开发应以环渤海地区、长江三角洲地区及珠江三角洲地区都市旅游市场开发为主体，以其他区域旅游市场开发为补充。

新三峡旅游产品的营销，要建立全球营销网络，主办系列化主题节事活动，建立三峡旅游产品信息中心，制订多方协作的宣传促销计划，进行新三峡旅游产品系列宣传。国家旅游局、国务院三峡办会同有关省市人民政府在加强和整合三峡国际旅游节庆活动的基础上，进一步加强新三峡旅游产品和品牌宣传。

——资料来源：中国长江三峡工程开发总公司．中国三峡建设年鉴［EB/OL］.

(2004－7－8) http：//cache．baiducontent．com

根据以上案例，回答如下问题：

1．试分析长江三峡旅游发展的总目标和子目标。

2．梳理长江三峡区域旅游发展规划纲要的发展目标。

## 📖 推荐阅读

1．熊大寻．谁在策划旅游［M］．广州：广东经济出版社，2011.

2．周培玉．企业战略策划［M］．北京：中国经济出版社，2008.

3．保继刚．旅游区规划与策划案例［M］．广州：广东旅游出版社，2005.

### 第四章

# 旅游形象策划

专家们预言，21 世纪将是形象的时代，形象竞争将成为市场最高层次的竞争。因此，各个国家、地区、城市和企业在旅游业中的竞争将从资源、市场、产品、信息等的竞争发展到旅游业整体性竞争——旅游形象的竞争。旅游形象的设计和塑造将具有举足轻重的作用。

本章通过对形象和旅游形象策划的概念、特点和意义的理解，旅游地和旅游企业形象策划相关内容的介绍，并配以案例，使学生对旅游地和旅游企业形象的设计和塑造有比较全面的认识和了解，并在旅游开发和规划过程中树立旅游形象策划的观念。

## 学习目标

### 知识目标

1. 了解旅游形象策划的概念、特点和意义。
2. 掌握旅游地形象策划的定位和形象塑造。
3. 掌握旅游企业形象策划的企业形象识别系统理论。

### 能力目标

1. 掌握旅游地形象实态调查。
2. 运用一定计算机技术，对旅游地形象标识进行设计。
3. 熟悉旅游地形象策划和旅游企业形象策划的实务工作。

## 莆田市旅游形象策划与传播

莆田，位于福建省沿海中部，是中国著名侨乡、海峡西岸经济区中心城市之一、福建省发展最快城市。根据国家标准《旅游资源分类调查与评价》，8 大类旅游资源莆田全部拥有，31 个亚类旅游资源拥有 24 个，155 个旅游资源基本类型拥有 60 个；旅游资源单体总量 271 个。在这些旅游资源中，妈祖庙天后宫和妈祖级别最高，达到五级，是"特品级旅游资源"。在高品质旅游资源中，人文旅游资源占绝大部分，有莆仙民俗文化、宗教文化、戏曲文化、南少林武术文化、名人文化、侨乡文化、妈祖文化、海洋文化等，其中妈祖文化和南少林武术文化影响力巨大。同时，莆田市人文荟萃，历史上素有"文献名邦，海滨邹鲁"之誉。自然旅游资源中，地文景观拥有较多优良级旅游资源单体，水域风光类和天象与气候类优良级旅游资源单体数量较少，因此，对于自然旅游资源可综合开发。在旅游资源丰度方面，沿海高于内陆，仙游县与湄洲岛旅游资源分布数量较多，其中湄洲岛的旅游资源丰度在各区（县）中是最高的，而且莆田市优良级旅游资源也主要集中于湄洲岛。现有旅游产品基本层面（陈列观光型）的景点居多，提高层面（表演欣赏型）和发展层面（主题参与型）的景点偏少。表明目前莆田市的旅游资源开发和景点建设还处在较低层次，另一方面也说明莆田市的旅游资源开发潜力还很大。

根据莆田港城崛起的发展目标，基于客源市场的意向调查，综合考虑莆田的自然地理环境和旅游资源特色，将莆田市的旅游总体形象定位为："妈祖圣地、南国少林；田园水乡、滨海新城"。基于上述理念和总体形象，设计并推出系列宣传促销口号，以塑造和强化莆田市旅游形象。以下口号可根据不同媒体、不同目标市场、不同阶段推出：

国内宣传口号：莆田——中国滨海旅游黄金线上的璀璨明珠；莆田——海峡西岸经济区最具潜力的港口旅游城市；莆田——海上女神，仙境祈梦，山海同乐，共享和谐；莆田——妈祖故里，南国少林，滨海胜地，度假天堂；莆田——蓝色莆田，妈祖故里，休闲家园，度假胜地。

省内旅游宣传口号：纵览山海风光，情系妈祖故乡；体验滨海风情，探寻妈祖故里；湖光山色仙境游，海峡两岸妈祖情；仙游莆田，畅享山海之旅；但得湄洲一日居，敬神净心进平安。

为了更好地促进莆田旅游业的发展，莆田市一方面通过对旅游行政的管理行为、面对旅游者的服务行为和社会公众行为等行为的规范来达到游客形象识别的目的，坚持诚信待人、树立服务意识和超前服务意识，进行高效管理。另一方面，为了突出妈祖文化，树立鲜明的品牌特色，莆田市对其旅游地的标徽、标准色、标准字体、象征性吉祥物、象征人物、旅游纪念品、旅游交通工具、旅游户外广告等视觉形象进行设计塑造。而且为了反映其主题营销口号，对内能激发群众热爱莆田市、为游客服务的热情，对外可树立莆田市旅游主题形象；其以妈祖、海水、南少林、鸟鸣以及莆仙戏曲调为素材来编写莆田市旅游主题曲，配以莆田新二十四景的精美图片和解说词刻录成光碟，作为旅游商品出售。

为了更好地宣传莆田的旅游形象，莆田市依托政府主导，强化联合传播，实行"请进来，走出去"的传播思路，加强与新闻媒体的友好合作。例如，在东南卫视上播放系列专题片《妈祖故里，滨海新贵》；在电影频道播放《新南北少林》；邀请各级电视台进行专题报道，组织电视采访；联系影视剧免费提供外景拍摄场地；联系旅游业内较有影响力的旅游杂志；制作莆田旅游专题网页等各种措施，运作各种正面新闻事件和影响面广的娱乐活动以宣传并推广莆田市旅游形象。

莆田人民以自己独特的风俗习惯和生活方式，精明的头脑，朴实的性格，坦荡的胸怀，好客的传统，美味的海鲜，平安的妈祖宴为旅游者营造一个盛情而温馨的环境，使"妈祖圣地、南国少林"的旅游形象深入人心。

——资料来源：莆田市旅游局：莆田市旅游发展专项规划［EB/OL］.http：//
www.ptly.gov.cn/zwgk/flfggzzd/fzgh/20091223/144202.aspx.

案 例 分 析

1. 为什么要进行旅游形象策划？
2. 如何进行旅游形象策划？旅游形象策划包括哪些内容？

# 第一节　旅游形象策划概述

## 一、旅游形象的概念和特点

### （一）旅游形象

众所周知，一说到北京，人们自然就想到故宫、长城；一说到上海，自然就是外滩、东方明珠；一说到海南岛，自然就是椰风海韵醉游人；一说到云南大理，马上联想到大理崇圣寺三塔，这就是一个旅游目的地直接呈现给游客的一个基本印象——旅游形象。由于专家学者着眼点的不同、认识的差异，对旅游形象概念的具体界定目前还没有形成统一的看法。

在国外：劳森（Lawson）和曼纽尔·鲍德－博拉（Manuel Baud－Bovy）称旅游地形象为一个人所有知识、印象、偏见和感情思维的表达，或者团体的特定目标；英国学者克罗姆顿（Crompton）将旅游地形象定义为人们对一个旅游地的信任、意见及影响的总和。

在国内：王克坚在《旅游辞典》中认为，旅游形象是旅游者对某一旅游接待国或地区总体旅游服务的看法或评价；王衍用、曹诗图认为，旅游形象是旅游地各种要素在公众心目中的综合认知印象，即综合旅游形象；沈刚、吴雪飞认为，旅游地形象是旅游地最能吸引旅游者并激发其旅游动机的信息的组合抽象的概括；彭华认为，旅游形象是旅游资源（包括人造景观）的本体素质及其媒体条件（服务环节）在旅游者心目中的综合认知和印象；张宏梅认为，旅游地形象是旅游者对旅游地的总体特征形成的抽象的概括的认识和评价；卢良志、吴耀宇认为，旅游形象是一个人对旅游组织（景点、旅行社、饭店、交通等）产业的信任和意见的总和。

从以上多位专家对旅游形象的表述中，可以看出其共同之处：其一，旅游形象是存在于现实或潜在于旅游者心中，严格来说，不是通俗意义上的形象概念；其二，旅游形象具有综合性、客观性和主观性的特点。据此，笔者认为，旅游形象是指社会公众对某一旅游地区、部门、企业的综合感知和印象，这种综合印象是此旅游地区、部门、企业在社会公众心目中形成基本特质和基本概念的抽象的概括。

### （二）旅游形象特点

**综合性**。旅游形象是由多种因素构成的，其内容既包括地理位置、环境氛围、园林绿化等物质表征，也包括人力资源、技术力量、管理水平等社会表征，还包括质地类型、标志色彩、特殊图案等外观表征；同时，每位社会公众由于受其职业与文化背景、旅游信息的获取或接受程度、旅游方式以及旅游偏好等个体差异的影响，对不同的旅游目的地或旅游经历产生不同的感受和印象，即使是同一旅游目的地或接受同一旅游企业的服务，也会形成各自心目中独有的旅游形象。因此，对旅游目的地、旅游规划部门或旅游企业来说，就需要将大量的个体形象形成综合性的公共或公众形象，并使个体对其看法趋于一致，达成共识，这才是有意义和值得重视的。旅游形象综合性的特点，直接影响旅游者对旅游目的地的选择，也影响到区域旅游业的发展。

**稳定性**。旅游形象一旦确定，便会在旅游者心目中留下深刻的印象，并具有一定的稳定性，成为旅游地在一个较长时期内传播形象和进行营销而反复使用的主题口号。这种稳定性既是历史文化长期积淀的成果，也是人们形成的稳定印象，还是市场识别的身份证。一方面，旅游形象产生于旅游目的地发展所具有的客观物质基础；另一方面，大多数游客具有相同的心理愿望，他们对旅游资源和产品具有大体相同的审美观和好恶感，这也决定了旅游形象在短期内相对稳定而不易被改变。

**可变性**。旅游形象不是一成不变的，形象的改变是一个渐进过程。旅游形象的可变性既有过去人们历史形成的"原生形象"，也有现实人们识别的"诱导形象"，还包括人们憧憬的"未来形象"。人们对旅游目的地的认识往往是通过各种信息的传递形成的，这种信息传递作用既有稳定性的一面，也具有无形性和易变性。对旅游者来说，随着社会变革、经济发展、科技进步和时间的推移，旅游形象的表征形式和内容都会相应有所改变，在游客心目中的形象期望值就会降低，从而导致旅游者的购买兴趣下降，最终改变地区旅游业在他们心目中的形象。而对旅游目的地或旅游企业来说，当其所面临的内部和外部环境发生变化时，其形象也应发生相应的变化。因而，需要不断地丰富旅游形象的内涵，重塑目的地的旅游形象。

 课 堂 思 考

根据目前各旅游目的地的旅游形象，你认为旅游形象还应具有什么特点？

## 二、旅游形象策划的概念

形象设计在 20 世纪 60 年代最早被欧美企业界正式应用和系统化，后为日本所完善，逐步形成了一套完整的企业形象策划理论（Corporate Identity，CI），80 年代传入中国，得到应用和推崇。旅游业发展中的旅游地形象（Destination Image，DI）就是源于西方的企业识别系统（Corporate Identity System，CIS），20 世纪 90 年代才引起地理学家、社会学家的注意，特别是著名的地理学家陈传康教授对旅游地形象设计给予充分肯定并在实践中大力提倡抓住地理文脉进行旅游地形象导入。而旅游形象策划就是在旅游地形象传统意义的认识基础上，受企业形象策划的启发以及旅游开发的推动等因素作用而产生并成长起来的。具体地说，旅游形象策划是指策划者为树立良好的旅游地或旅游企业形象，实现其旅游目标，根据旅游地或旅游企业的现实状况和发展要求，在充分进行形象调查的基础上，设计和塑造旅游地或旅游企业期望形象，并通过各种营销传播方式，将其传递给社会公众的运作过程。此概念包括以下几个层次：

第一，旅游形象策划是一项复杂的系统工程，涉及旅游规划专家、企业识别系统策划专家、旅游营销专家、旅游公共关系专家、旅游心理学专家、人文历史专家、地理学专家等众多的跨行业、跨学科的策划主体。

第二，旅游形象策划是建立在实态调查的基础上的。对旅游地或旅游企业的内外部环境的实态调查是旅游形象策划的前提和基础。

第三，旅游形象策划隐含有策划者对旅游地或旅游企业未来形象的期望，即策划者在旅游地特色和旅游企业发展态势分析的基础上所设计和策划的、想要传递给社会公众的旅游地或旅游企业未来的形象。

## 三、旅游形象策划的意义

近 20 年来，我国旅游发展的理念大体经历了四个阶段，即资源导向—市场导向—产品导向—形象驱动。在当今激烈的旅游市场竞争中，形象塑造已成为旅游地和旅游企业占领市场制高点的关键。同样旅游形象策划对旅游地和旅游企业发展也具有显著的推动作用和十分重要的意义。

**第一，提高知名度，提升旅游市场竞争力。**传统旅游地或旅游企业的生存与发展必须依赖资源、产品、市场、资金、人才和技术等因素，但在市场竞争国际化的今天，一个旅游地或企业只有拥有了代表旅游地或企业的特色、文化、管理等综合的形象因素，具备良好的知名度和美誉度，才更容易提升旅游市场的国际竞争力。旅游业作为一种特殊的精神消费，离不开形象的导向和驱动。随着中国旅游业的蓬勃发展，国内旅游业已经由"卖方"市场转向"买方"市场，旅游业之间的形象竞争程度日趋激烈，而竞争的成败很大程度上取决于形象策划的品位。充满竞争力的形象策划已经成为旅游地或旅游企业提高自身吸引力和知名度，增强生存发展能力和竞争能力的有效途径。

**第二，吸引更多游客，拓展旅游客源市场。**旅游资源的开发和旅游产品的设计是旅游业发展的物质基础。要使旅游地或旅游企业能够持续长久发展，保持市场的占有率，树立与维持旅游地或旅游企业在旅游者心目中的良好形象也是一个关键。旅游形象是吸引旅游者的首要因素，同时由于旅游产品的不可移动性，也决定了旅游产品要靠旅游形象的传播。对于旅游地或旅游企业来说，不可能同时把所有方面的信息全部展现给游客，更不可能使游客同时都获得感知，而旅游形象策划就是把旅游地或旅游企业最突出、最与众不同的地方传递给客源市场，以吸引更多游客的注意，增加旅游地或旅游企业被选择的机会，拓展自身的旅游客源市场。而只有具有鲜明旅游形象的旅游地或旅游企业才更容易被潜在旅游者所认知，依据其知名度和个人对其的了解程度，从而吸引更多游客，使旅游者产生旅游动机，进而驱动其前往。研究表明，形象是吸引旅游者最关键的因素之一，是影响旅游者出游决策的重要因素。

**第三，有利于资源整合，促进旅游业发展。**旅游形象策划是旅游地或旅游企业整体形象的定位表现。它不仅仅是某个风景点、产品形象的市场定位，还是整个旅游地或旅游企业形象的综合性、系统性、整体性的定位。这样的旅游形象策划不是与生俱来的，也不是简单的归纳和总结。它是从旅游可持续发展的战略高度，对旅游地或旅游企业的物质资源和人力资源进行整合规划和设计，根据策划的理念和原则对整合的资源进行整体的塑造和策划，并以各种宣传与推广方式树立起来的。进行旅游形象策划，可以加深旅游者对旅游地或旅游企业品牌的认知，将旅游整体竞争力予以提炼、升华，塑造独特的旅游品牌形象，从根本上改变旅游地或旅游企业形象塑造的相似化、雷同化和平庸化，使其在旅游市场的竞争中获得优势，推动旅游业的全面发展。同时，旅游形象策划是一种具有创新性、超前性的人类大脑复杂活动，一个好的旅游形象策划可以为旅游地或旅游企业描绘旅游业发展方向和发展模式，这对促进和发展旅游业的作用是不言而喻的。而且旅游形象的塑造和推广也有利于树立良好区域形象，为区域发展创造"软"环境，也可以促进旅游业的发展。只有在策划时高度重视旅游形象，才能保证旅游业收益的最大化。

# 第二节　旅游地形象策划

旅游地形象策划是在全面了解旅游目的地实态的基础上，设计旅游地形象系统，并对各种感知因素进行分析、提炼、升华，以市场需求为导向，策划对外宣传的形象定位和口号，并确定旅游形象营销方式与范围的一个系统工程。通常旅游地形象策划包括旅游地形象调查、旅游地形象定位与口号设计、旅游地形象设计与塑造，以及旅游地形象宣传与推广四个方面。

## 一、旅游地形象调查

旅游地形象调查是获取旅游地形象现状信息的重要手段，是进行旅游地形象策划的基础工作。调查内容既要全面又要有重点，既有宏观层面又有微观层面。旅游地形象调查主要包括旅游地内部环境调查——地方性（地格）调查和外部环境调查——受众调查。

### （一）地方性（地格）调查

陈传康（1996）在旅游营销中最早提出了文脉理念，他认为文脉是指旅游点所在地域的地理背景，包括地质、地貌、气候、土壤、水文等自然环境特征，也包括当地的历史、社会、经济、文化等人文地理特征，因而是一种综合性的、地域性的自然地理基础、历史文化传统和社会心理积淀的四维时空组合。吴必虎（2001）则认为，地脉与文脉即当地的地域独特性，也称地格；在以人类为中心的社会里，绝大多数地区都是地脉为形、文脉为魂的综合体。考虑到旅游地的形成、发展、演变都与自然地理条件密切相关，并在此基础上受到经济、社会、文化等因素的影响而形成一个复杂的地域文化综合体，因此任何旅游地都具有自身独特的地方特性，或称地格。

地格调查是旅游形象策划的基础工作之一，其主要任务就是通过对旅游地地脉和文脉所构成的地格把握，对地方历史文化的"阅读"和提炼，综合概括与精练该旅游地的形象"风格"，包括自然特性和文化特性，塑造旅游地整体形象，为未来的旅游地开发与形象宣传提供特征基础。旅游地内部环境的地格调查所涉及的内容很广泛，主要包括旅游地旅游资源的调查和市场状况调查。

### 1. 旅游资源调查

旅游资源是由众多的吸引要素组成的，凡是能够吸引旅游者产生旅游动机，满足旅游需求，并能够被旅游产业开发利用转化为旅游产品，为人类带来经济、社会、环境效益的各种自然和人为因素，均属于旅游资源的范畴。作为旅游地形象策划的前期工作，旅游资源的调查必然要尽可能搜集详尽的资料，这些资料主要包括以下方面。

*旅游资源的环境状况*。调查内容主要有旅游地的地质地貌、水体环境、气象气候、生物环境和环境质量（如旅游地有无地震、火山、洪涝等自然灾害，以及环境污染状况和治理程度）等自然环境调查，以及旅游地的历史沿革、经济状况和社会文化环境（如旅游地宗教信仰、风俗习惯、社会价值观念、审美观念）等人文环境调查。

*旅游资源赋存状况*。调查内容包括旅游地旅游资源的现状、价值潜力、特征品位、类型、特色、数量、规模、结构、级别、成因和分布情况等；与这些旅游资源相关的重大历史事件、社会风情、名人活动、文艺作品的情况以及当地旅游资源分布图、照片、影像等有关资料。

*旅游资源开发状况*。旅游资源按开发现状可以分为潜在旅游资源和现实旅游资源，或者未开发利用和已被开发利用旅游资源。旅游资源的开发状况调查就是要查明旅游地的旅游资源当前的开发状况、类型、旅游项目和旅游产品等的开发与保护状况。

### 2. 市场状况调查

旅游地市场状况调查的目的在于了解旅游地的旅游产品市场现状、营销运行状况、发展方向、市场前景等。

*旅游产品市场潜力状况*。为了塑造旅游地的形象特色，必须了解和掌握同类旅游产品所在旅游地形象定位的基本情况，主要竞争旅游地的经营状况、市场占有率、客源市场潜力、市场策略、优势和劣势等。同时也需要了解过去与现在旅游地在旅游市场上提供的旅游产品的概况，目前发展潜力和市场运行情况，以及在旅游者心目中旅游地的综合印象和未来期望形象。

*旅游营销运行状况*。旅游营销是旅游地形象策划的重要组成部分。通过对旅游地当前各种营销手段和运行质量的调查，可以了解当前旅游地形象的概况。调查的内容主要

包括塑造旅游地形象关联旅游产品的数量、分布和销售状况，销售价格策略、旅游销售渠道运行和经营能力状况，不同市场情况下促销方式和效果评估，旅游服务和旅游设施的调查等。

## （二）受众调查

要进行旅游地形象定位就必须知道旅游地在旅游者心目中的感知形象是什么样的，这也是进行受众调查的基本目的之一。旅游者对旅游地形象的感知，除了包括旅游地所在地理环境实体（如风景名胜区旅游实体）的感知外，还包括对当地人文社会的抽象感知。因此综合来说，受众调查的内容包括旅游者规模，旅游客源市场、空间结构分布，旅游容量，旅游者出游时间、方式、获取信息渠道、出游目的、旅游前后评价，旅游者前后态度，旅游服务及价格评价，旅游地总体形象评价等。

### 1. 旅游地形象的识别

旅游地在旅游者心目中的形象可以用知名度、美誉度、认可度和满意度等几个指标来进行定量描述。

*旅游地知名度*。旅游地知名度是指现实和潜在旅游者对某一旅游地的知晓和了解程度，其社会影响的广度和深度。知名度是评价旅游地名气大小的客观尺度，有好与坏之分，但都达到提高旅游地知名度的目的。

$$旅游地知名度 = \frac{知晓旅游地人数}{被调查人数} \times 100\%$$

*旅游地美誉度*。旅游地美誉度是指某一旅游地获得旅游者信任、好感、接受和欢迎的程度，是评价旅游地声誉好坏的社会指标，侧重于"质"的评价，即旅游地在社会上影响的美丑、好坏。它是旅游者对某一旅游地的信任和赞美的程度。需要注意的是美誉度不等于知名度。

$$旅游地美誉度 = \frac{赞誉旅游地人数}{知晓旅游地人数} \times 100\%$$

*旅游地认可度*。旅游地认可度是指旅游者把某一旅游地产品和服务纳为自己消费对象的程度。

$$旅游地认可度 = \frac{行为人数}{知晓旅游地人数} \times 100\%$$

### 2. 旅游地形象的诊断

旅游地形象诊断是在前面几项形象调查工作的基础上对旅游目的地形象的现状进行

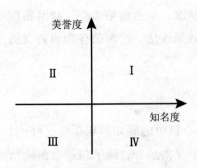

图 4-1 旅游地形象识别象限图

综合评价，找准问题的原因，来决定旅游地未来形象的发展方向，从而为形象的塑造打下基础。对旅游地形象现状的评判，常常用旅游地的知名度和美誉度组合来反映旅游地形象的四种状态，如图 4-1 所示。

**第一象限的旅游地**。具有较高的知名度和美誉度，当然其认可度也较高，说明目前旅游地具有良好的形象和发展状态。形象策划的目标是保持和强化其良好形象。

**第二象限的旅游地**。具有较高的美誉度，但知名度较低，说明目前旅游地旅游资源较好和旅游服务质量较高，但对外营销宣传力度不大。形象策划的目标是做好旅游地良好形象的营销宣传工作。

**第三象限的旅游地**。知名度和美誉度都较低，当然其认可度也较低，说明目前旅游地的旅游资源开发和服务都还不成熟。形象策划的目标是改善不良形象，并做好形象的营销宣传工作。

**第四象限的旅游地**。具有较高的知名度，但美誉度较低，说明目前游客对旅游地的认知度较高。形象策划的目标是重塑旅游地良好形象。

以上分析表明，通过知名度和美誉度的组合，可以分析出当前旅游地在旅游者心目中的形象感知状态，为下一步进行旅游形象的定位和塑造提供一定的依据。

## 二、旅游地形象定位与口号设计

定位理论最早出现在 20 世纪 60 年代末的美国广告界，到 1972 年在美国影响很大的《广告年代》杂志上正式出现。当时强调的是广告攻心，将产品定位在顾客的心中潜移默化，而不改变产品的本身。到 20 世纪 80 年代，美国著名营销专家菲力普·科特勒开始把定位理论系统化、规范化。旅游形象定位就是通过设计和促销有特色的旅游产品，让社会公众和旅游者了解本地区与其他地区的差异，以形成独特的市场销售点。定位理论的核心思想就是"去操纵已存在心中的东西，去重新结合已存在的联结关系"。形象定位是旅游地形象塑造的前提。

### (一) 旅游地形象定位原则

#### 1. 资源特色与市场导向相结合原则

几乎每个旅游地都拥有丰富的旅游资源，但在进行旅游地形象定位时，需要认清自身的优势和劣势，扬长避短，找到资源品位高、级别高，具有较强吸引力的，特色十分明显的旅游资源，这样有利于旅游地集中优势资源，在市场上树立旅游地形象。因为具有独特吸引力因素的旅游资源是确立核心形象的主要依据，这些是其他的旅游地很难模仿的。

市场导向原则要求具有特色资源的旅游地形象定位能充分体现旅游市场发展的需求趋向，能引起公众的关注，在潜在的旅游者心目中形成良好的预期印象，产生良好的旅游形象市场价值，以影响旅游者出行时对旅游目的地的选择。例如，北京针对2008年奥运会旅游市场，将旅游形象定位为"东方古都，长城故乡，新北京，新奥运"。旅游地形象定位并不是一成不变的，时代在变，旅游竞争环境在变，旅游消费者的消费心理和需求在变，旅游地自身也处在变化发展当中。因此，当总体形象定位完成以后，可以根据一定时期旅游市场的需求状况和旅游产品的主要特征推出一个主题，明确不同时段内旅游形象定位的不同主题和重点。如表4-1所示，国家旅游局从1992年起每年推出一个旅游促销主题，根据旅游发展趋势和竞争环境、旅游消费心理和消费需求与旅游地自身的发展情况，对形象定位作出相应的更新。

表4-1　中国旅游年主题

| 年　份 | 旅游主题 | 年　份 | 旅游主题 |
| --- | --- | --- | --- |
| 1992 | 中国友好观光年 | 2003 | 烹饪王国游 |
| 1993 | 山水风光游 | 2004 | 百姓生活游 |
| 1994 | 文物古迹游 | 2005 | 中国旅游年 |
| 1995 | 民俗风情游 | 2006 | 中国乡村游 |
| 1996 | 休闲度假游 | 2007 | 和谐城乡游 |
| 1997 | 中国旅游年 | 2008 | 奥运旅游年 |
| 1998 | 华夏城乡游 | 2009 | 生态旅游年 |
| 1999 | 生态环境游 | 2010 | 世博旅游年 |
| 2000 | 神州世纪游 | 2011 | 中国文化游 |
| 2001 | 体育健身游 | 2012 | 欢乐健康游 |
| 2002 | 民间艺术游 | 2013 | 海洋旅游年 |

## 2. 易识别性和难替代性相结合原则

易识别性主要是体现旅游地的地方特色，提升旅游产品在游客心目中的形象。易识别性从某种意义上说就是地方性，这就要求旅游地形象定位必须从旅游地实际出发，只有体现地方性的旅游产品才有更深刻的文化内涵，才有生命力。而只有符合旅游地实际，体现旅游地特色，获得公众参与和认可的形象定位，才能给游客以更深的情感体验，才能在旅游市场上树立良好的旅游形象。

难替代性与地方性休戚相关，一般具有地方性特色的旅游产品往往就是难替代的旅游产品。但也有例外，特别是同一文化区域内的旅游地，可能会引起旅游形象替代或遮蔽的现象。在这种情况下，旅游地应找到自身资源与之差异之处，强化自身不同形象，或者旅游地只有采取领先定位的策略，才能赢得竞争的比较优势，提高旅游地的市场竞争力。

### 3. 整体性和层次性相结合原则

旅游地形象策划的整体性原则体现在两个方面：一是旅游地形象策划的内容应构成一个完整的形象系统，一般应具有包括形象核心理念（形象定位）、旅游宣传口号、视觉符号（LOGO）设计等内容；二是同一区域旅游范围内，不同类型的小尺度旅游地之间应形成整体的旅游形象，共同打造区域旅游业品牌，增强旅游形象的感召力。

层次性原则是与整体性原则相对而言的，主要是指旅游地内各个旅游形象保持一种有差别的统一，有主体形象和辅助形象之分，具有等级层次性。例如，在国家或省级大尺度旅游地定位中（表4－2），往往在一个核心或主体的旅游地形象定位之下，会对小尺度的旅游地策划多个不同层面的单体旅游形象定位，以利于不同尺度的旅游地在旅游大市场环境中，具有各自不同的发展空间。而且在旅游市场发展的现实情况下，单单靠一种特色旅游产品很难形成可观的市场规模，需要开发二类旅游资源予以补充，壮大地方旅游业的作用。

表4－2 部分省市级城市旅游形象定位

| 省份及其定位 | 所辖地级市 | 地市级定位 |
| --- | --- | --- |
| 福建<br><br>福天福地福建游 | 福州 | 八闽古都，有福之州 |
| | 厦门 | 海上花园，温馨厦门；有魅力、更有活力 |
| | 莆田 | 妈祖圣地、南国少林；田园水乡、滨海新城 |
| | 漳州 | 水仙花的故乡 |
| 浙江<br><br>诗画江南、山水浙江 | 杭州 | 东方休闲之都、爱情之都、天堂城市 |
| | 宁波 | 东方商铺、时尚水都 |
| | 温州 | 时尚之都、山水温州 |
| | 义乌 | 小商品海洋、购物者天堂 |
| 安徽<br><br>如画好山水，浓厚徽文化 | 合肥 | 包公故里，中国科教名城 |
| | 芜湖 | 梦幻江城，开心芜湖 |
| | 安庆 | 文化之邦，黄梅戏之乡 |
| | 黄山屯溪区 | 黄山之麓，徽韵古城 |

## （二）旅游地形象定位方法

### 1. 领先定位

领先定位，又称首席定位。在现今信息爆炸的社会里，消费者对大多数信息毫无记忆，但对领导性、专业性的品牌印象较为深刻。在旅游领域，这种定位方法适用于那些独一无二、不可替代的旅游资源或旅游产品，追求占据旅游者心目中旅游形象阶梯中的第一位置。例如，中国的长城、埃及的金字塔、意大利的威尼斯水城、美国的大峡谷、非洲乞力马扎罗山等，都是世界上绝无仅有的历史古迹或自然奇迹旅游胜地，处于旅游目的地形象的最高阶梯，可以保持长久不衰的形象地位。但如此绝对领先、形象稳固的旅游地毕竟不是多数，大量的旅游地要依据其他方法进行形象定位。

另外，领先定位可以选择在不同的范围内进行。例如，同样是乡村旅游，世界文化遗产西递、宏村古村落——中国画里的乡村；江西婺源——中国最美的乡村；周庄——小桥、流水、人家，中国第一水乡；安徽休宁——中国最幸福的乡村。

### 2. 比附定位

比附定位，又称借势定位。旅游地通过各种方法和同业中的知名形象建立一种内在联系，使自己的形象迅速进入旅游者的心中，占领一个牢固的位置，借品牌之光而使自己的形象生辉。它并不占据同类形象阶梯的最高位，第一的位置只有一个，第二紧随第一，借助"第一"的影响，同样具有高品位。而大多数商品和服务都不甘居人之后、声称第二，在这种情况下，少数定位第二的品牌反而会给消费者留下较深的印象。例如，传说郭沫若先生的一句戏言"桂林山水甲天下，不如武夷一小丘"，这就是比附定位在武夷山旅游形象上很好的应用。"桂林山水甲天下"已经美名远扬，这样的定位使武夷山很快进入游客的心中，激发人们的好奇心，一探究竟，成为人们向往的旅游目的地。海南三亚定位于"东方夏威夷"，苏州定位为"东方威尼斯"，目的都是利用夏威夷或威尼斯绝对稳固的旅游形象来拓展其在国内的旅游形象和旅游知名度。

这种定位方法适合在旅游地开发之初，可以借竞争对手的名气成就自身的名气，而且利用已成名的旅游景区或旅游地来扩大自己在市场中的知名度，是很常见的一种做法，通过竞争对手的品牌效应可以让自身的旅游形象深入人心。例如，小浪底水库被定位为"北方的千岛湖"，宁夏被定位为"塞上江南"。如果旅游地本身与其竞争对手距离较近，在这种情况下，仍然采用比附定位方法，一方面容易在两个旅游景区之间形成恶性竞争；另一方面旅游景区本身也会受到游客的冷落，他们更愿意去知名度更高的旅游景区。这样，就会让新生的旅游景区受到打击，甚至可能会使新生的旅游景区倒闭。因此，非但不能借助知名度高的旅游地来提升自己的知名度，反而会误导人们觉得比附旅游地是模仿被比附旅游地，因而会失去吸引力和美誉度。

### 3. 逆向定位

逆向定位，又称对抗定位。这种定位是打破消费者一般思维模式，利用有较高知名度的竞争对手和声誉来引起消费者对自己的关注，以相反的内容和形式标新立异地塑造市场形象，以达到在市场竞争中占有一席之地的定位方法。例如，都市里的悬崖、空中温泉、野生动物园等。逆向定位强调并宣传定位对象是消费者心中第一位形象的对立面或相反面，同时开辟了一个新的易于接受的心理形象阶梯。例如，河南林州市林滤山风景区以"暑天山上看冰锥，冬天峡谷观桃花"的奇特景观征服市场；中国三大影视城之一的宁夏镇北堡影视城，以古朴、原始、粗犷、荒凉、民间化为特色，推出的主题定位就是"出售荒凉"，是中国西部唯一著名影视城，打破旅游者对旅游景区都是风景秀丽或历史悠久的惯性思维，从而赢得了市场的认可。在此摄制影片之多、升起明星之多、获得国内外影视大奖之多，皆为中国各地影视城之冠，被誉为"中国一绝"。

值得注意的是，逆向定位策略是在消费者的头脑中找到已经存在的但尚未被竞争对手抢占的制高点，而不要试图去改变人的观念，去徒劳地创造位置。

### 4. 空隙定位

空隙定位，又称缝隙定位。比附定位和逆向定位都要与游客心中原有的旅游形象阶梯相关联，而空隙定位的核心是根据旅游市场的竞争状况和自然条件，分析旅游者心中已有的形象阶梯类别，发现和创造新的形象阶梯，树立一个与众不同、从未有过的主题形象，即选择旅游市场的空缺，树立自己的特色优势，做到人无我有。以深圳"世界之窗"为例，它紧邻锦绣中华民俗村，但"世界之窗"的旅游形象，正如宣传口号"让中国了解世界"那样，突出展现并为人们永久记忆的还是那不同肤色和国别的"世界儿童"和热情奔放的异国导演。真正面向众多普通旅游者服务的即景表演，"世界之窗"开其先河。而针对传统旅游资源弱势区域，旅游主题形象的定位关键在塑造。旅游并不是在求美，而是在寻求新意，只要具备特点便具有旅游吸引力。这种定位策略谋求的是与竞争对手和平共处的独特性、首创性、标新立异的特色竞争定位。

### 5. 重新定位

重新定位，又称为更新定位。它是旅游地采取的再定位策略，严格意义上说不是一种定位方法，仅是对原有旅游区域的形象重新塑造，使新形象替换旧形象，从而占据一个有利的心理位置，只是一种转折发展所采用的跟进方法。旅游地的发展历经产生、成长、成熟、衰落各阶段，旧形象已不能适应旅游需求的变化，难以形成号召力和吸引力。重新定位可以促使新形象替换旧形象。例如，成都原来定位"休闲之都"，现在重新定位为"东方伊甸园"；香港也从原来的"万象之都"重新定位为"动感之都"；衡山由"五岳独秀"重新定位为"中华寿岳"。

**案例**

### 苏州部分水乡古镇旅游形象定位研究

古镇旅游是当今旅游市场的新宠，吸引了国内外很多旅游者的光顾。我国江南地区，特别是苏州市域范围内，水乡古镇众多，特色各异，例如周庄、同里、甪直、千灯、锦溪、沙溪、木渎等。为合理利用水乡古镇对旅游者独特的吸引力，提出水乡古镇旅游形象定位，以促进苏州水乡古镇旅游业走上特色化、差异化发展之路。

周庄是苏州乃至全国水乡古镇旅游发展的领头羊，"小桥、流水、人家，中国第一水乡"的旅游形象口号刻画了江南水乡古镇最典型的特征；同里采用"醇正水乡，旧时江南"的口号，一方面突出了苏州水乡古镇的共性特征，另一方面表明同里古镇具有旧时江南古镇的典型特征，传统江南古镇的风貌保存比较完整；千灯古镇"历史文化名镇，江南耕读之乡"、锦溪的"江南水乡古镇，民间博物馆之乡"和沙溪古镇的"风雨古道，甘醇水乡"等形象定位是基于地方资源特征基础上的，具有一定的不可替代性，但也有所不同。

"江南耕读之乡"一定程度上表达了千灯古镇独特的人文历史内涵，因为千灯不仅是明末清初杰出的思想家、文学家、国学者顾炎武先生的故乡（其名言"天下兴亡，匹夫有责"一直激励着无数仁人志士），而且是昆曲创始人顾坚的故乡，先贤文化、农耕文化同属千灯古镇的五大文化之乡。锦溪古镇采用的"民间博物馆之乡"反映了锦溪古镇旅游业发展的现状，因为锦溪镇目前拥有华夏天文馆、中国古砖瓦博物馆、古董、中国宜兴紫砂壶博物馆、钱币馆、华夏奇石馆、根雕、陆曙轮及陆家衡书画艺术陈列馆、张省美术馆等多家博物馆和陈列馆。"风雨古道"则在一定程度上表达了沙溪古镇的史文脉。"古道"即沙溪七浦河，是宋景祐二年（1035年）苏州知府范仲淹为排除西部阳澄湖低洼地区积水和解决田灌排水需要而开挖的。

——资料来源：李东和，张捷等. 苏州水乡古镇旅游形象定位研究——以部分水乡古镇为例. 地域研究与开发 [J] . 2007, 26（2）：81 - 85.

 案 例 分 析

本案例中所描述的各江南古镇，都采用了什么样的形象定位方法？

### （三）旅游地形象宣传口号设计

旅游地形象宣传口号是旅游地形象策划的重要组成部分。旅游地形象口号是以旅游地所处的自然、社会环境为背景，以旅游地的景观资源为基础，将旅游地最具优势的特征加以提炼，概括成一句主题口号，以达到打动旅游者的目的，激发其亲临实地一游。也就是说，旅游形象口号是旅游者首先接触到的有关旅游地的信息。在旅游竞争日益激烈、旅游信息日益增长的今天，一个朗朗上口、特色鲜明、意境优美、过目不忘的优秀旅游形象口号，对旅游地的旅游发展有着十分积极的意义。因此，旅游地形象宣传口号设计要突出以下原则。

**体现地方特色**。宣传口号是旅游地形象的提炼和外显界面，其实质内容应该来源于旅游地的地方独特性和其所在的地格（地脉和文脉），要与当地的旅游产品和旅游内容相一致，唯有充分挖掘和深刻分析旅游地地域背景，将发现和提取地方性的元素充实到主题口号中，才能避免过于空泛。因此，在进行旅游形象宣传口号设计时，要在充分的地方性研究和受众调查的基础上，提炼出体现地方特色与个性的形象元素融入宣传口号之中。例如，"焦作山水，人间仙境"，这是给河南焦作的准确定位。考察焦作的旅游资源后可知，焦作拥有云台山世界地质公园奇特的丹崖地貌、神农山龙脊长城的险峻奇绝、峰林峡如梦如幻的山水、被人们誉为"北方三峡"的青天河以及太极拳、"竹林七贤"等山水人文景观。因此，通过与周边区域的对比分析，可以得出焦作最重要的特色在于山水景观，所以这一形象宣传口号恰到好处。河南洛阳的"国花牡丹城——洛阳"亦是如此，符合洛阳牡丹花城的实际特征。

**针对市场需求**。旅游地形象宣传口号的设计需要针对旅游市场的需求。通过调查分析市场需求特征来设计旅游地形象宣传口号，能够反映市场上旅游需求的趋势。同时，在进行旅游宣传口号的设计时，应考虑到不同客源市场旅游需求的不同特点、不同的价值偏好和旅游观，设计获得不同客源市场认同的不同的宣传口号。例如，江西省旅游形象的宣传口号，对国外为："世界瓷都、白鹤王国"，而对国内为："红色摇篮、绿色家园"。北京的旅游形象宣传口号，对国外为："东方古都、长城故乡"，对国内为："不到长城非好汉"。"浪漫之都，时尚大连"的形象口号强调大连的浪漫、时尚，对追求时尚和浪漫的青年旅游市场就有良好的针对性。

**易于口头传播**。现代旅游的主流是大众旅游，而且旅游地形象宣传口号最终是需要通过各种媒介向受众（旅游者）进行传播的。因此，在进行旅游地形象的宣传口号设计时，应尽可能使用广告设计的一些技巧、方法，使旅游宣传口号简洁、生动、凝练，具有影响力、感染力和吸引力。一句有时代感、寓意深刻、朗朗上口的旅游形象宣传口号往往能引起人们无尽的遐想，产生意想不到的号召力。越是简单的表述就越容易被人们记住，例如"桂林山水甲天下"和"人间天堂，快乐苏杭"。在旅游宣传的过程中，切忌语言晦涩，表达不清。同时，也要避免语言庸俗平淡，让人生厌。

**反映时代特征**。旅游地形象宣传口号要有时代气息，适合旅游大众感知口味。通过应用符合时代语言文化时尚的宣传口号，有效地展现旅游地形象，与目标市场那些最为活跃的旅游消费群体实现有效沟通。在口号内容上，要反映旅游需求的热点、主流与趋势。例如，香港的旅游宣传口号"万象之都"重新设计为"动感之都"就充分地体现了时代特征。

## 三、旅游地形象设计与塑造

旅游地形象是一个由旅游区、旅游风景点、旅游设施各形象要素整合而成的形象系统。旅游形象只有获得公众的认可，才能拥有广泛的影响力和强大的生命力。因此，旅游形象的塑造仅仅靠一个抽象的概念化的定义或几句华丽辞藻的宣传口号是远远不够的。它是一个系统工程，更是一个管理过程，贯穿于区域内的旅游资源、旅游产品及其相关设施、旅游环境、服务与管理等全过程。综合各家观点，旅游地形象设计与塑造包括四个方面的内容：旅游地视觉形象、旅游地听觉形象、旅游地嗅觉和味觉形象、旅游地行为形象。

### （一）旅游地视觉形象

视觉形象是旅游地形象设计中最直观、最具有吸引力的部分。它以识别符号和视觉传播感染媒介，将旅游理念、文化特质、服务内容、企业规范等抽象概念转化为具体的可视符号，形成一定的内外感应系统，并按照一定的传播程序，有计划、有组织地将旅游产品准确、快捷地推向旅游市场，产生强大的轰动效应和持续效应。它最能系统化、直观化地表达旅游地形象的特征。旅游地视觉形象设计一般包括视觉符号识别设计和视觉景观形象设计。具体包括以下设计要素：旅游地形象 LOGO 设计、旅游地象征人物、旅游地纪念品、旅游地交通工具、旅游地从业人员制服、旅游地户外广告等。

#### 1. 旅游地形象 LOGO 设计

LOGO 即标识语、标志、徽标。LOGO 是人们在长期的生活和实践中形成的一种视觉化的信息表达方式，是具有一定含义并能够使人理解的视觉图形。在旅游地形象设计和塑造中，LOGO 设计就是将旅游地具体的事物、事件、场景和抽象的精神、理念、价值通过特殊的图形固定下来，通过不断的刺激和反复刻画，深深地留在受众心中，使人们在看到 LOGO 标志的同时自然地产生联想，从而对旅游地产生认同。它是旅游地经营活动、广告宣传、文化建设、对外交流必不可少的元素，以其简约、优美的造型语言，体现着旅游地的特点和形象。LOGO 主要包括旅游地名称（中英文）、旅游地标徽、旅游地标准字体和标准色、旅游地象征性吉祥物等内容。

**旅游地名称**。旅游地往往以地名为名称，它是旅游者认知的起点。好的名称可以强化旅游地的知名度。对于已经有较高知名度的名称，可以继续使用；对于默默无闻的地名，最简单的方法是抛弃，使用其他知名度较高的名称；对于不够贴切的地名，可以换用更有代表性的名称。例如，利用黄山的高知名度，安徽的屯溪市改为黄山市；湖南张家界风景区成名后，其所在的大庸市改名为张家界市。

**旅游地标徽**。旅游地标徽又称为标志、标识。随着旅游业的发展，人们逐渐开始重视旅游地标徽的设计，并用其作为旅游地形象的主要标志。标徽是视觉形象设计的核心，是应用最广泛的旅游地代表符号，体现着旅游地的地方精神和文化特色。旅游地标徽的设计图案，第一，可考虑采用特征性地理风景，从具体、简象到抽象的处理都会产生不同的形象力。如图 4-2 所示，桂林山水文化旅游节的标志，以流畅飘逸的书法笔法有机地将汉字草书"山、水"与桂林秀丽的山水风光融为一体，生动地描绘出桂林以漓江风光和喀斯特地貌为代表的山水景观，凸显桂林"山水甲天下"的旅游文化内涵，同时不乏浓郁的人文亲和力和温馨的美感。第二，可采用特征性实物图案。例如，1983年 10 月，国家旅游局发出通知，以"马踏飞燕"作为中国旅游标志，这个标志就是采用 1969 年甘肃武威县雷台出土的东汉青铜雕塑（图 4-3）为实物形式。第三，可使用人为设计的图案。例如，世界遗产标志（图 4-4），是由蓝色线条勾勒出的代表大自然的圆形与代表人类创造的方形形状相系相连的图案及"世界遗产"的中英文字样构成。

**图 4-2　桂林山水文化旅游节标志　　图 4-3　中国旅游标志　　图 4-4　世界遗产标志**

**旅游地标准字体和标准色**。旅游地标准字体是视觉识别系统中的基本要素之一，常与旅游地标志设计联系在一起，在各旅游景点的路标、指示牌、导游图、门票、旅游服务设施、旅游商品等处都需要使用旅游地标准字体，可以直接将旅游地或品牌形象名称传达给旅游者。它是经过设计的、专门用以表现旅游地名称或形象的字体。旅游地标准色是旅游地为塑造独特的旅游形象而确定的某一特定的色彩或一组色彩系统，通过色彩色相、彩度、亮度三方面和谐匹配的特有的知觉刺激与心理反应，以表达旅游地产品或服务特色。颜色设计合理，能给旅游者留下深刻的印象。在进行旅游地形象标准色设计时，颜色要与地方文化和环境相协调，并体现旅游地想要传达的理念或精神。

**旅游地象征性吉祥物**。旅游吉祥物也是视觉识别系统中的基本要素之一，对旅游地形象的塑造和推广具有重要的意义。著名的节庆活动、国际旅游活动和主题公园都有自己的吉祥物。生动、有趣、人格化的吉祥物易博得公众喜爱，对旅游地独特的地方文化色彩的宣传能够达到广泛传播的效果。例如，唐老鸭和米老鼠传达了迪士尼的形象。再如，2011年西安世界园艺博览会吉祥物为"长安花"，其形象来自西安市花——石榴花，身体的形状和色彩以石榴为创意核心，名字朗朗上口，既符合西安的民族特色，又与博览会会徽的设计理念相呼应。

---

相关链接 🔍搜索

### 中国 2010 年上海世界博览会的形象 LOGO

中国 2010 年上海世界博览会（Expo 2010）是第 41 届世界博览会，于 2010 年 5 月 1 日至 10 月 31 日在中国上海市举行。此次世博会也是由中国举办的首届世界博览会。上海世博会以"城市，让生活更美好"（Better City, Better Life）为主题，总投资达 450 亿元人民币，创造了世界博览会史上最大规模纪录。同时 7308 万人次的参观人数也创下了历届世博之最。

**世博会会徽**

中国 2010 年上海世博会会徽，以中国汉字"世"字书法创意为形，"世"字图形寓意三人合臂相拥，状似美满幸福、相携同乐的家庭，也可抽象为"你、我、他"广义的人类，对美好和谐的生活追求，表达了世博会"理解、沟通、欢聚、合作"的理念，凸显出中国 2010 年上海世博会以人为本的积极追求。会徽以绿色为主色调，富有生命的活力，增添了向上、升腾、明快的动感和意蕴，抒发了中国人民面向未来、追求可持续发展的创造激情。

世博会会徽

**世博会吉祥物**

**世博会吉祥物海宝**

中国 2010 年上海世界博览会吉祥物命名为"海宝"（HAIBAO），即取"四海之宝"意，主体为蓝色"人"字造型。以汉字的"人"作为核心创意，既反映了中国文化的特色，又呼应了上海世博会会徽的设计理念。在国际大型活动吉祥物设计中率先使用文字作为吉祥物设计的创意，是一次创新。"人"字互相支撑的结构也揭示了美好生活要靠你我共创的理念。只有全世界的"人"相互支撑，人与自然、人与社会、人与人之间和谐相处，这样的城市才会让生活更加美好。"人"字创意造型依靠上海世博会的传播平台，必将成为中国上海世博会的吉祥符号和文化标志。

头发：像翻卷的海浪，显出活泼个性，点明了吉祥物出生地的区域特征与生命来源。

脸部：卡通化的简约表情，友好而充满自信。

眼睛：大大、圆圆的眼睛，对未来城市充满着期待。

蓝色：充满包容性、想象力，象征充满发展希望和潜力的中国。

身体：圆润的身体，展示着和谐生活的美好感受，可爱而俏皮。

拳头：跷起拇指，是对全世界朋友的赞许和欢迎。

大脚：稳固地站立在地面上，成为热情张开的双臂的有力支撑，预示中国有能力、有信心办好世博会。

——资料来源：中国 2010 年上海世博会官方网站，http://www.expo2010.cn/.

### 2. 旅游地象征人物

旅游地象征人物，即旅游地形象大使，将知名人士与旅游地联系，使其成为旅游地的象征性和符号化的人物。利用知名人士良好的形象及其社会上的广泛影响力来对旅游地进行一系列的形象媒体宣传活动，可以增强旅游地形象的感召力，在旅游市场上的影响力，以及可以提高旅游地的知名度。例如，中国 2010 年上海世界博览会三位形象大使——成龙、姚明、郎朗，由他们联袂演出的一首名为《城市》的歌曲音乐录像带在此间首发，进行上海世博会推广活动的宣传，对其成功举办以及在世界的影响力起到了积极作用。

### 3. 旅游地纪念品

旅游纪念品是旅游者在旅游地购买的能使人回忆起某地、某次旅游或经历，具有地方特色，富含纪念性、艺术性和实用性，易于被旅游者保存、收藏或馈赠的旅游商品。它能够体现民族、地方风格等特征，使商品具有某种纪念意义的性质，是旅游者旅游经历的物化，是其以后重温美好旅游经历的象征和载体，能够反映和帮助旅游者记住旅游地的形象。但它又不同于一般的旅游商品，它是能反映旅游地特色、模拟旅游地文化或文物的商品，是带有旅游地特有徽记的用品或艺术品。例如，秦始皇兵马俑、三星堆青铜面具和唐三彩等文物复制品，以及少林寺明信片、故宫纪念币等，都是延伸、传播各旅游地形象的有效载体和符号。而只有文化特征鲜明、文化品格高的旅游纪念品，其价值才高，才能受到旅游者欢迎和对旅游地形象的认同。

### 4. 旅游地交通工具

现代的旅游交通工具除了满足旅游者空间位置的移动外，在某些旅游地，根据旅游地的地理特点、文化特征以及旅游者游览体验的需要，选择与之相适应的较个性化的交通工具，如豪华邮轮、旅游快车、游览马车等，既能满足旅游者物质上的享受，又能实现精神上的愉悦，还能满足旅游者旅行、游览和娱乐的需要。这些交通工具是地方形象的一种反映，旅游地往往因其所提供的独特交通工具而给人留下深刻印象。例如，香港有轨电车"当当车"，可谓是"行走在香港的老古董"，每天穿行在香港岛繁华的现代化高楼群之间，成为香港一道独特的风景线，是香港百年发展史的最好见证者和历史形象的又一符号，时至今日，还天天被数十万香港市民和游客搭乘，看到街上一辆辆的"当当车"驶来，瞬间就有一种时光倒流的感觉。此外，英国伦敦的双层巴士、四川峨眉山的滑竿、泰国的骑象和东方快车等，都可以成为旅游地形象开发的成分，成为形象设计的符号。

### 5. 旅游地从业人员制服

制服是指企业、团体或专项活动特别规定式样的限制性服饰，是人们在工作和劳作中穿着的特定服装。旅游从业人员的制服也是旅游地形象的载体之一，具有强烈的视觉传播表达能力和形象标识能力，已经逐渐演变为代表旅游地的符号，成为视觉符号系统的重要部分。在服饰设计上应遵循与总体形象定位保持一致的原则，符合景观景点、宾馆酒店、商场茶楼的环境需求，要美观大方、稳重、易识别，体现地方特色。

### 6. 旅游地户外广告

户外广告是旅游地景观的一部分，主要包括广告牌、路牌、导游图、彩灯、旗帜、气球等。户外广告丰富多彩的创意形象与优美秀丽的风景景观有效融合，既延展了景区形象，烘托了人文氛围，又带来了经济收益，引导了旅游消费。在设计上，户外广告首先要考虑到与周围环境的和谐搭配。在自然景区内选用自然材料，在形式上趋近自然形态；在古建筑群内形式要求古朴，色调要求凝重，以更好地符合原有风貌；在商业区、现代主题公园以及娱乐康体设施内则不必拘泥于形式，可采用多种形式、多种手段相结合，统一纳入旅游地形象设计中。

## （二）旅游地听觉形象

听觉是仅次于视觉获取信息的重要感觉器官。不同的声音系统可以造就不同的环境，听觉形象在旅游地形象设计中有着相当重要的地位，其影响力和感染力也是相当大的。听觉形象一般包括旅游地方言、民歌、地方戏曲、旅游宣传片、光碟、MTV、城市宣传专题片等方面的策划与制作。例如，河南登封少林寺的大型文化演出项目《禅宗少林音乐大典》，在音乐的制作上，就是把大自然的各种声音巧妙地相结合，以山石为乐器，以流水为琴弦，加上现场的风声、林涛、虫语、风铃等，创造出和谐自然的"绿色音乐"，构成了天籁般的神韵，不仅为游客提供了一把解读禅宗奥秘的钥匙，还为众多朝圣者提供了一方洗涤心灵的净土，更是一场震撼的视听享受。

## （三）旅游地嗅觉和味觉形象

嗅觉和味觉也是体现旅游地形象的重要方面。环境中的气味也是一种特定环境的形象符号，花园里沁人心脾的花香，农田里的油菜花香，寺庙里特有的檀香，大森林里阳光古树的清香，都能给予旅游者较深的印象。同时，旅游地的特色美食和夜市小吃也能给旅游者带来美好的味觉享受，而且一些旅游地是借助特色美食的味觉形象来打造旅游地的形象，例如四川成都的麻辣川菜、三亚和青岛的海鲜盛宴、潮汕地区的潮州菜、新疆的水果和烤羊肉等，都会令旅游者终生难忘。

## （四）旅游地行为形象

旅游地行为识别是由旅游地组织及组织成员在内部和对外的生产经营管理及非生产经营性活动中表现出来的员工素质、旅游地制度、行为规范等因素构成的旅游地形象子系统。它是旅游地组织及全体员工的言行和各项活动所表现出的区别于另一个旅游地的形象识别。

### 1. 旅游服务行为形象

旅游服务行为形象是旅游地形象的一面旗帜，主要包括旅游接待服务质量和景区服务质量。旅游接待服务涉及交通、住宿、餐饮、旅游购物点、旅行社等企业；景区服务是指景区的工作人员凭借景区的旅游吸引物、旅游服务设施和服务技能，通过一定的手段和形式，为游客提供各种方便来满足其旅游需求的服务。旅游服务行为形象设计的核心是提高服务质量，而服务内容的复杂性、服务对象的流动性以及服务的一次性等特点都将影响旅游服务质量，关键在于提高从业人员的旅游服务意识、特色、态度、素质等，使他们的服务尽可能地满足旅游者需求，给旅游者留下良好的印象。例如，为了维护上海世博会旅游形象，世博会的工作人员尤其是志愿者服务人员都会在信息咨询、观众引导、礼宾接待、言谈举止、语言翻译、交通服务、沟通联络、场馆运行支持、新闻运行支持、文化活动组织支持等方面进行培训，提高自身素质和服务技能，确保世博会期间来沪的中外游客能够获得愉快的旅游体验。

### 2. 当地居民形象

当地居民是旅游者在旅游地游玩期间所能遇到的人数最多的一类群体。他们的劳动行为、生活方式、语言、服饰、态度、情绪、道德风尚、民俗民风、旅游服务、文化素质、社会与文化特征等都是旅游地形象的内容，而且他们的一切行为都会对旅游者产生一定的影响，同时在某种情况下，旅游地居民热情好客的服务可在一定程度上弥补旅游者在目的地旅游经历中的不足，甚至可能成为旅游者前往旅游地的吸引力因素。例如，夏威夷人民热情好客，许多人去夏威夷旅游的目的之一就是想亲自体验当地人民的热情好客。因此，旅游地居民要树立"人人都是旅游形象"的理念，注重内在文化素质的提高，突出地方的文化特色，树立友好热情的主人翁形象。

## 四、旅游地形象宣传与推广

旅游地形象的宣传与推广是某一旅游地有组织、有计划的系统宣传推广活动，其宣传主要是从宏观的角度，体现旅游地的历史、文化、自然地理景观和旅游品牌，塑造旅游地的形象。常用的策略有形象广告策略、公关宣传策略、网络宣传策略、节事推销策略等。

**形象广告策略**。形象广告是国内外旅游形象传播的基本手段，是一种高度大众化的信息传递方式，具有传播面积广、效率高、速度快的特点。因此旅游地往往通过广播、电视、报纸、书刊、视频等传媒进行宣传，传达旅游地的形象信息、内涵和口号，是目前旅游地树立和强化旅游形象的首要途径。例如，焦作云台山都会把每年门票收入的10%～20%用于宣传营销，在重点城市的地铁，以"透过镜头看河南，中原山水美如画"为主题悬挂100幅云台山精美风光图片；在首都机场的3个航站楼出口8个区域15块大屏幕上播出云台山40秒风光片；也是第一个走进央视《朝闻天下》进行宣传的景区，连年在央视综合频道《午间气象预报》等黄金栏目推出全年形象宣传，并与央视多个栏目合作拍摄专题片。

　　**公关宣传策略**。公共关系是指以社会公众为对象，以信息沟通为手段，树立、维护、改善或改变旅游企业或旅游地的形象，发展旅游地与社会公众之间良好的关系，营造有利于旅游地的经营环境而采取的一系列措施和行动。它是促进与公众建立良好关系的方式，其影响面广、影响力大，有利于迅速塑造并传播良好的旅游形象。例如，捐助和参与希望工程等公益事业，赞助旅游交易会、优秀导游员评选等各种社会活动等从而提高旅游地的知名度、美誉度和信誉度。同时，也可以努力培养旅游地每一位服务人员的公关意识，把每一位旅游者都看作公关对象，努力提高其服务质量，让旅游者满意。这不仅有助于产生良好的口碑效应，也有助于增强潜在旅游者的购买决心。

　　**网络宣传策略**。旅游网络营销是旅游地或旅游企业以电子信息技术为基础，以计算机网络为媒介和手段而进行的各种营销活动。它是目前传播信息和交流文化最有效、便捷的手段之一。一方面，旅游地可以针对新兴的网络虚拟旅游市场，及时了解旅游消费者的消费特征和行为模式，为旅游地开展营销活动提供可靠的数据分析和营销依据。另一方面，网络宣传在网络上虚拟市场开展营销活动，可以实现旅游形象宣传的目标。网络能把旅游地形象信息丰富、翔实、图文声像并茂地传播开来，所以越来越多的旅游地和旅游企业开始使用电脑建立和传播自己的旅游形象和旅游服务信息。例如，旅游地的官方网站、微博、旅游地视频网站广告等。

　　**节事推销策略**。旅游节事是以旅游地综合实力为基础，在政府积极配合、媒体高度关注、公众主动参与的前提下，围绕特定主题开展的大型活动。它具有地域性、参与性、周期性和时间性、综合性、文化性的特点。发展节事旅游，有利于塑造旅游地形象，提升旅游地的知名度，促进旅游基础设施完善，促进相关产业发展，具有多种牵动效用。

# 第三节　旅游企业形象策划

　　20 世纪 50 年代，企业形象系统在美国形成，60～70 年代发展和盛行于欧洲和日本，80 年代中国台湾地区大量引进并得到快速发展，80 年代末中国大陆才有企业涉及，真正导入企业形象。随着中国改革开放不断向纵深发展，企业形象战略辐射政治、经济、文化、教育等各个领域。企业形象既是一门科学，又是一门艺术，是科学性与艺术性的统一，最集中、最明显地体现在企业形象策划中。旅游企业形象的导入，始于 20 世纪 80 年代，当时几个优秀饭店企业运用了非常有特色的商标、标志、标准色等视觉识别形象。进入 20 世纪 90 年代，我国旅游业经过开发和建设，饭店、旅行社、旅游景区景点和旅游线路等的数目大幅度增加，旅游从卖方市场进入买方市场，竞争日益激烈。在这种情况下，旅游企业形象的策划开始受到重视。

# 一、旅游企业形象策划概述

## （一）旅游企业形象策划的基本特征

**目的性**。旅游企业形象策划的设计工作通常具有明确的目的性。企业形象策划所确定的目标分为总体目标和具体目标。总体目标是任何旅游企业进行形象策划所要达到的最终目标，一般这个最终目标是实现旅游企业形象在国际或国内旅游市场上知名度和美誉度的提升。旅游企业最终的理想目标的实现不是一蹴而就的，在一定的时间内，受人力、物力、财力、时间、机遇等约束，旅游企业只能针对目前阶段某一具体目标来进行企业形象策划的设计，只有企业的每项具体目标得到实现，才能进一步实现总体目标。因此，旅游企业形象策划的目的性就是总体目标与具体目标的统一。

**创新性**。通俗地说，策划就是创意、想法、点子。出奇制胜、求新、求奇是旅游策划常用的策略，包含有"人无我有，人有我新，人新我换"的理念。因此，从本质上讲，旅游企业形象策划的思维过程就是一种创造性的思维。在飞速发展的时代，思想和观念不断更新，技术和策划的更新永远不会停止。旅游企业形象策划要求策划人员灵活运用各种逻辑或非逻辑的思维方法去创造性地审视旅游需求的变化，充分运用企业内外部的环境或资源，通过发散思维、巧妙组合和精心设计，来发挥企业的最大价值。只有创新的企业形象才能吸引公众的眼球，才能实现企业形象的最大目标。因此，任何成功的企业形象策划都是具有创新性的策划。

**思想性**。旅游企业形象策划过程是一种思维过程。它通常受到策划人员头脑的制约，并通过他们对旅游市场、旅游企业环境、旅游企业目标等的调查分析来完成。不同时代条件下，不同的策划者因其不同的文化背景产生不同的思维方式，而不同的思维方式则会产生不同的设计或策划方案，因而对旅游企业形象的塑造产生不同的市场效果。我们在策划时需要充分考虑旅游企业所处的时代背景，其政治、经济、文化、民族价值观念等，在思想上作正确的引导。

**针对性**。旅游企业形象策划没有一个统一的、固定的、一成不变的策划模式。它需要考虑旅游企业所处的内外部环境的变化、企业自身的状态、目标公众的心理需求和策划者本身的创造性思维方式等。不同的旅游企业有着不同的企业形象策划方案，同一旅游企业在不同的外部环境下也需要策划不同的形象策划方案；即使同一旅游企业，同一外部环境，不同的企业自身状态，也需要适度地调整旅游企业形象策略。因此旅游企业形象策划工作要有针对性。

## （二）旅游企业形象策划的目标

**提升旅游企业的知名度和美誉度**。企业形象是社会公众对一个企业综合认识后形成的全部认知、看法和综合评价。良好的旅游企业形象，能够为企业构建良好的公众关系打下基础，增强旅游企业竞争力，给游客新的认识、新的感受，能够从根本上留住潜在游客，提高知名度和美誉度，构建起属于自己的关系网。

**提高旅游企业的素质与管理水平。** 企业形象是把企业的价值观念和行为规范相互融合，加以确定，为企业自身的生存和发展确立一个指导方向。旅游企业形象的塑造就是教育、引导、规范员工的言行、态度等各方面，注重企业员工素质的培养，让他们时刻注意把自己的形象与企业的形象联系起来，增强企业的竞争力。

**适应国际竞争需要。** 良好的旅游企业形象的塑造，可以有效地强化员工的归属感，充分调动员工的积极性与创新性，增强旅游企业的凝聚力和吸引力；同时为旅游企业赢得良好的市场信誉，使旅游企业能够吸引更多的生意往来，增加旅游投资，有利于旅游企业的综合发展，提升旅游企业的国际竞争力。

## 二、旅游企业形象定位的三要素

随着现代旅游业的飞速发展，旅游者对旅游的需求千差万别、千变万化，不同地区、不同职业的旅游者对某一旅游企业的形象会有不同的看法和评价。因此，一个旅游企业区别于其他企业的特色，便成为树立旅游企业形象的关键。

### （一）主体个性

主体个性是指旅游企业组织或产品的品质和价值内涵的独特风格。旅游形象定位必须以主体的存在特性为基础，充分挖掘本企业的主体个性。例如，某一景区自然旅游资源特性（地脉）和人文底蕴（文脉）、某一旅游酒店良好的服务质量、某一旅行社生产的适销对路的旅游产品等，能够提炼成本企业旅游形象的推广立足点。例如，清明上河园："步入画卷，梦回千年"；云台山：云台山水；深圳华侨城：致力于顾客利益最大化，致力于所有者权益额充分实现，致力于与员工共同成长，致力于为社会做贡献。这些定位都从不同程度体现了旅游企业目标、企业精神、企业理念的定位。

需要注意的是，旅游企业形象定位必须是企业本身所具有的个性，不夸大，也不伪造，不是空泛的，也不是随心所欲的，必须以实在的产品及服务作为定位的基础，是实实在在的需要以自身品质、价值方式作为旅游企业的保障。

### （二）传达方式

传达方式即把主体个性有效、准确地传递给目标受众的渠道和措施。主体个性如果不能有效传达，受众则无法去了解和把握其内涵。传达方式主要有旅游形象营销推广、广告与公关等宣传方式。一个企业的旅游个性并不一定有很多的优势，但只要传达到位，同样可以造就突出的旅游企业形象。例如，"栾川模式"就是立足于多个山水景区而整合成的整体吸引力区域，是典型的政府营销模式。它以党政为主导，各部门联动，市场化运作，产业化发展的模式，将精品景区捆绑，资金捆绑，统一行动，统一步调，联合促销。从 2001 年开始，47 个县直单位和 33 个旅游企业，分包周边 9 省 80 多个城市的宣传促销。6 年间，在全国 80 多个城市召开了栾川旅游推介会 360 多场（次），散发各类宣传资料 50 多万份，签订组团协议 8 万多份，与 3500 多家旅行社建立了长期合作关系，使"栾川旅游风"吹遍大江南北。

### （三）受众认知

受众认知，即旅游企业形象被目标受众（旅游者）所认识知晓与感受的程度，它是旅游企业形象定位是否成功的衡量标准。公众对于旅游企业形象的消费是一种文化消费，他们在获得物质所需的同时也获得精神感受上的满足，这里起作用的便是认知因素。

例如，希尔顿酒店在顾客认知中意味着"高效率的服务"，假日酒店则给人"廉价、卫生、舒适、整洁"的市场形象。这些意味着酒店的产品定位并不是酒店要为产品做些什么，而是指酒店的产品要给顾客留下些什么，即企业的产品有别于竞争对手，在顾客的心目中留有印象和位置，获得对企业的认知。

酒店行业中的南京长期流传着这么一句口号，"住'金陵'、食'丁山'、玩'玄武'"，此口号正是对这三家酒店及其产品特色的高度概括，这三家酒店也正是通过强化其各自的产品特征，进而形成一种产品优势，从而依靠这些产品优势取得市场竞争的主动权，使顾客认识知晓。

以上三要素分别从主体、渠道、客体三个方面构成了完整的企业形象定位，使得企业形象的功能和效应得以发挥。

## 三、旅游企业形象策划的主要内容

旅游企业形象策划的主要内容就是导入企业形象识别系统，是由旅游企业的理念识别系统（Mind Identity System，MIS）、行为识别系统（Behaviour Identity System，BIS）和视觉识别系统（Visual Identity System，VIS）3 个子系统组成，它们是旅游企业形象策划体系的核心内容。其中理念识别系统是核心，是灵魂，是整个企业形象识别系统的最高决策者，并通过行为识别系统和视觉识别系统表现出来。

### （一）旅游企业理念识别系统策划

旅游企业理念识别系统是整个企业形象识别系统的最高决策层导入该系统的原动

力，它是旅游企业在一定时期内的经营思想、营销方式、价值观念的总体规划和界定。对外它是旅游企业识别的尺度，决定旅游企业的差别，影响旅游企业的市场定位；对内它是旅游企业内在的凝聚力，是引导员工的思想、影响员工的观念、指导员工的行为。完善的旅游企业识别系统的建立，首先有赖于企业经营理念的确立。

### 1. 旅游企业使命

旅游企业使命是指旅游企业依据什么样的使命在开展各种经营活动。旅游企业使命是构成旅游企业理念识别的出发点，也是旅游企业开展各项工作的原动力，还是旅游企业经营的最高目标。而旅游企业使命要解决旅游企业为何存在的问题，也就是旅游企业进行活动的社会责任是什么。旅游企业有其特殊性，它是以提供服务为主要内容的企业，一方面旅游企业为了自身的生存和发展，必然要以实现一定的经济效益为目的，否则就失去了发展的动力，这是带有功利性质的；另一方面旅游企业作为社会的一个构成、一个组成部分，必须担负着社会赋予它的使命，即承担一定的社会责任，否则最终将被社会所抛弃。需要注意的是，旅游企业在设定企业使命时，要尽可能体现社会责任感和道德感，语言表达简练恰当，并且目标一定要有可行性和可操作性，切不可过分夸大。例如，上海新锦江大酒店的宗旨是"讲求效率，重视信誉，宾客至上，服务第一"，可谓言简意赅；希尔顿饭店的宗旨是"为我们的顾客提供最好的住宿和服务"，并持续不断地改进我们的工作，使我们为宾客、员工、股东利益服务的事业昌盛。

### 2. 旅游企业经营理念

旅游企业经营理念是指导旅游企业行为，使企业走向成功的方法论和行为纲领，也就是让旅游企业觉悟到应该如何去做，让外界真正了解旅游企业经营者的价值观，具体体现在旅游企业的经营方针，它是对内所作的一种安排，重点在于需要全体员工对企业既定的经营方针全力践行。例如，建国饭店的温馨与长城饭店的严谨就反映了两个饭店不同的经营理念，建国饭店推崇"温暖如家"的经营理念，使其在众多大饭店的包围中独领风骚；长城饭店则对服务质量、服务规范一丝不苟，体现了喜来登饭店管理集团物有所值的经营理念。

### 3. 旅游企业经营方针

旅游企业经营方针也称为经营战略，是旅游企业一切经营活动必须遵守的准则和战略方针，是旅游企业理念的重要内容，是旅游企业经营宗旨的进一步明确和统一。经营方针要突出本企业的特色，应以简练的文字形式表达，便于记忆和传达，是企业在一贯行为中表现出来的内在品质。例如，美国最大的饭店连锁集团假日酒店，以"随时都可来住宿"

的经营战略而闻名。即便顾客没有事先预订房间而酒店又刚好客满时，服务人员也会想方设法和距离最近的连锁饭店联络。假日酒店的连锁店必须随时注意空房的情况，以便互相协助。日本大仓旅馆以"A. S. C"为经营方针，A 就是 Accommodation（住宿），S 指 Service（服务），C 是 Cuisine（料理），这是大仓旅馆最重视的三大项目，也是平日的一贯作风。

### 4. 旅游企业价值观

旅游企业价值观是旅游企业对其经营行为的看法和评价标准，是企业的基本信念和行为准则。它反映旅游企业所具有的企业文化，是企业文化的核心和基础，决定企业的经营政策和战略目标，影响着企业员工的共同愿景和行为规范，指导着旅游企业的整体形象和活动。旅游企业价值观的确立，要根据旅游企业内外部环境调查，了解本国、本地区、本旅游企业的实际情况、文化背景等，然后依据实际情况分析确定价值取向。当前许多旅游企业强调服务的对象，从顾客和服务角度确定价值观。例如，香港海景嘉福酒店奉行"客人优先，服务到位"的价值观；世界著名饭店里校饭店倡导"顾客永远不会错"与"好人无价"的价值观。也有的旅游企业从自身的角度出发，提出企业员工应具备的精神，例如，四川虹桥国际旅行社的企业精神是"勤于实干的奉献精神，勇于拼搏的进取精神，荣辱与共的集体精神"，表达了企业所崇尚的精神价值观。

## （二）旅游企业行为识别系统策划

旅游企业行为识别系统，是在企业理念的指导下逐渐培养起来的、全体员工自觉遵守的行为方式和工作方法，是旅游企业内部制度、管理等各方面行为的呈现。它通过旅游企业的活动来表达与透析旅游企业的理念，它涉及旅游企业运作的全部行为规程，是对旅游企业运作方式所做的统一规划而形成的动态识别系统。建立旅游企业的行为识别，是一项严密、科学、艺术化的系统工程，是由旅游企业内部和外部行为识别子系统构成的。对内行为识别是指旅游企业内部建立组织机构、创建管理模式、制定行为规范、创造良好的工作环境和员工培训、福利制度等；对外行为识别主要包括旅游市场营销、广告宣传、公共关系、公益活动等。

### 1. 旅游企业内部行为形象策划

**旅游企业组织管理**。旅游企业组织管理是旅游企业内部识别子系统的主要组成部分，是由旅游企业的组织机构设置、规章制度、操作规程、检查反馈、管理方法等要素构成。不同的旅游企业有不同的组织管理模式和特点，因为它是形象识别的重要方面。成功的旅游企业都有自己独持的管理模式。

**旅游企业员工行为规范**。员工行为规范是旅游企业员工在工作中自觉遵守的行为准则，带有明显的约束性，促进企业员工的言谈举止和工作行为向旅游企业期望的方向转化。主要是由员工的仪容仪表、岗位纪律、工作程序、分工协作、待人接物、环保安全、素质修养等要素构成。例如，在喜来登饭店，上至总经理，下至普通员工，他们思想中最牢固、贯彻在工作中最彻底的保持优质服务标准的"灵魂"支柱是"SGSS"，即遇见客人时，先微笑，然后礼貌地打个招呼；以友善热诚和礼貌的语气与客人说话；迅速回答客人的问题，并主动为客人找出答案；预计客人需求，并帮助解决问题。这四个标准就是员工日常服务工作中的细微言行规范。

**旅游企业内部活动**。旅游企业内部活动识别设计是指围绕企业精神或价值观开展的一系列文化活动，包括礼仪培训活动、领导与员工沟通活动、编制企业内部宣传简报、开展形式多样的宣传与文娱活动等，以展示旅游企业的精神风貌，培养内部员工的集体团队精神。

### 2. 旅游企业外部行为形象策划

**旅游市场营销**。旅游企业的市场营销策划，是指旅游企业按照旅游消费者的需求将其产品通过有力的销售渠道、有效的广告促销手段、合理的销售策略、完善的服务实现自己的目标的经营活动过程。在构建旅游企业外部行为形象策划时，要重视旅游企业的市场营销策划，尤其是要把握市场需求，塑造旅游企业良好的市场形象。例如，根据市场调研收集的信息，希尔顿饭店开展形式多样的银发旅游促销活动、周末度假促销活动、家庭度假促销活动等，吸引了大批的特定目标市场，极大地提升了希尔顿品牌的知名度和影响力。同时，还十分重视公益营销，发展对教育、健康、青年人项目、公共政策等方面的慈善事业，以树立企业良好的社会形象。

**旅游企业形象公关**。旅游企业形象识别系统下的旅游企业形象公关活动，旨在向社会公众传递企业的宗旨、经营风格和价值观，即把旅游企业各方面的信息不断向外界输出，包括新的旅游产品、良好的服务、旅游设施设备的改进、高科技引进、内外和谐的关系等，让这些信息及时被公众了解，以达到树立和维护旅游企业良好形象的目的，而不是为了一次促销或处理一次危机所进行的公关活动。

### （三）旅游企业视觉识别系统策划

旅游企业视觉识别系统，是指将旅游企业的经营理念和战略构想由抽象理念转化为具体可见的传达符号，形成一整套象征化、标准化、系统化的符号系统。旅游企业的视觉识别设计，是将旅游企业理念形象化地应用于企业标志、标准色、标准字、广告文案、商标、图案上，将企业形象具体地呈现在公众面前。它是形象识别的静态表现形式，是以理念为基础，对理念的具体化和视觉化的传达形式，即理念识别在视觉上的具体化。

旅游企业视觉识别设计分为基本要素和应用要素两大类。基本要素主要包括旅游企业名称、企业标志、标准字（中、外文）、标准色、象征图案、企业宣传标语及口号等；应用要素包括办公用品、办公设备、经营环境、建筑外观、标牌旗帜、产品包装、陈列展示等。

## 1. 旅游企业视觉形象基本要素

**标志设计**。企业标志是代表旅游企业形象、特征、信誉、文化的一种特定符号，表现和象征公司或品牌的整体特征。它是旅游企业视觉识别系统中应用最广泛、出现最多的一个要素。它由图案、文字和色彩构成。一般有图案型、文字型和图案文字复合型三种类型。需要注意的是，标志的设计既要反映旅游行业的特点，又要反映旅游企业的理念，形象鲜明，简洁明快，优美精致，富有个性和感染力。

**标准字设计**。标准字是指用以表现旅游企业名称或品牌名称的特殊而规范化的文字，是为了强化旅游企业的传达力和识别力，经特殊设计和规范使用的文字造型。旅游企业用的各种视觉内容的物品和宣传品都要使用统一的字体，以便达到传达企业形象和强化视觉识别的效果。在设计时，要名实相符，易于认读，具有寓意和个性，顺应旅游意愿。

**标准色设计**。标准色是旅游企业根据自身特点，经过设计后选定的，用来代表旅游企业形象的专门颜色。一个旅游企业的标准色一般有 1～3 种，一旦确定则广泛用在旅游企业的标志、标准字、广告宣传品、制服、建筑装饰、办公用品、陈列展示中。标准色是旅游企业形象识别系统策划中重要的设计要素之一。标准色设计应尽可能单纯、明快，以最少的色彩表现最多的含义，达到精确快速地传达企业信息的目的，要突出企业风格和个性，符合国际潮流和时尚，吻合旅游大众的心理情趣。

**象征图案**。象征图案又称辅助图案，是为了配合基本要素在各种媒体上广泛应用而设计，在内涵上要体现企业精神，引起衬托和强化企业形象的作用。作为旅游企业形象的辅助识别，象征图案主要是为了避免标志加名称的单调，用来丰富旅游企业形象的造型，使视觉效果更强烈，其意义更完整、更易识别。例如，我国旅游业的标志是"马踏飞燕"，生动鲜明地表现了中国旅游业蒸蒸日上的气势。

## 2. 旅游企业视觉形象应用要素

旅游企业视觉识别应用是指将视觉识别的基本要素诸如标志、标准字、标准色及宣传标语、口号等，运用到旅游企业的产品、办公用品及宣传品之中，起到强化旅游企业形象的作用。

**事务用品**。事务用品虽然不显眼，却是传播旅游企业文化信息和企业形象最基本的应用要素，是旅游企业与旅游合作者、旅游消费者保持良好沟通与交流的基本媒介。旅游企业在一般性的办公用品（如信纸、信封、便笺纸、包装袋等）、文具用品（如笔、文件夹、文件袋等）、管理用品（如住宿登记表、游客意见表等）等用品上，除了按照常规设计标明基本要素外，还应适当考虑将旅游企业的理念口号、精神标语、经营理念等进行创意布局，合理安排整个用品设计，以便充分地传播旅游企业的理念和文化。

**员工制服**。员工制服是旅游企业的一种标志物，是一种象征。制服不仅能够表现员工的精神气质，还可以体现旅游企业的文化内涵。因此，制服的设计要考虑旅游企业视觉识别基本要素的应用问题，设计出与旅游企业整体形象能融为一体的款式。这样，不仅能够很好地表现旅游企业的文化理念和价值，也能增加旅游消费者的信任感和愉悦感，尽情享受旅游企业提供的各种优质服务。

 **复习与思考**

## 一、 名词解释

旅游形象策划　旅游企业 CIS 理论

## 二、 简答题

1. 旅游地形象定位方法有哪些？请举例说明。
2. 旅游地形象策划包括哪些内容？
3. 旅游企业形象策划包括哪些内容？

## 三、 单项选择题

1. 旅游形象是由社会、经济、环境、文化、公众等多种因素构成，体现其
（　　）的特点。

　A. 综合性　　　B. 稳定性　　　C. 可变性　　　D. 人为性

2. 内蒙古的宁城老窖宣称是"宁城老窖——塞外茅台"，采用的定位方法
是（　　）。

　A. 领先定位　　B. 比附定位　　C. 逆向定位　　D. 空隙定位

## 四、 多项选择题

1. 旅游企业形象策划的基本特征有（　　）。

　A. 目的性　　　B. 创新性　　　C. 思想性　　　D. 针对性

2. 旅游企业理念识别策划主要包括（　　）。

　A. 企业使命　　B. 经营理念　　C. 经营方针　　D. 价值观

## 五、 案例分析

### 新疆吐鲁番葡萄沟景区形象策划

**一、吐鲁番葡萄沟景区旅游资源分析**

（一）自然旅游资源

新疆是我国最大的葡萄产区，也是我国栽培葡萄的发源地。吐鲁番占全疆葡萄种植面积90%以上。吐鲁番葡萄沟整个葡萄园绿荫蔽日，硕果累累。从吐鲁番葡萄沟景区的自然地理特征中可以提炼出典型的旅游形象要素——绿洲和葡萄。

（二）人文旅游资源

历史旅游资源。吐鲁番葡萄沟的历史与葡萄种植历史密切相关，但不具备十分典型的历史特征，因此在旅游形象的设计中很难凸显其历史特征。

民俗旅游资源。吐鲁番葡萄沟南北长约8千米，宽0.5千米，主要居住着维吾尔族人民，来这里可以品尝维吾尔族老乡家里的各种水果和葡萄，体验淳朴浓郁的维吾尔族风情，购买纯天然的葡萄干。因此，可以把民俗要素作为吐鲁番旅游形象的主题之一。

**二、吐鲁番葡萄沟景区旅游市场分析**

形象定位必须注重目的地旅游形象与同类旅游地的比较和分析，突出独特性和地方性，避免与其他旅游地趋同或因新的旅游产品的兴起而被周围地区旅游市场所替代。

（一）吐鲁番葡萄沟景区旅游形象的受众调查

2006年5月4~7日，《吐鲁番葡萄沟景区旅游总体规划》项目组在吐鲁番葡萄沟景区进行了吐鲁番葡萄沟景区旅游形象与营销战略问卷调查。通过调查，初步掌握了旅游者对吐鲁番葡萄沟景区旅游形象的感知情况。调查表明，吐鲁番葡萄沟景区的游客大部分来自新疆维吾尔自治区内，我国港澳台地区和国外游客很少，各占1%。这说明吐鲁番葡萄沟景区在我国港澳台地区和国外的旅游形象不鲜明，不利于其参与境外旅游市场竞争。同时，旅游者对吐鲁番葡萄沟景区的形象感知集中在"生态旅游"、"葡萄"、"维吾尔族民俗"等方面。因此，在设计葡萄沟的旅游形象时，应该突出并加强这几方面。

（二）吐鲁番葡萄沟景区旅游形象竞争者分析

吐鲁番葡萄沟景区旅游形象的设计要考虑来自竞争者方面的干扰因素，研究这个问题的前提，需要明确与吐鲁番葡萄沟景区相竞争的景区。

1. 吐鲁番葡萄沟景区与河北昌黎葡萄沟的比较

河北昌黎葡萄沟以葡萄和葡萄酒为特色，还有各种水果和野菜，推出了各种参与性的活动，有"北方吐鲁番"之称。吐鲁番葡萄沟较之昌黎葡萄沟，沟外赤日炎炎似火烧，沟内却凉爽宜人，是"火洲"难得的清凉世界，且葡萄品种多，葡萄的含糖量高达24%，而且这里居住着新疆的主体民族——维吾尔族。这里是以葡萄为主的自然旅游资源和以维吾尔族民俗为主的人文旅游资源结合的地方，还有"高空走绳"的高空王子——达瓦孜。

吐鲁番是个空气很干燥的地方，因此，游客到这里可以观看、体验当地维吾尔族晾晒葡萄干的过程。吐鲁番葡萄沟的知名度较高，要好好应用这一品牌资源。

2. 吐鲁番葡萄沟与其他种植葡萄的地方的比较

我国甚至是海外的其他葡萄种植基地，都是以葡萄酒为主打产品，因此与吐鲁番葡萄沟相比不具有竞争性。

### 三、吐鲁番葡萄沟景区主题形象定位

吐鲁番葡萄沟景区旅游形象定位既要符合自己的资源特色，又要对市场有吸引力。根据以上对吐鲁番葡萄沟景区的旅游资源分析、旅游形象的现状调查和竞争性分析，对吐鲁番葡萄沟景区的旅游形象作如下的定位："游清凉世界，品香甜葡萄；访丝路民俗，憩自然精品"。

### 四、旅游主题形象的塑造

（一）口号设计

当然，仅仅有一个主体形象定位是不够的，在实际操作中还应着力设计相关的旅游促销口号，以完善和强化旅游形象。

1. 针对全部市场均适用的口号

自然、绿色、生态、古朴……葡萄沟欢迎您。

品葡萄神韵，访丝路民俗。

甜、甜、甜——葡萄沟，世界上最甜的地方欢迎您。

绿色长廊，滴翠流蜜，火焰山中一条甜蜜的河。

葡萄沟，镶嵌在火焰山中的绿宝石。

天然葡萄博物馆，为您讲述葡萄种植文化。

阿拉木罕与您相约八月葡萄沟。

2. 区分不同客源市场的主题口号

针对国际游客：葡萄海洋，最甜的地方（Grape Ocean, the Sweetest Place in the World）；走进葡萄人家，体验维吾尔风情（Walk into the Farmhouse, Learn the Uigur Folk – custom）。

针对国内游客：登火焰山，品香甜葡萄；大漠的绿珍珠，绿宝石；走进葡萄人家，体验维吾尔风情；绿色海洋，葡萄世界。

针对疆内游客：神奇吐鲁番，绿色葡萄沟；炎炎火洲，清凉世界。

（二）视觉形象塑造

通过问卷调查可知，游客和工作人员都认为景区内的交通服务和旅游纪念品较差，因此应该在这两方面加大投资力度。

1. 设计旅游形象标志

吐鲁番葡萄沟景区旅游形象主题是葡萄和维吾尔族民俗，设计旅游形象标志时，应突出葡萄和民俗，形象标志可以设计成一个维吾尔族姑娘手托盛满葡萄的篮子或者维吾尔族姑娘用一只手拿着，另一只手托住一串无核白葡萄，做出一个让游客品尝的姿势。

2. 设计线路图

（1）在大门口应该有全景区的一个线路图，周围以葡萄藤和葡萄花纹作为装饰。

（2）在每个景点门口（显眼的位置），设计景点游览示意图，要突出每个景点的特色。例如，达瓦孜风情园应该突出达瓦孜表演的位置。

（3）在门票上也可以将重要景点的相对位置标出。

3. 增加必要的、有特色、鲜明的标示牌

通过实地调查发现，葡萄沟景区里的标示牌很少，即使有也很不明显。因此，以后在各个景点之间和景点里都要设计有特色、醒目的标示牌，标志牌应该是双面的，而且标示牌要和葡萄沟的旅游资源相协调（包括颜色、形状等）。线路图上和标示牌上所出现的关键性的文字（如景点名称）应该有三种语言——维吾尔语、汉语和英语。

4. 突出达瓦孜民俗风情园的表演时间

应该突出强调、重点提醒游客注意达瓦孜的表演时间，最好在门票的"达瓦孜"栏上加以标注，这样游客就不会错过达瓦孜表演的时间，可以恰当安排游览时间和游览顺序。

5. 以葡萄和民俗为主题，设计各种旅游纪念品

（1）可以用水晶等原料做一小串葡萄，在葡萄的叶子上刻上"火洲葡萄沟"的字样或各个景点的缩略图，设计成钥匙链、手机链等一些小巧精致的挂饰。

（2）还可以将鼠标垫、电话卡或手机充值卡等（与电信公司合作）做成一串葡萄的形状，上面有跳舞的维吾尔族姑娘和小伙子（平面图）或各个景点的缩略图，有"火洲葡萄沟"的字样。

6. 家访点提供有特色的民俗

游客反映参与性活动太少，适当增加可供游客参与性较强的各类民俗活动，如有的家访点展现维吾尔族歌舞，有的是饮食，有的是婚俗等。

（三）行为形象塑造

旅游地从业人员的服务与管理行为、旅游地居民的态度与行为，以及旅游者的旅游行为都是旅游形象行为表达的重要构成部分。调查表明，旅游者认为吐鲁番葡萄沟景区规划和管理非常乱。因此，应该加强管理，明确分工。旅游者认为景区内的服务人员的态度很差，应该提高从业人员的素质，提高服务意识，做到规范化服务与个性化服务的有机结合。加强对家访点的规范化管理，防止恶性竞争。

（四）旅游形象传播

形象定位确定了旅游形象的理念或主题，要使这一信息深烙到各个国家及地区的"潜在游客"的脑海中，必须利用传媒进行高层次、大范围的传播和推广活动。主要分为以下几种形象推广方案：

（1）大众传媒传播，如利用电视、报纸杂志和其他印刷品、广告牌、网络等传播旅游地形象。

（2）设计有特色的大篷车，分赴全国各地巡游，进行友好宣传交流，宣传吐鲁番葡萄沟景区丰富的旅游资源和旅游产品，尤其是与新疆临近或经济较发达的地区，可以在大篷车上画上各种各样的葡萄和维吾尔族的大姑娘和小伙子。

　　（3）旅行中间商传播，主要包括旅行批发商、旅行社以及其他旅游企业或旅游组织。

　　（4）形象代言人传播。委任旅游形象大使，借助形象大使的良好形象、声望来增加吐鲁番葡萄沟景区的吸引力，协助进行各种形象宣传活动。

　　（5）利用大型活动或节庆进行宣传。如吐鲁番葡萄节。

　　（6）知名人士传播，如旅游专家、新闻记者、政界要人等。

　　（7）参加海内外相关的旅游博览会。

　　（8）向各地酒店、旅行社、火车站、民航局等免费发放《吐鲁番葡萄沟景区旅游指南》、《吐鲁番葡萄沟景区旅游画册》等宣传材料，激发人们潜在的旅游热情。

　　（9）旅游者和旅游地居民传播，吐鲁番葡萄沟景区树立良好的旅游形象，旅游者会向亲戚朋友宣传介绍。

　　（10）借助以葡萄沟为背景或题材的电影、电视剧或节目，将吐鲁番葡萄沟景区的主题形象推广出去。

　　　　　　　　　　　　——资料来源：陈扬乐．旅游策划原理、方法与实践［M］．武汉：

　　　　　　　　　　　　　　　　　　　　　　　　　华中科技大学出版社，2009.

　　根据以上案例，回答如下问题：

　　1. 吐鲁番葡萄沟的旅游形象策划都包含了哪些内容？

　　2. 其形象策划的成功之处体现在哪个方面？

## 📖 推荐阅读

1. 李蕾蕾．旅游目的地形象策划：理论与实务［M］．广州：广东旅游出版社，2008.

2. 尹隽等．旅游目的地形象策划［M］．北京：人民邮电出版社，2006.

3. 凌善金．旅游地形象设计研究——以安徽为例［M］．合肥：安徽人民出版社，2009.

4. 周朝霞．企业形象策划实务［M］．北京：机械工业出版社，2011.

5. 沈刚，吴雪飞．旅游策划实务［M］．北京：清华大学出版社，2008.

# 旅游产品策划

　　旅游产品策划是指在对旅游资源的区域分布、可进入性、旅游者对资源的感知与认知，以及市场（需求与供给市场）情况调查研究，掌握第一手数据后，充分把握旅游资源自身所具备的价值（历史价值、艺术价值、文化价值、科学价值），品质和特色，设计出满足客源市场需求的有独特竞争力的旅游产品的过程。

　　本章对旅游产品及相关概念进行了阐释和辨析，本章从旅游产品策划的理论基础、旅游产品策划的内容与方法中具体介绍了旅游产品策划的特征、类型和功用；并通过旅游产品组合策划与旅游新产品开发策划中的详细介绍，具体阐述了旅游产品策划的流程。通过学习本章内容，学生可以对旅游产品策划有较为全面的了解，能够完成一个简单的旅游产品策划。

## 学习目标　　　　　　　　　　　　　　　　》

### 知识目标

**1** 掌握旅游产品的概念与特征。

**2** 理解区分旅游产品的三个层次。

**3** 熟悉旅游产品的类型。

**4** 了解竞争力理论和产品生命周期理论以及在旅游产品策划中的实际应用。

**5** 掌握旅游产品策划过程中的关键环节。

### 技能目标

**1** 能够分析每一个关键环节中开展策划的着手点。

**2** 通过案例，能够评价优秀旅游产品的成功之道。

**3** 通过实训练习，掌握旅游产品策划的内容与方法。

案　例

## 天津滨海新区航母主题公园策划

2006 年，天津滨海新区被纳入国家发展战略，定位为北方经济发展的中心和中国经济第三极。与此同时，天津滨海新区规划了占地 148 平方公里的滨海旅游度假区。天津滨海航母主题公园成为该度假区的核心区，成为天津旅游转型增效的排头兵。为了在竞争激烈的主题公园市场中形成极具吸引力的旅游产品，天津经济技术开发区实业公司面向全球公开招标，旨在为航母主题公园的开发编制具有国际一流水准的策划、规划和设计方案。航母主题公园规划面积 6.37 平方公里，一期启动区 20 公顷，经过近 4 年的呕心沥血，上海奇创旅游咨询运营机构先后完成了《天津滨海航母主题公园战略策划暨旅游总体规划》、《天津滨海航母主题公园一期启动区 20 公顷修建性详细规划》、《天津滨海航母主题公园码头景观设计》、《天津滨海航母主题公园舰艇内部重点项目及娱乐功能设计》、《天津滨海航母主题公园一期启动区 20 公顷重点项目策划》、《天津滨海航母主题公园一期启动区 20 公顷可行性研究》方案，为天津经济技术开发区实业公司提供了全程咨询服务。截至 2009 年 10 月，方案编制全部完成。航母舰体内部设计已经焕然一新，一期 20 公顷启动区已开工建设，且部分主体项目已完工。

### 规划理念

项目方案以天津滨海新区纳入国家战略为发展背景，以军事文化为主题特色，以基辅号航母为引擎，融科普观光、文化娱乐、休闲度假、生态人居四大特色功能为一体，以"三地一区"为支撑的综合型主题公园度假地，打造中国主题公园业的世界级精品品牌。

### 规划亮点

主题特色：以军事文化为核心，以基辅号航母为核心吸引物，融海洋、环保、健康、科幻为一体。

产业体系：以文化娱乐产业为核心，形成旅游观光、商业休闲、旅游地产、文化创意等产业的集聚化联动发展格局。

产品体系：打造"三地一区"四大特色精品产品：京津环渤海经济圈文化休闲娱乐目的地；全国性军事文化科普观光体验基地；世界级企业会议会展基地；天津市文化创意产业发展集聚区。

打造标准：按照国家 5A 级景区标准，打造国际水准、世界一流的设施、服务、产品、管理，占地规模、投资规模、市场规模、盈利能力居于世界一流水平。

 案 例 分 析

1. 旅游产品的概念是什么？旅游产品策划的概念是什么？
2. 旅游产品策划应当具备哪些环节？

# 第一节　旅游产品

改革开放 30 多年来，我国旅游业走过了不平凡的历程。截至 2012 年，全国旅游直接从业人数超过 1350 万，带动相关行业就业超过 8000 万，旅游业对经济社会发展的贡献日益突出。旅游业立法"三十年磨一剑"，《中华人民共和国旅游法》终于在 2013 年 10 月 1 日正式实施，它是针对中国旅游业发展颁布的第一部法律。《旅游法》的颁布实施，对于促进我国经济社会平稳较快发展和旅游业的全面发展，具有举足轻重的作用。旅游业是一个综合性极强的行业，它属于第三产业——服务业，这也就决定了旅游产品所具有的综合性与特殊性。在传统的 4P 营销理论中，产品策略是支柱和基础。没有了产品，所有的市场营销活动也就失去了意义。旅游产品策划的正确与否直接影响到旅游企业经营的全局，而品牌对于旅游业这样一个综合性极强的行业来说也具有特殊的意义。

## 一、旅游产品的概念

产品是指人们为了满足某种需要或者欲望而提供给市场的一切东西。作为一种特殊的产品，旅游产品是指在旅游过程中，能够给旅游消费者带来效用和满足所有服务和物品的总和。它是包括以服务为主要内容的食、住、行、游、购、娱和其他辅助设施条件（比如客房、旅游目的地等）的综合性产品。当旅游者向旅行社购买包价旅游产品时，他们不仅购买了景区、饭店、餐馆、航班等的暂时使用权，而且同时购买了许多服务——旅行社为他们制定游览线路、安排宾馆和交通，沿途为他们提供帮助等。事实上，旅游者决定向旅行社购买包价旅游产品，而不是选择自助游，目的就是得到这些服务。可以从以下角度来理解旅游产品的概念。

从旅游者的角度看，旅游产品是指旅游者为了获得物质与精神上的满足和实现旅游过程，支付一定的货币购买的有形的物质产品和无形的服务。

从旅游供给的角度看，旅游产品是指能够提供给客源市场并引起人们的注意、获取、使用或消费，以满足人们的旅游欲望或需要的任何东西。它包括各种有形物品、设施设备、地点、服务、组织和想法。

当然无论从哪个角度看，旅游产品都既包括旅游资源和设施，也包括各种服务，资源、设施和服务的组合共同构成了旅游产品。因此，旅游产品的策划既包括了通常作为核心旅游吸引物的旅游资源的开发策划，也包括让旅游者充分体验旅游资源魅力的配套设施设备的策划，当然还包括贯穿于旅游活动始终、构成旅游体验重要部分的旅游服务的策划。

## 二、旅游产品的层次构成

旅游产品包括资源、设施和服务这三项构成要素，那么，旅游者真正需要的是不是这三项要素的组合呢？这就要求从四个层次研究旅游产品：核心性产品、辅助性产品、支持性产品和扩展性产品。

### （一）核心性产品

核心性产品是指产品中能够向消费者提供最基本效用和利益的部分。它是产品使用价值的主要载体。在旅游产品中，核心性产品是指为旅游消费者提供的与旅游资源、旅游设施相结合的旅游服务。核心利益的外在体现就是有形的旅游资源，就是旅游吸引物。旅游吸引物是指一切能够对旅游者产生吸引力的旅游资源及各种条件。它是旅游者选择旅游目的地的决定性因素，也是一个区域能否进行旅游开发的先决条件和构成旅游产品的基本要素。旅游吸引物可能是物质实体，如名山大川、文物古迹；也可能是某个事件，如西双版纳的泼水节；还可能是一种自然或社会现象，如泰山日出。旅游吸引物的区位、数量和质量等因素的综合很大程度上决定了旅游产品的市场规模。产品策划必须能够识别旅游产品给旅游者带来的核心利益。

### （二）辅助性产品

辅助性产品是那些在旅游者使用核心性产品时必须提供的物品或服务。没有辅助性产品，旅游者就无法消费核心性产品或者旅游体验会大受干扰。例如，一个成熟的景区必须配备足量的清洁工、厕所、售货点、餐饮店和广播站等配套设施，而一个生态旅游区只需要清晰的道路标识、安全的营地和及时的救援服务。在策划产品时，除了需要了解目标市场对产品核心利益的期望外，还需要了解旅游者对辅助性产品的要求。

### （三）支持性产品

支持性产品是针对核心性产品所追加的代表额外利益的产品，它起到与竞争产品相区别的作用。一项旅游产品一定包含有核心性产品和辅助性产品，这样才能使旅游者充分体验其核心利益，但旅游产品并不都包含支持性产品。例如，豪华商务饭店中在某些楼层设入住登记和结账台，以加快为商务客人办理入住和结账手续的速度，这就是一项支持性产品，它可以帮助饭店招徕客人。

辅助性产品和支持性产品的界限并不总是很清楚，对不同的目标市场，在不同的产品竞争中，它们可以相互转化。例如，在宽带网络刚刚进入办公场所和家庭时，饭店客房提供宽带上网服务是一项支持性产品，它可以吸引更多需要方便上网的商务人士，饭店提供这项服务就是为了支持作为核心性产品的客房。现在，当大多数高档商务饭店都提供此项服务时，商务客人认为这个档次的商务饭店必须提供这项服务，导致支持性产品转化为辅助性产品。

理想的产品策划必须使核心性产品设计具有竞争优势，并且具有不容易被竞争对手复制的支持性产品。当然，如果没有保证质量的支持性产品，就会因提供的产品不专业而引发很多的弊端甚至会造成不可挽回的损失。要确保支持性产品发挥竞争优势，就必须周密计划并实施到位，它们必须满足甚至超过顾客的期望才能收到积极的效果，真正履行支持性产品在产品整体中的功能——提供更多的竞争优势。

### （四）扩展性产品

扩展性产品包括可进入性、氛围、旅游者与服务人员的互动、旅游者参与，以及旅游者之间的互动等可以强化旅游体验的因素。产品策划应尽力强化扩展性产品的功能，但有很多因素不受企业的直接控制，有时甚至是计划外的产品内容，例如，旅游团队中两位旅游者，因为旅游行程中的互相认识而成为朋友，因此在本次旅游中留下了美好的回忆。

从策划的角度看，核心性产品提供了产品策划的焦点，它是产品存在的基础；辅助性产品是将产品核心价值转移给旅游者所必不可少的；支持性产品是竞争市场中使产品保持竞争优势的重要内容。根据营销专家克里斯蒂·克劳恩鲁斯的说法，核心性产品、辅助性产品和支持性产品决定了旅游者能得到什么，但不能决定旅游者怎样得到它们，而扩展性产品将提供什么与如何提供联系到了一起。

## 三、旅游产品的特征

旅游产品是一种综合性极强的产品，与人们通常在市场中所接触的有形产品有很大不同，它不是以实物形态表现出来的一个个具体的有形产品，而是以多种服务为主要形式表现出来的无形产品。这就要求我们必须对这种综合服务产品的基本特征和特殊情况进行分析，通过分析来帮助旅游企业更好地根据自身特点进行营销策划。

### （一）无形性

旅游产品是以服务为主的综合性产品，服务和有形产品最根本的区别就是无形性。由于这种无形性的存在，使得旅游产品的购买者不能和有形商品的购买者一样在购买的时候对商品进行鉴定、观察、品尝和评价，旅游产品的价值和质量只能凭购买者的印象和感觉来衡量。这就要求旅游企业最大限度地采取一些营销方法使得旅游产品的服务有形化。旅游企业应注重产品和企业形象的塑造，尽可能地利用包装、品牌、广告等手段把产品的质量和价值转化为消费者头脑中的信息。例如，旅游产品中乘坐飞机飞行、乘游船观光、夜间住酒店、参观艺术博物馆、观赏名山大川、在俱乐部休闲娱乐等体验，一旦产生，就只能保存在旅游者的记忆里。旅游者热衷于在旅游过程中拍照留念，就是为了使这份体验有一个物质的载体，日后可与人分享，勾起回忆。旅游者希望从旅游中得到的是由旅游体验所带来的无形收益：快乐、放松、方便、兴奋等。在旅游中购买有形产品只是为旅游者得到他们所追求的无形体验提供一条通道而已。

无形性要求旅游产品的策划必须重视产品的核心利益，而且要用有效的方式尽量将其效用和优点形象地展示出来。同时，还必须认识到，同样的旅游产品对于不同的旅游者产生的体验可能是不同的。例如，商务旅游者把入住饭店看作完成工作任务的必要组成部分，而休闲度假者则把它看作逃离日常生活环境的一次体验。

## （二）生产和消费的同步性

一般的有形产品都是先生产出来然后由营销人员进行销售，再由购买者进行消费；而旅游产品不同，旅游产品的生产必须以旅游消费者的参与为前提，旅游者到达旅游目的地后，参与旅游产品的生产过程并影响着它的进行，也可以说旅游产品的生产和消费是同步进行的。企业只能从对员工进行认真的挑选和严格的培训、控制并加强内部管理人手，才能减弱这种效用对营销活动的影响，提高旅游产品的质量，从而促成消费者的再次购买。

这一特性使得旅游产品的质量很难严格控制，产品生产过程很难完全实现标准化管理。因为，不同旅游者的需求、偏好、个性各不相同，使每位旅游者都满意的旅游产品不可能是同一个质量标准的。所以，在当前旅游需求个性化的发展趋势下，旅游企业和服务人员需要针对不同的需求提供不同的个性化产品，以提高顾客满意度。为了保证旅游产品能获得一个稳定的顾客满意度，旅游产品策划将面临更高的质量要求和更加灵活的质量监控技术。

## （三）不可储存性

不可储存性是由旅游产品的生产和消费的同步性派生出来的。因为产品的生产过程需要消费者的参与并在固定的地点和时间进行生产，所以旅游企业不可能像其他有形产品的生产企业那样，先把产品生产出来并以实物的方式存储再进行销售。这就涉及一个企业的接待能力和如何分配企业的资源以达到最高效率和利润最大化的问题，所以才有了旅游企业在淡季时疯狂打折甚至低于成本销售，而旺季时又因为接待能力有限而拒绝愿意付给全价的消费者的现象。因此，企业如何调整和分配自己的资源以使供给和需求同步是问题的关键。

### （四）生产和销售的易波动性

生产的易波动性是因为旅游产品具有综合性，它的价值实现就会受到多种因素的影响和制约。食、住、行、游、购、娱、环境卫生等方面只要任何一方面出现问题，都会影响到旅游产品的生产。此外，还有很多旅游业自身无法控制的因素，比如国家经济的发展和政策的调整、自然灾害、汇率变动等。

销售的易波动性很大程度上是由于消费者对旅游产品需求的易波动性造成的。不同类型的旅游者由于收入水平、闲暇时间、性格偏好等的不同以及其选择的旅游产品类型的不同使得旅游产品的销售出现周期性和季节性的变化。例如，平常忙碌工作和学习的人们往往选择在法定节假日集中出游，给旅游产品的供给带来较大的压力。另外，上面提到的自然灾害等外部因素也会在很大程度上影响旅游产品的销售。企业应该通过对这些因素的市场调研和营销分析作出正确的经营决策。

### （五）独特性

一些旅游目的地拥有竞争对手无法复制的垄断性资源，例如长城景区、龙门石窟景区，它们给旅游者带来了其他旅游目的地无法提供的独特的旅游体验。虽然标准化的产品和服务确实能吸引一些旅游者，但是仍有许多旅游者被非标准化的旅游产品所吸引，比如有着异域风情的农家旅舍。

旅游产品策划应尽可能地强调产品的独特性，这将有助于潜在旅游者识别产品独特的吸引力和利益，也有助于他们把此类产品从类似产品中清楚地区别开。

### （六）脆弱性

脆弱性主要指的是旅游企业的产品难以获得知识产权保护。旅游企业很难为自己的产品申请专利，一种创新的产品只要能给企业带来效益，模仿者就会接踵而来，使研发企业很难获得相对大的先发优势。在这一点上，旅游企业可以通过给产品的名称和开发项目申请专利以及创立自己的品牌来增强自我保护能力。

### （七）互补性

旅游者很少只购买单个旅游产品。即使是旅行社包价旅游的购买者，他们通常也会另外购买旅游纪念品、一些特殊项目的门票等。对一个旅游产品的购买会引起一连串的购买行为，例如，到旅游景区的游客很多，那么光顾景区附近农家餐馆、购物点的游客也会很多。虽然这些旅游企业的所有权是不同的，但它们的命运紧紧相连。旅游产品之间的这种密切关系就是互补性。

旅游企业和旅游目的地越来越意识到这种互补性在市场竞争中的重要作用，越来越多的旅游产品策划在跨区域、跨企业、跨行业合作的背景下开展，他们联合策划产品，联合进行市场推广。例如，入住某品牌连锁饭店的常客，如果得到足够积分，可以免费享受出租车或机票打折的待遇；景区与附近农家乐旅游点串联起来，欣赏优美风景和体验农家民俗组合起来，既丰富了游客的旅游体验，又增强了产品的竞争力。

## 四、旅游产品的类型

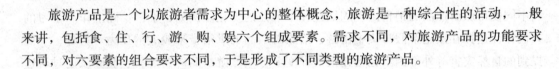

旅游产品是一个以旅游者需求为中心的整体概念，旅游是一种综合性的活动，一般来讲，包括食、住、行、游、购、娱六个组成要素。需求不同，对旅游产品的功能要求不同，对六要素的组合要求不同，于是形成了不同类型的旅游产品。

### （一）旅游产品的功能分类

按照产品功能，旅游产品可划分为观光旅游产品、度假旅游产品、文化旅游产品、商务旅游产品和宗教旅游产品。

**观光旅游产品**。观光旅游产品是指旅游者以观赏和游览自然风光、名胜古迹、城市风光等为目的的最基本的旅游产品，它构成了世界旅游产品的主要部分。游客通过参加观光旅游可获得美的享受，愉悦身心，有利健康。观光旅游产品又可分为传统观光旅游产品和新兴观光旅游产品两种，前者主要有自然风光、城市风光、名胜古迹等，后者主要包括国家公园、主题公园、野生动物园、海洋观光、城市观光等。

**度假旅游产品**。度假旅游产品指旅游者利用假期进行休养、消遣和娱乐的旅游产品。它强调休闲和消遣，可以消除紧张与疲劳，调节身心健康。要求度假旅游地自然景色优美、气候温和宜人、住宿设施令人满意、娱乐设施齐全完善、餐饮富有特色、交通便捷、通信便利等。度假旅游有海滨度假、乡村度假、森林度假、野营度假、滑雪度假、高尔夫度假、游艇度假等众多种类，已成为国内外深受旅游者欢迎的旅游产品。

**文化旅游产品**。文化旅游产品指以旅游者了解异国他乡文化为目的的旅游产品，通常蕴含着较为深刻而丰富的文化内涵，旅游者一般都具有相当高的文化素养、造诣和特殊的兴趣。文化旅游可使旅游者对异国他乡的文化艺术、风土人情、生活方式进行比较全面的了解，以扩大视野、丰富知识。产品种类繁多，主要有民俗旅游、艺术欣赏旅游、博物馆旅游、怀旧旅游、修学考察旅游等。

**商务旅游产品**。商务旅游产品是指满足人们经营洽谈、商务活动或交流信息等需要的旅游产品类型。它强调旅游设施和服务的舒适、便捷和档次，活动计划性强。商务旅游产品包括参加会议、奖励旅游、大型商业性活动、公务出差等众多类型。商务旅游产品是传统性比较强的产品类型，但随着现代旅游经济的发展，商务旅游越来越频繁，商务旅游设施和服务也迅速向现代化发展。目前，商务旅游在现代旅游产品结构中占有重要地位。

**宗教旅游产品。** 宗教旅游产品指旅游者以朝圣、拜佛、求法、取经或宗教考察为目的的旅游产品类型。它以满足精神需要为首要目的，旅游服务和设施要尊重宗教教义，各种活动也与宗教密切相关。主要包括宗教观光旅游、宗教文化体验等类型。

## （二）旅游产品的组成要素分类

旅游产品是一种综合性产品，由饭店、餐馆、景区、旅游交通企业等生产的单项产品组合而成。旅游者在根据自己的需要购买旅游产品时，既可以选购整体旅游产品，也可以购买组合产品中的不同的单项产品。按照综合性旅游产品的组成要素，可将旅游产品分为餐饮产品、住宿产品、交通产品、游览产品、购物产品和娱乐产品六类。

**旅游餐饮产品。** 旅游餐饮产品有两个层次的功能：一方面是为了满足游客在旅途中的基本生理需要；另一方面包含着游客品尝异国他乡的风味美食，体验不同地区、不同民族的饮食文化差异的需要。中国人自古认为"民以食为天"，饮食文化历史悠久、源远流长，民众基础深厚。在策划餐饮产品时，应当注重地方特色饮食文化的开发，使其对旅游者产生文化吸引力，实现第二个层次的功能。

**旅游住宿产品。** 旅游住宿产品主要是为了满足旅游者休养身心、恢复体力等基本生理需要。在现代旅游活动中，住宿设施在满足旅游者基本生理需要之外，还设有购物、康体、娱乐等丰富多样的服务项目，以满足旅游者精神享受的需要。特别是在度假旅游中，度假饭店通常是旅游者活动的中心点，向旅游者提供多种选择的综合性旅游产品。一些著名的度假饭店本身就是一个独立的旅游吸引物。住宿设施的多少和服务质量的高低，往往成为评价一个国家或地区旅游接待能力的重要指标。旅游需要的多层次性决定了旅游住宿设施的多类型化。就使用特点而言，旅游住宿设施分为汽车旅馆、商务饭店、会议饭店、度假饭店、公寓式饭店等；按质量等级分，我国有从一星级饭店到五星级饭店五个档次，它们有严格的星级质量标准，不同星级的饭店所提供的服务项目也存在较大的差异。

**旅游交通产品。** 旅游交通产品为旅游者提供由常住地到旅游目的地的往返服务及在旅游区内往返的服务，其核心功能是帮助旅游者实现空间位移。旅游者购买旅游交通产品，是购买了从一地安全地到达另一地的交通服务，而不是交通工具本身，旅游交通部门在旅途过程中为旅游者提供的特殊体验也构成了交通服务产品的一部分。一个国家或地区的旅游交通产品越丰富越优良，就越有利于旅游业的发展。

**旅游游览产品。** 旅游游览产品主要指旅游吸引物。游览观光是旅游活动的核心内容和主要目的，游览观光的对象就是各种景区景点，即旅游吸引物。旅游资源是旅游吸引物的基础条件，一个国家或地区的旅游业兴旺与否，一方面取决于它客观上拥有旅游资源的丰富程度，另一方面取决于它在主观上开发、利用和保护这些旅游资源的程度和合理性。旅游者的兴趣爱好多种多样，其旅游动机也各不相同，单一的旅游资源、单调的游览产品难以满足旅游者的多种需要。因此，进行多元化旅游资源开发和旅游景点建设是一种趋势，这主要表现在两个方面：一是强调自然资源、人文资源的综合开发；二是强调相关互补的旅游景点组合。

**旅游购物产品**。旅游购物产品指旅游者在旅游活动中所购买的对旅游者具有实用性、纪念性、礼品性的各种物质形态的商品，也称为旅游商品。旅游者到达旅游目的地后大都要购买一些旅游纪念品、工艺美术品、土特产品及生活用品。这些商品大部分在旅游结束后留作纪念、欣赏或使用，或作为馈赠亲友的礼品，具有某种纪念意义。旅游购物产品在某种意义上是旅游活动的延伸。在食、住、行、游、购、娱等旅游收入中，前四项收入是"有限"消费，而旅游购物产品是"无限"消费。只要旅游者喜欢，他的购物消费是没有上限的。从这点看，旅游购物产品可挖掘的经济效益潜力巨大。因而世界上旅游业发达的国家和地区都十分重视发展旅游购物，鼓励旅游者在短暂的旅游期间购买本国或本地区的产品，以增加整体的经济效益。

**旅游娱乐产品**。旅游娱乐产品指满足旅游者在旅游活动过程中娱乐需要的产品。旅游者在旅途中，特别是晚间，需要通过娱乐来放松精神，加深旅游者之间的交流。因此，旅游娱乐产品成为大多数旅游者的一种基本需要。娱乐产品的多样化、新颖化、趣味化和知识化，可以充实旅游产品的内涵，从而更广泛地吸引具有各种爱好的旅游者，为旅游目的地增加旅游效益。

---

**相关链接** 🔍 搜索

### 旅游策划打造中国西南艺术气质旅游目的地

剑川是大理白族自治州连接丽江，通向香格里拉，北进川藏的门户，处于大理、丽江、香格里拉"旅游金三角"的文化和区位中心，在旅游资源上具有发展成为独立旅游目的地的潜质。随着未来旅游交通的突破，剑川可以作为"旅游金三角"中相对独立的旅游集散目的地进行打造。在文化旅游资源禀赋上，剑川独树一帜，"文献名邦"的美誉由来已久，并有"白族文化聚宝盆"之称，是云南省旅游二次创业，建设云南民族文化大省的重要区域。因此，在未来的旅游发展中可将剑川作为中国西南最具艺术气质、文化品位的旅游目的地进行打造。剑川旅游市场"以观光旅游市场为基础，以休闲度假为重点，以文化体验为支撑，以自然风光为依托"，"以滇西北市场、直辖市市场和国内外顺访市场作为重点"，以国际化的思路进行产品和市场开发。

近期，首先针对严重影响和制约剑川旅游产业发展的重要问题进行重点突破，树立剑川文化品牌新形象；整合旅游资源、丰富旅游产品体系，制定出适合剑川旅游产业发展的各项招商引资政策等，努力完成石宝山—寺登街景区创建国家 AAAA 级景区、千狮山—古城景区创建国家 AAA 级景区工作。

明确各个旅游策划项目的开发期限，近期实施"新项目带动"，在古城、老君山及其他资源保护及适度利用的基础上，建设寺登街、石宝山、大丽高速剑川出入口等大型项目或者项目集群。中期，实施"传统再造"，将传统的石宝山、千狮山、剑川古城、剑湖湿地公园等旅游产品进行深度体验化再造，打造深度观光、城市风貌及功能改造和重点节庆（事件）。该阶段是在上个阶段的基础上，通过核心城区的深度发展，实现剑川旅游的精品化建设。远期，实施"整体推进"，开发老君山、海门口文化遗址公园、弥沙古井景区等，该阶段是在剑川自身旅游发展已达到一定阶段后所实施的拓展性深度开发和区域旅游合作。

——资料来源：http：//www.davost.com/seolm/.

# 第二节　旅游产品策划的理论基础

旅游产品策划是指在对旅游资源的区域分布、可进入性、旅游者对资源的感知与认知，以及市场（需求与供给市场）情况调查研究，掌握第一手数据后，充分把握旅游资源自身所具备的价值（历史价值、艺术价值、文化价值、科学价值），品质和特色，设计出满足客源市场需求的有独特竞争力的旅游产品的过程。它与旅游地形象策划、旅游市场策划在策划过程中相互关联、相互证明，构成旅游策划的有机整体。旅游产品策划虽然远未形成系统的理论，但是策划过程涉及不同学科的众多理论，例如竞争力理论、生命周期理论、利益相关者理论、可持续发展理论、门槛理论等，这些重要理论所提供的思考方法在旅游产品策划中起着非常重要的作用，构成了旅游产品策划理论的重要组成部分。其中最为重要的是竞争力理论和产品生命周期理论。

## 一、竞争力理论

一般认为，竞争力是指竞争主体在竞争过程中实现竞争目标的能力，如企业获得顾客的能力、占有和控制市场的能力。从经济学的角度而言，竞争力的本质是企业竞争中的比较能力，即比较生产力。

竞争力理论形成的标志是迈克尔·波特所著的《竞争战略》、《竞争优势》和《国家竞争优势》三本书。波特以创造性的思维提出了一系列竞争分析的综合方法和技巧，为理解竞争行为和指导竞争行动提出了较为完整的知识框架。竞争力理论的精华主要体现在产业的五种竞争力量、三种基本竞争战略和价值链三个方面。

## （一）迈克尔·波特的竞争力理论

### 1. 产业的五种竞争力量

迈克尔·波特的竞争力理论提出，一个产业内部的竞争状态取决于五种基本竞争作用力：供应商的讨价还价能力、购买者的讨价还价能力、潜在竞争者进入的能力、替代品的替代能力、行业内竞争者现在的竞争能力（图5-1），这些作用力汇集起来决定着产业的最终利润能力。企业要想在同业内形成战略优势必须进行准确定位，并根据自己的意愿来影响这五种竞争力。迈克尔·波特认为，企业要获取超过行业平均水平的利润，要从两个方面入手：以比竞争对手更高的价格，或者以比竞争对手更低的成本来实现。

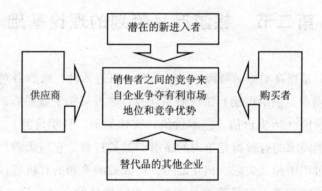

**图5-1 迈克尔·波特的竞争力理论**

### 2. 三种基本竞争战略

迈克尔·波特认为，在与五种竞争作用力的抗争中，有三种基本战略可能使公司成为同业中的佼佼者：总成本领先战略；差异化战略；目标集聚战略。总成本领先战略是通过采用一系列针对本战略的具体政策在产业中赢得总成本领先；差异化战略是通过提供差异化的产品或服务，形成一些在全产业范围中具有独特性的东西；目标集聚战略是产品专门针对某个特定的消费者群、某产品系列的一个细分区段或某一个地区市场。这三种战略实质是使企业与竞争对手产生差异，实现竞争力量的对比。但要理解产业差异的实质，必须把企业看作是各种经营活动组成的价值链。

### 3. 价值链

价值链的概念在迈克尔·波特的《竞争优势》一书中首次被提出来。一定水平的价值链是企业在一个特定产业内的各种活动的组合。竞争者价值链之间的差异是竞争优势的一个关键来源。迈克尔·波特利用价值链对竞争优势的各种来源进行研究。企业所从事的物质上和技术上的界限分明的活动都是价值活动，可以把企业创造价值的过程分解为一系列互不相同又互相联系的经济活动，或者称为"增值活动"，其总和构成了"企业的价值链"。每一项经营活动就是价值链上的一个环节。迈克尔·波特将价值链分为两大部分：与商品实体的加工流程相关的"基本增值活动"和支持或服务于基本增值活动的"辅助性增值活动"。

## （二）核心竞争力理论

### 1. 核心竞争力的概念

核心竞争力是伴随着知识经济而产生的一个新的概念，是传统意义上竞争力概念的深层次发展。鲁开垠、汪大海（2001）将核心竞争力定义为"企业独具的、长期形成并融入企业内质中的支撑企业竞争优势，使企业能在竞争中取得可持续生存与发展的核心性竞争力"。核心竞争力是核心能力的外在表现，是企业、产品相互竞争时核心能力所表现出来的比较优势；核心能力是本质的、固有的能力，是核心竞争力的基础和依托。所以，核心竞争力的研究，本质问题是核心能力的研究。

### 2. 核心竞争力的特征

**价值优越性**。它能为消费者提供其他企业所不能提供的价值，或向消费者提供比其他企业更好的产品或服务，即"人无我有，人有我优"。核心竞争力的价值优越性主要体现在价值保障、价值提升和价值创新三个方面。价值保障是向顾客传递价值的过程，它保证产品的价值不受影响；价值提升是价值增值的过程，是对现有产品和服务不断改进以提高其价值含量；价值创新是一个创造过程，通过开发新产品、提供更新更优良的服务来满足消费者新的需求。

**异质性**。每个企业都具有特殊性，不同企业的核心竞争力也必然不同。核心竞争力是企业的特定组织结构、特定企业文化、特定企业员工群体综合作用的产物，是企业在长期经营管理实践中逐渐形成的，是企业个性化的产物。值得注意的是，衍生出"异质性"特性的核心能力中难以用语言、文字、符号表征的部分内容,更造成了核心竞争力的不可交易与不可模仿。

**不可仿制性**。核心竞争力不仅包括独特的技术技能、操作技巧等技术特征,还包括了企业文化、管理模式等软性特征。它是企业所独有的、不易为竞争对手学习或模仿,具有很高的进入壁垒。一般来说,企业的核心竞争力对竞争对手的进入壁垒越高,其核心竞争力结构中的智能化成分所占的比重就越大,企业便可凭借核心竞争力获得长期的竞争优势。

**难以替代性**。核心竞争力在市场上的地位是其他企业所不能取代的。若能被其他企业取代,那么该企业就不能确立其在市场上的竞争优势,即没有竞争力,更谈不上核心竞争力了。核心竞争力所具有的价值优越性、异质性、不可仿制性等特征要求它具备"难以替代性"这一特征。

**延展性**。核心竞争力的延展性是指在原有竞争领域中保持持续的竞争优势的同时,围绕核心竞争力进行业务的拓展,通过创新获取该市场领域的持续竞争优势。核心竞争力的延展性可提供进入多种产品市场的潜在途径。也就是说,一项核心技术能力可使企业在多个产品上获得竞争优势。

### 3. 竞争力与核心竞争力的联系和区别

竞争力包含了核心竞争力,而核心竞争力是竞争力的根本。核心竞争力渗透在竞争力之中,更具有内隐性。核心竞争力主要来自两个方面:技术和组织。技术方面的核心竞争力要通过产品的设计、制造和销售来实现,通过构成竞争力的主要因素,如功能、质量、服务、成本和环境保护等集体要素来实现。来自组织方面的核心竞争力使企业的整体功能大于部分功能的简单相加,强调资源、技术和人才等的协同效应。

竞争力和核心竞争力又有一定区别。其一,竞争力是在竞争中优于竞争对手的表现,核心竞争力是竞争力之本,具备核心竞争力的企业具备同类企业的所有基本能力,而具备所有基本能力的企业不一定具有核心竞争力。要想长期发展,永远立于不败之地,就要依靠核心竞争力,因为核心竞争力具有持久性、难以模仿性和动态性。其二,决定和影响竞争力的大多数因素具有可比较性和很大程度的可计量性,竞争力研究的努力方向之一就是力图将竞争力各因素尽可能地量化,从而进行比较。其三,竞争力因素具有一定程度的可交易性(或可竞争性),即竞争力的许多因素是可以通过市场过程获得的,或者可以通过模仿形成。而核心竞争力则通常是指具有不可交易和不可模仿的独特的优势因素,往往是难以直接比较和计量的。每个企业都或多或少具有一定的竞争力,否则就不能在市场上生存,但并不是每个企业都具有核心竞争力。其四,竞争力是企业经营层次战略,核心竞争力是企业公司层次战略。企业经营层次战略考虑的是各项业务如何在选择的市场中进行竞争，而公司层次战略考虑的是整个公司发展方向的确立以及经营业务的选择。

### （三）竞争力理论在旅游产品策划中的应用

虽然竞争力和核心竞争力理论已经成为企业和区域研究的热点，而且这一理论也被引入旅游研究中，但很少有旅游企业在产品策划中就产品竞争力或核心竞争力进行探讨。事实上，旅游产品策划的目的在很大程度上就是提高旅游企业、旅游目的地的竞争力，竞争力理论为产品策划如何提高旅游企业的竞争力提供了理论支撑。旅游产品策划是必须考虑选取合适的目标市场，一项旅游产品不可能对所有人都具有吸引力。低成本是所有旅游产品都必须考虑的策略，特别是面临同类产品竞争时更是如此。但开发独具特色的产品将是旅游产品策划的普遍目标，这就需要策划者在把握各种条件的基础上，进行独特的创意。和其他产业相比，旅游资源在旅游景区、旅游目的地竞争力的构建中占据了非常重要的地位，因此旅游产品的策划必须立足于对旅游资源的详细分析，从中挖掘出自身特色，并结合市场需求发展趋势，策划出具有竞争力的旅游产品。

## 二、旅游产品生命周期理论

在旅游产品的整个生命期间里，为了适应旅游消费者对产品兴趣和要求的不断变化和经济环境的改变，旅游企业需要分阶段制定和修改自己的产品营销策略。旅游产品生命周期理论便应运而生，它的应用可以提高营销活动的效率。

### （一）旅游产品生命周期

旅游产品的生命周期是旅游市场营销管理环节中最重要的概念之一，它是指一种旅游产品开发研制结束后从投放市场到最后被淘汰的整个过程。它一般包括投放期、成长期、成熟期、衰退期四个阶段。虽然不同的教材对这四个阶段的叫法有所不同，但它们揭示的产品生命周期的内在机制是一致的。

**投放期**。投放期是指旅游产品投放市场，产品呈现缓慢增长的阶段。此时的旅游者对这些产品还处在观望阶段。企业在市场上进行试销，推销费用很高，销量十分有限，利润极少。这一阶段旅游企业关键是要向消费者展示新产品给他们带来的利益，减少产品的不确定性并培育好市场。

**成长期**。成长期指的是消费者开始接受该产品，产品的销售量大幅度增长的阶段。这时的消费者已经熟悉产品，大批新的消费者进入市场。推销费用降低，销售量大幅增加使得产品的平均成本下降，价格呈现下降趋势。企业利润也得到明显的改善。这一阶段旅游企业应该用充足的数量和具有吸引力的价格提供产品以获得销售量的增长和市场份额的增加。

**成熟期**。成熟期是指消费者对产品的注意力下降，产品销售保持水平状态甚至缓慢下降的阶段。这个时期潜在的消费者明显减少，大多数销售是面向重复购买者。市场达到饱和状态，竞争十分激烈，利润达到最高点并可能略有下降。旅游企业应注重产品的差异化并对产品进行改进增值。

**衰退期**。衰退期是指消费者对产品的注意力转移，产品的销售量以及盈利迅速下降的阶段。这个时期里消费者需求的变化导致产品的过时，旅游新产品已进入市场，产品的价格大幅降低，竞争者也不断退出市场。由于营销费用的大幅下降和一批忠诚消费者的存在，企业勉强盈利的机会仍然存在。

引入生命周期的概念是为了做好旅游产品的营销工作，由于旅游产品生命周期的各个阶段具有不同的特点（图5－2），这就要求针对不同的阶段采取不同的市场营销策略以提高旅游产品营销工作的效率和企业的经济效益。下面介绍旅游企业在生命周期的各个阶段应该采取的营销策略，值得注意的是，由于旅游产品的特殊性和旅游企业自身条件、发展战略的不同，尽管在生命周期的同一阶段，其策略选择也具有多样性。

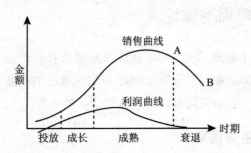

图5－2　生命周期各阶段企业销售额和利润的变化曲线

有关旅游产品生命周期的理论包含了以下几层含义：第一，不同类型的旅游产品，其生命周期的长短是不同的；第二，旅游产品在投放市场到退出市场的过程中，不同阶段有不同的特点；第三，针对旅游产品在不同阶段的不同特点，旅游企业必须策划不同的营销组合策略。在旅游产品的策划中，应该充分考虑到生命周期的客观存在，使产品尽量延长生命周期或缩短投入期，延缓衰退期。

### （二）旅游地生命周期理论

目前，被学者们公认并被广泛引用的是1980年由加拿大地理学家巴特勒

（R. w. Butler）建立的旅游地生命周期理论（图5-3）。巴特勒的旅游地生命周期理论认为旅游地的发展和演化要经过6个阶段，其各个阶段有如下特征。

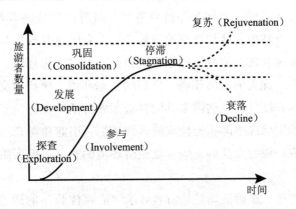

图5-3　旅游地生命周期曲线

**探查阶段**。只有很少的探险旅游者进入；目的地没有公共服务设施；吸引来访者的是当地的自然吸引物；来访者属于对当地特定吸引物有兴趣的游客类型。

**参与阶段**。旅游者与当地居民间有一定的相互作用，旅游业的发展能为旅游者提供一些基本的服务；不断增加的广告作用触发了特定的旅游季节变化；开始形成一定的地区性市场。

**发展阶段**。旅游设施的开发在增加，促销工作也在加强；旅游贸易业务主要由外地客商控制；旺季游客远超出当地居民数，诱发当地居民对游客的反感。

**巩固阶段**。旅游业成为当地经济的主体，但是增长速率在下降；形成了较好的商业区；一些陈旧的设施沦为二流水准；当地的人们力争延长旅游的季节。

**停滞阶段**。游客的数量和旅游地的容量达到高峰；已经树立了很好的旅游地形象，但是该形象已不再时兴；旅游设施移作他用，资产变动频繁。

**衰落或复苏阶段**。有5种可能的发展选择，极端情况是或者迅速衰落，或者快速复兴。

巴特勒模型虽然是针对旅游地提出来的，但是对于旅游目的地产品的策划同样具有重要的指导意义。

## （三）旅游产品生命周期的影响因素

旅游产品生命周期的变化，既受外部因素如自然生态、政治政策、社会经济、社会文化等的影响，也受到内部因素如旅游资源、服务、设施和管理等因素的影响。总的来说，旅游产品的生命周期主要受以下因素影响。

**旅游产品的吸引力**。旅游产品的吸引力主要来源于旅游吸引物即旅游资源本身。一般来说，富有特色、内容丰富、具有深厚文化底蕴的旅游资源，其生命周期较长。如我国的故宫、秦始皇陵兵马俑、少林寺等世界遗产，对海内外旅游者都有强大的吸引力。而资源等级较低、缺乏特色、替代性强的旅游产品生命周期则不会太长。

**旅游目的地的环境状况**。旅游目的地环境包括自然与生态环境、经济社会与社会文化环境两大方面内容。优美的自然环境、良好的生态环境、便捷的交通设施、良好的住宿条件、居民的好客程度等，这些因素共同营造了旅游活动良好的氛围。如果旅游目的地环境污染、社会治安状况下降，会使旅游客源萎缩，引起旅游产品生命周期缩短。因此，从某种程度上说，旅游产品的竞争也是旅游环境的竞争，因为旅游产品的生命周期依赖于旅游大环境。

**旅游者需求的变化**。旅游活动是旅游者寻求"心灵体验"的活动，因此旅游者的购买行为受旅游者心理因素的影响很大。旅游者需求可能因消费观念的改变或随时尚潮流的变化而变化，也可能因收入、带薪休假制度等因素的改变而改变。

**旅游市场经营状况**。现代旅游市场竞争日趋激烈，旅游新产品不断涌现，导致原有产品的生命周期不断缩短。因此，任何旅游产品要想在旅游市场中保持竞争优势，只有不断地对产品进行创新并提高服务质量，树立特色，以尽可能地延长旅游产品的生命周期。

**旅游经营管理**。旅游产品的生命周期过程，在一定程度上就是旅游企业对旅游产品的经营管理过程。旅游企业针对旅游产品不同的生命周期阶段，采用不同的经营管理手段，可以使旅游产品的生命周期延长。因此，诸如旅游服务质量的高低、广告与宣传力度的强弱、旅游产品组合状况、旅游产品定位的正确与否等，都直接影响旅游产品的生命周期。

# 第三节　旅游产品策划的内容与方法

产品生命周期理论告诉我们，任何旅游产品都有从投放市场到退出市场的过程。为了规避风险，旅游企业除了不断开发新产品以外，还必须同时经营多个产品项目，以形成产品组合。因此，旅游产品策划包括单项产品策划和产品组合策划。

旅游产品策划是一项理性的思维活动，它基于翔实的市场调查，始于创意形成，经过创意筛选、市场定位、概念成型和市场可行性分析，为产品开发做好先导工作。

# 一、创意形成

产品策划始于创意形成，即系统地捕捉新的创意。在旅游企业中，好的创意往往要在很多普通想法中发掘。寻找创意的过程应该系统化，而不是几个随意产生的"点子"，否则企业就要在寻找创意的过程中冒风险，因为有些"点子"可能与企业的业务类型或者市场的需求结构不协调。为了得到源源不断的产品创意，作为一项系统的工作，企业必须选择几个好的创意源泉。

**旅游资源**。旅游资源是旅游产品的原材料，是衡量旅游产品对旅游者吸引力大小的重要因素，制约着旅游产品的功能和开发方向，因而是产品创意的重要基础。在旅游产品的创意策划中，挖掘资源本身固有的特色十分重要，它使得旅游产品通过承袭和彰显具有比较优势的资源特色，从而获得市场竞争的优势。但要引起注意的是，旅游资源的特色是资源自身特有的属性，并不一定能转化为产品特色，即使转化为产品特色，也不一定得到市场认可。故产品创意还不能只是分析旅游资源的特色，还要根据市场需求、分布区位、可进入性、竞争状况等各个要素综合考虑，将这些特色与市场需求相匹配，形成市场卖点。

**旅游需求**。几乎有 28% 的产品创意来自对顾客的观察和询问。通过旅游者调查，可以了解旅游者的需求和欲望。旅游企业通过分析旅游者的问题和投诉，可以发现能更好地满足旅游者需求的新产品。管理人员和营销人员可以通过观察或与旅游者直接交谈、向旅游者发放调查问卷来听取他们的意见和建议。旅游者常常会产生对旅游体验的期望，这些期望常常包含着新产品的创意。发现这些创意，企业就可以把它们推向市场，并从中获利。

**竞争者**。大约 27% 的产品创意来自对竞争对手的分析。许多旅游企业都专门派人购买竞争对手的产品，借以了解其产品内容、质量水平和市场反应，以判断自己产品的竞争能力和市场地位，并决定自己是否要开发新产品。旅游企业也非常关注竞争对手的广告和其他渠道传出的竞争信息，这些都是获取产品创意的线索。当采用竞争对手的创意时，企业应该保证至少做得和竞争对手一样好。

**内部来源**。旅游企业可以通过正式的调查与分析过程来发现新的创意。有研究显示，超过 55% 的产品创意来自企业内部。旅游企业的一线服务人员和销售人员都是很好的创意来源。因为他们每天都与旅游者或公司客户直接接触，非常清楚旅游者需求的变化动向。旅游企业的管理人员专门到其他同类企业消费，如餐厅管理人员常常到其他餐厅就餐，景区管理人员常常到其他景区考察，以便激发更多创意。

**分销商与供应商**。分销商与市场联系紧密，能接触大量的旅游企业和客源市场，他们有许多可能引发创意的最新信息。在旅游业中，旅行社是最常见的分销商。对于景区而言，旅行社通常也是他们获取竞争对手和客源市场信息的最方便的渠道。供应商能告诉企业一些新概念、新技术和新材料，这些可用于开发新产品。例如，饭店装修公司能告诉饭店其他饭店正在进行什么风格的装修，灯光工程公司能告诉景区其他景区的迷人灯光效果是如何产生的。

**其他来源**。企业还应该保持与行业杂志、展览、研讨会、政府机构、专业咨询机构、广告公司、营销调研机构、大学及科研机构等的接触，他们通常也是企业的创意源泉。

---

相关链接 | 🔍搜索

### 产品策划的创造性与游玩方式

在同样的资源与市场要素的条件下，产品策划可以产生多种多样的结果。资源转化为产品，有巨大的可能性空间，可以以资源为对象，进行产品设计，比如独特的自然资源，它本身就是观赏对象；也可以以资源为背景进行产品设计，比如度假村、高尔夫球场；还可以完全"无中生有"，比如主题公园。产品的创意过程可以用七步结构来概括：

1. 创意的过程，首先表现在产品定位上。资源独特性及优劣势的提炼，交通及社会经济条件的把握，市场需求的系统研究，互动而形成市场的准确定位。

2. 围绕明确的市场目标，创造性地策划核心吸引力项目内容。

3. 围绕核心吸引力项目，展开游玩方式，形成游玩内容、游玩过程、游玩结构。

4. 围绕游玩方式，进行六要素功能配置、空间结构配置、景观配置，形成项目总体构架。

5. 围绕游玩方式，结合六要素，进行收入方式设计。

6. 根据市场特点及产品基础，设计营销模式。

7. 进行投入产出估算，调整项目及成本结构，结合投资、建设、营销、融资、管理，形成开发运作模式。

成功产品策划的四条标准为：定位准确、核心吸引力凸显、游玩方式适应游客需求、投入产出合理。这里，我们特别强调游玩方式的策划。我们有时把观赏方式称为游赏方式；游憩方式不同于游赏方式，尤其包含了休憩的含义，把以休闲为核心的娱乐、康体、疗养、休息称为休憩。游玩方式又不同于游憩方式，玩包含了各种各样的玩乐，不一定休闲，可能很累，可能包含人与人之间的游戏。而"游"，则包含了外出、行走等出游理念，又包含了登山等康体概念。因此，我们认为，最大的概念是游玩方式，包含了旅游过程全部的游、玩、休憩、康疗等理念；其次是游憩方式；最后是游赏方式或观赏方式。

对产品策划而言，最重要的是确定游玩方式又称为"玩法"。创意的最大难点也是最核心点，就是玩法。有了玩法，一方面，可以清楚地分析产品的吸引力有多大，吸引什么样的游客，满足什么样的需求；另一方面，可以进行商业运作的策划。

——资料来源：北京绿维创景规划 . http：//www. lwcj. com.

## 二、创意筛选

不是所有创意都能转化为产品，也不是所有创意产品都能为企业带来经济效益。创意形成阶段的目的在于促进各种想法的大量涌现，而创意筛选却是要减少想法的数量，准确地抓住能转化为市场效益的好创意，尽可能剔除没用的甚至可能给企业带来高风险的想法。

筛选创意需要一个合理的标准，企业需要对产品、目标市场、竞争状况分别进行分析，并对市场规模、产品价格、产品开发时间和成本以及回报率作一些粗略的估计，此外还需要考虑：这个创意与企业的战略目标是否吻合？企业有没有足够的资源（包括人力、设备、资金等）来保证创意的实现？

在创意筛选阶段，应该仔细地审视一下产品线的关联性问题。在策划新产品时，一个常见的错误是策划了一个与企业原有产品组合关联性不高的产品。为了加强策划中新产品与原有产品组合的关联性，需要考虑这项产品：是否符合企业的战略目标？是否保护和促进企业的核心业务？是否强化了企业与重要客源的联系？是否更有效地利用了现有资源？是否提高了现有产品组合的竞争力？

## 三、产品市场定位

大多数旅游产品的替代性较高，因此在旅游产品策划过程中有必要创造和发挥产品的某些特点或突出之处，使这一产品特征在目标市场的消费者心中留下深刻的印象，并最终成为顾客进行比较选择和作出购买决策的依据。需要注意的是，这些特点和突出之处是消费者心目中的印象，而不是企业对自己产品的标榜。

产品定位的基本原理在于这项产品可以从多个方面提供和展现其对消费者的价值。但无论是多么成功的产品，都不大可能在各个方面尽善尽美，甚至不可能在消费者所看重的几个核心价值方面都优于竞争产品。之所以如此，是因为对于几乎所有的企业来说，无论是出于经济效益上的考虑，还是受企业能力的限制，提供在各个方面都具领先价值的产品都是极其困难的。因此，一个企业只能利用自己在某些方面的优势，为其产品创造某种突出的形象，使其在消费者心中产生对产品或企业的深刻印象。对于旅游产品来说，因为它的不可移动性和生产消费的同时性，使得产品市场定位更为重要。为旅游产品寻找能被旅游者识别并认同的定位一般有6种可供选择的方法。

***根据产品特色进行定位***。这是最为常见的一种定位方法，即根据自己产品的某种或几种优点，或者说根据目标顾客所看中的某种或几种利益去定位。例如，对于景区来说，这些优点或利益可以体现为资源优势，如独特的景观、珍贵的历史遗存、丰富的资

源组合等；对于饭店来说，这些优点或利益可以体现为饭店的建筑风格、坐落地点、服务项目、房间装饰风格等，或者这些方面的任何组合。

**根据价格与质量之间的联系进行定位**。采用这种方法进行产品定位的企业将产品价格作为反映其质量的标识。众所周知，价格的重要作用之一便是表征产品质量。产品越具有特色，即产品性能越好，其价格也越高。例如，对于一个具备多种类旅游项目的景区来说，门票价格定得高一些，会给游客一种知觉暗示，即他们在这里可以得到更多的游乐体验。

**根据产品的某种特别用途进行定位**。例如，一家饭店拥有足够大的会展场地和完备的会议设施，则可以定位为适合举办大型的会展或召开大规模的会议的饭店，当会议和会展组织者甚至某些演出活动的主办者寻找会展场所时，这家饭店就能够进入他们的候选名单，从而有了中选的可能。

**根据产品使用者进行定位**。企业通过营销努力，特别是通过公关活动，同某些社会阶层或社会名流建立良好、紧密的顾客关系，则会为某些类型的消费者所关注。

**重新划分产品类别进行定位**。这是指企业可通过变换自己产品类别的归属进行定位，从而扩大或控制自己的目标市场范围。工业企业中有很多运用这种方法进行定位的成功案例。在旅游业，有些度假酒店不将自己定位为酒店，而定位为温泉疗养中心之类的场所，从而吸引了大量前来疗养休闲的游客。

**借助竞争对手进行定位**。企业可通过将自己同市场声望较高的某一竞争性产品或企业进行比较，借助竞争对手的知名度来实现自己的形象定位。通常做法是通过推出比较性广告，说明本企业产品与竞争性产品在某一个或某一些产品性能特点方面的相同之处，从而达到引起消费者注意并在其心中形成印象的目的。

# 四、产品概念成型

产品概念是把产品创意具体化，并用能被消费者理解的术语加以表述。旅游者要的并不是一个创意，而是旅游体验，如何将创意转化为旅游者的体验，首先需要将创意发展为能够指导产品开发的市场定位，然后围绕市场定位，把产品创意进一步具体化为产品概念。有了产品概念，产品的各方面就基本确定了。

可以使用5W1H分析法着手进行产品的概念成型：

**Why（产品核心价值）**。旅游者为什么购买旅游产品，这是产品的核心价值。西奥多·莱维特曾经指出：顾客并不是要买1/4英寸的钻头，而是要买1/4英寸的钻孔。产品策划必须赋予产品明确的核心价值。根据旅游者的需求信息，提炼出核心需求，根据核心需求策划产品核心价值。

What（**产品具体内容**）。旅游者在消费旅游产品时，将获得何种具体的经历和体验，这就是产品的内容。它是一个非常重要的策划环节，成功的产品策划应该将产品的核心价值完整地传递给旅游者，使旅游者在精心策划的旅游经历中充分地体验到这一价值。

Who（**产品目标市场**）。确定谁是产品的主要消费者，这些目标市场有什么特殊的旅游需求，而这些旅游需求应该是与产品的市场定位、核心价值相匹配的。

When（**产品上市时间**）。对此需要确定两点：一是产品在什么时间推出广告、上市销售，旅游者在什么时间购买，什么时间消费，如季节性旅游、假日旅游、淡季旅游、旺季旅游、周末旅游等；二是旅游者的购买频率和数量，即多久买一次，一次买多少等，如人们去热带海滨旅游的时间往往集中在冬季，并且以家庭出游和公司奖励旅游的方式居多。

Where（**产品销售渠道**）。确定旅游产品信息通过何种途径传递给旅游者，通常需要回答以下问题：是否通过旅行社销售？通过一家还是多家旅行社销售？这些旅行社需要在哪些细分市场具有优势？如果不通过旅行社销售，采用网络销售还是直接销售？

How（**如何生产产品**）。实质是旅游产品生产的初步流程设计，其中的关键是服务质量的确定。服务质量必须支持市场定位的实现，应该满足目标市场的旅游需求。评价服务质量高低的最终标准是"顾客满意度"，服务质量没有绝对的"规格"，只有相对于目标市场顾客的"适用性"。顾客满意度基于旅游者的实际体验和对旅游经历的期望两项主要因素产生。因此，策划服务质量要十分重视目标市场对旅游产品的期望。

# 五、市场可行性分析

企业一旦对产品概念作出决策，接下来就需要对该项产品是否能为企业带来预期的收益作出分析预测。旅游产品的市场可行性分析涉及对接待规模、成本和利润前景的预测，旨在确定它们是否符合企业的各项目标。如果符合，产品策划就取得了初步的成功，可以进入产品开发阶段了。

**产品市场前景**。包括产品市场的大小、打入市场的可能性、需求的持久性、仿制的困难性、此类产品的发展趋势等。

**销售前景**。包括产品的需求量和需求时间、产品的销售范围和目标市场、此类产品的销售数量和市场占有率、潜在旅游者数量及旅游者实际购买力、旅游者对新产品的要求和希望、季节变动对销售的影响、与企业现有产品的关系、产品的销售渠道等。

**竞争态势**。包括生产和销售类似产品的竞争者数量，各竞争对手的销售数量、产品系列、产品特点、产品差异程度、竞争策略、竞争变化情况、市场占有率、价格差，以及潜在竞争对手和他们加入该种新产品市场的可能性等。

**价格**。包括竞争产品价格的变动情况，旅游者对此类产品价格的意见和要求，此类产品的价格弹性等。

**内部条件**。企业设计、开发此项产品所需人、财、物的保证程度，企业的信誉与管理水平，所需各种服务设施的供应能力和服务质量等。

---

**相关链接** 🔍搜索

## 旅游产品策划的人本主义方法

### 1. 人体工程学与旅游策划

从旅游的角度来说，人在旅途，存在着大量的人与车（船、飞机、索道等交通工具）、人与路、人与景观、人与住宿、人与餐饮、人与游乐设施等量的适应性、舒适性、安全性、愉悦性问题。我们可以称研究这些问题的学说为旅游人体工程学。

与旅游产品策划关系最直接的，是游步道设计、观赏角度与观赏节点设计、休憩环境设计、游玩过程设计、康体项目设计、修学方式设计、观赏交通设计、厕所配置与设计等。举例来说，游步道设计要充分考虑人体安全，步幅大小，步幅节奏，栏杆高度、材质与人体关系，儿童、老人特殊问题，步道长度与休息点安排，步道坡度与休息点安排，观景角度与观景节点安排，过程吸引力与终极吸引力安排等。

### 2. 旅游的身心康疗方法

旅游对于现代人来讲，最重要的功能是能放松神经、愉悦精神、健康体魄、调节身心。在旅游产品策划中灌注身心疗理念，是人本主义方法论的重要体现。通过设计达到游客的心理预期，应体现这样的最佳心理过程：强烈期望、旅途劳顿、初尝乐趣、逐步深入、亲身体验、兴奋后舒适与放松、回程中回味、回家后赞美与推荐。

通过这样一个过程，一方面，要达到心理兴奋灶的成功转移，并产生亲身体验；另一方面，是旅游中形成了一个新的临时性社会环境，对任何人而言，都意味着角色的转换，这种社会游戏是极具刺激性的。

### 3. 想象空间与体验式审美

旅游产品基于资源，资源的审美价值及修学价值，若没有基于今天的社会文化生活的想象空间、参与性及参与方式，资源的审美价值将处于僵化、死板的水平。

象形是想象空间中最普遍的一种，当对象是佛、宗教关联物、领袖、图腾对象、阳物、女性性征等时，象形就有了更深层次的意义。故事是想象空间中最引人入胜的内容。一个简单、寓言式的故事，隽永而简洁，将使每一个人为之震撼。一个生动而深刻的历史典故，可以激发游客无穷的感悟与想象。

景观观赏，最重要的是进行情境设计，把景观的意境凸显出来，这既讲求观赏角度、观赏过程，又讲求营造氛围，包括导游的引导与组场。

---

#### 4. 参与性活动与体验式修学

旅游中的活动，一般为参与性、交互性两种。参与性一般设计在旅游中的吸引物、知识兴趣点、人与之接触会产生特殊感受的自然之物上。交互性一般设计在旅途中、吸引力不足时、康体休闲活动中。文化旅游，特别是修学成分较重时，通过参与性和交互性设计，可以把枯燥的历史遗迹、抽象的文化景观转变成游客与科技、历史、文化的过程式接触，细节触摸式接触，环境复原式接触，奇巧游戏化接触。通过人与人交互式活动的组织，通过群体角色扮演，可以使历史文化中的社会角色与游客的社会角色及其旅途角色形成更替，产生意想不到的效果。参与方式、交互结构、角色设计、情境策划与设置、体验模式等，都是旅游产品设计中最先进和最重要的技术，应该渗透到旅游策划的全部过程之中。

#### 5. 家庭互动与社会互动的旅游交流结构

家庭互动，是旅游中最为基础的内容，包括家庭成员间互动、家庭之间互动。社会互动则包括了较多的类别，所有家庭互动之外的都在其中。群体内非正式角色、群体内个体间互动、群体内两性互动、与旅游服务的互动、与旅途及目的地居民的互动、参与性活动中的互动等。

旅游产品策划中应该考虑各种互动关系，一是服务行为规范，把握游客出游心理，提供最能满足他们身心需求的服务；二是设计参与性导游方式与导游词，形成小型团组，建立团队合作模式，设计互助加竞争式游程结构；三是设计参与环节及活动，使游客间交流与互动于无形间打破隔阂，表现友情、热情、才艺及家庭关怀，比如烧烤晚会、篝火晚会、参与性表演活动等；四是在游程中设置互助性项目及过程，比如独木桥、吊桥等，需要协助跨越的一切游乐性、戏剧性、山野趣味性的安排；五是设计游客与服务人员间互动性小活动，由服务人员向游客挑战，形成游程中的"过五关斩六将"式情趣。

#### 6. 创造生活方式

旅游产品策划的最高境界，就是创造全新的生活体验，形成人们向往的生活方式。迪士尼乐园、拉斯维加斯、巨型客轮、拓展营地、高尔夫俱乐部等，都可以看成新的生活方式；阳朔西街、丽江古城形成了新的生活方式；购物中心正在创造新的生活方式。中央游憩区，是城市旅游和城市休闲的新兴生活方式，其中，上海新天地、北京什刹海都是典范。

大型综合农家型乐园，是大城市郊野娱乐的新方式，其中，农家饭、采摘、大棚餐厅、寄养动物、自助制作等已经比较成熟；但大规模、高层次服务产品尚未成型；徒步与探险俱乐部是小众型新兴生活方式；自助俱乐部和自驾俱乐部，是最有前途的大众旅游方式；但这两种方式的商业模式尚在探索之中，还不成熟，就像网络经济一样，需要进一步模式化开发。

—— 资料来源：绿维创景规划，http://www.lwcj.com.

# 第四节　旅游产品组合策划

## 一、产品组合的概念

旅游产品的生命周期理论告诉我们，任何旅游产品都有从投放市场到退出市场的过程。为了规避风险，旅游企业除了不断开发新产品以外，还常常同时经营多个产品项目和产品组合，例如旅行社提供多种旅游线路的产品。所谓旅游产品组合，指的是旅游企业所生产和销售的全部产品线和产品项目的组合或结构。

产品项目是具有一定使用价值的单个产品，而产品线指的则是在技术上、结构上满足同一类需求的产品项目的集合；产品项目是组成产品线的单位，产品线由相同类别的产品项目组成。例如，旅行社为了满足旅游者去看海的需求，组织开发了去海南、福建、山东、大连的线路，它们一起构成了一条产品线，而单独的一条线路、一个景点就是一个独立的产品项目。

产品组合有一定的长度、宽度、深度和关联度。产品组合的长度指的是各个产品线长度的总和，而产品线的长度又是组成产品线的产品项目的总数。所谓产品组合的宽度，指的是一个旅游企业所拥有的产品线的条数。产品组合的深度是产品线中每个产品项目所包含的子项目的品种数。就拿前文提到的看海的产品线来说，从武汉去大连这条线路是一个产品项目，它可以有乘飞机、坐轮船、乘火车3种子项目，也就是说，该产品项目的深度为3。所谓产品组合的关联度，是指该产品组合中各个产品线在生产条件、生产渠道等方面的关联程度。

旅游企业增加产品组合的长度和宽度可以适应更多层次的不同需求，以吸引更多的消费者。拓展产品组合的深度可以充分利用企业的资源，增强企业竞争力，提高经济效益。增加产品的关联度有利于企业集中精力，提高其在某个领域和地区的声誉与品牌形象。这些在旅游市场营销战略上都具有重要意义。

## 二、旅游产品组合的类型

从旅游企业经营面向的市场和经营的旅游产品种类看，可以把旅游产品组合分为五种类型。

**多市场多产品线型**（全面型）。这种类型的产品组合是指旅游企业同时面向多个不同的市场，经营多种产品线。例如，某一旅行社可以同时面向国内和国外市场经营古迹游、山水游、城市特色游等产品线。这种类型的产品组合对旅游企业的综合实力要求很高，因为同时面对多个市场推出多种产品线，经营成本增加，也要求企业有精力全面兼顾，如果没有很强的综合实力是不可能把它做好的。中小型旅游企业就很少采用这种产品组合。

**单一市场多产品线型**。单一市场多产品线型指的是旅游企业向某一个特定的市场提供多种产品线，如上例中的旅行社只面向国内市场提供该市场内旅游者需求的各种产品线。采用这种产品组合的企业可以集中精力在特定的目标市场，研究它的特点，有针对性地采取营销策略，但缺点在于市场的规模有限，并且容易受到宏观因素的影响，风险较大。

**多市场单一产品线型**。顾名思义，多市场单一产品线型指的是旅游企业只生产特定的旅游产品，却面向很多市场。例如，面向欧美市场、东亚市场、南美市场只提供中国古迹文化游的产品组合。经营这种产品组合的旅游企业容易管理、树立品牌、生产出专业化的旅游产品，但缺点是由于产品类型的单一而导致企业经营的风险大。

**单一市场单一产品线型**。单一市场单一产品线型不是指的只针对一个特定市场生产一种旅游产品，而是指在某个特定市场生产特定产品、在另外某个特定市场生产别的特定产品。比如，针对国外市场推出古迹游、针对国内市场推出山水游的产品组合。经营这种产品组合有利于企业在不同的市场上生产适销对路的产品，扩大销售，减少风险，但缺点是经营管理的成本较高。

**包价组合**。包价组合是指由交通、住宿、餐饮、目的地景点等旅游产品要素中的两个或两个以上的要素组成的有质量控制并可反复供应的标准化旅游产品。它既可以包括整个旅游经历中的所有组成部分（即所谓的"大包价"），也可以只包括其中的某些组成部分（即所谓的"小包价"）。包价组合已成为一项广为流行的旅游市场营销战略。包价组合可以给旅游消费者和旅游企业都带来好处和利益。旅游消费者通过购买包价组合产品可以将多次购买变为一次性购买，简化了旅游决策，并得到价格上的优惠，节省了费用。旅游企业销售包价组合可以补充淡季时期的业务量，增加销售，并有利于实现规模经济和树立企业名声。包价旅游产品的类型主要有全包型包价旅游产品、度假型包价旅游产品、主题型包价旅游产品、特殊兴趣型包价旅游产品、特殊活动型包价旅游产品等。包价产品有效解决了旅游市场中存在的供给与需求匹配的低效率问题。随着旅游市场的竞争重点由价格方面转向营销组合方面，包价产品组合一定会显现出其巨大的优势。

## 三、旅游产品组合的策划过程及其策略选择

### （一）对企业经营的外部环境和内部环境进行分析

旅游企业要想生产出适销对路的旅游产品，扩大销售量，提高利润水平，这一步是必不可少的，也是应该首先进行的。它可以帮助企业作出正确的决策，是企业对产品组合进行策略选择的依据。

对外部环境的分析包括分析那些影响企业业务的主要宏观环境因素（经济的、政治的、法律的、文化的环境因素）和微观环境参与者（顾客、竞争者、分销渠道、供应商）。通过调查研究、消费者行为分析，进行市场细分，选择目标市场。对内部环境的分析主要是检查企业的营销、财务、生产和组织能力，分析自身的优势和劣势，给自己一个明确的定位。

对外部环境进行分析主要是为了辨别新机会，这种机会指的是一个公司通过工作能够盈利的需求领域。通过分析，确定哪些机会是有效的，而哪些是无效的。分析完有效机会后，企业就应当判断自己在机会中成功所必须具备的竞争能力，这恰好就是内部环境分析的主要目的。

### （二）旅游产品组合策略的选择

通过第一步找出了旅游企业有能力做好的市场机会，接下来企业就应当比较分析出在多个市场机会中哪个能给自己带来最大的效益，并针对该机会选择具体的组合策略。通常来说，主要有产品线扩展策略、产品线填补策略和产品线削减策略。

***产品线扩展策略***。企业超出其现有的产品线经营范围而增加产品线的长度叫作产品线扩展，主要包括向上扩展、向下扩展、双向扩展三种情况。①产品线的向上扩展指的是原来生产低档产品的企业打算进入高端产品的市场。企业预计高档产品的销售增长率和利润率较高而自己也具备进入高端市场的能力，就倾向于采用这种策略。采用这种策略最大的风险在于消费者很难相信定位低端的企业有生产高档产品的能力，而高档产品的生产企业也会努力固守阵地并对低端市场进行反击。②产品线的向下扩展指的是最初定位于高端市场的企业增加其低端产品的生产。采取这种策略时，新的低档产品可能会蚕食高档产品，并且可能使企业定位高端的品牌形象受损。低档产品的生产者迫于压力也会向高端市场反击。另外，经销商也有可能因为低档产品的利润小、自己的形象受损而拒绝销售。③定位于中端市场的企业决定朝上朝下扩展其产品线叫作产品线的双向扩展。采取这种策略对企业的综合能力要求较高，但取得成功后很可能就会占据市场的领

导地位。

**产品线填补策略**。这是指企业在其现有的产品线范围内增加一些产品项目。其目的主要是充分利用企业的剩余资源，增加销售量，满足消费者的不同需求，填补市场的空隙以防竞争者的侵入。采用这种策略时应注意使每一种产品具备显著的差异，避免新旧产品自相残杀。

**产品线削减策略**。这主要是因为旅游产品销售的季节性和易波动性，市场繁荣时的许多产品组合到了淡季的时候会出现利润低甚至亏损的现象。及时削减和调整这些产品组合，把企业资源用到利润高的产品上反而可能使总利润增加。当然，当市场重新繁荣时也应该及时调整，拉长产品线。

### （三）确定实施方法并经常检验和调整

确定好产品组合采取的策略后就进入实际操作的环节。分析企业资源如何调配、具体实施的成本、条件成熟的时机等，实施后还应当经常考察各种因素和环境的变化，及时对产品组合进行调整以保证企业的经济效益最大化。

# 第五节　旅游新产品开发策划

旅游产品的生命周期理论告诉我们，任何旅游产品都有退出市场的那一天。旅游企业要想不断满足消费者日新月异和多样化的需求，增强自身的市场适应力和竞争力，就必须积极、主动、优质地进行旅游新产品的开发，这对旅游企业的生存和长远发展都具有重要意义。

## 一、旅游新产品的概念和类型

虽然人们普遍认为，新产品是指那些企业创新的全新产品，但这只是个狭义的概念。在旅游行业里，新产品指的是对现有产品整体概念中任何一部分的改革或创新以满足潜在消费需求的产品。新产品可以通过收购或购并另一家公司或者购买其他公司的许可权和特许经营权获得，也可以通过研发（既可以是自身独自研发，也可以是委托独立研究机构研发）来获得。布茨、艾伦和汉弥尔顿咨询公司根据新产品对于公司和市场的新的程度确定了新产品的6种类型，分别是：

（1）新问世产品：开创全新市场的新产品。

（2）新产品线：使一个公司首次进入已建立市场的新产品。

（3）现行产品线的增补品：在已建立的产品线上增补新的产品项目。

（4）现行产品的改进更新：提供改进性能或有较高可见价值的新产品用来代替现行产品。

（5）市场再定位：以新的市场或者细分市场为目标的现行产品。

（6）成本减少：以较低成本提供同样性能的新产品。

概括起来讲，（1）（2）属于全新创新型产品，比如一个新景点、一条新线路的开发。（4）属于换代型的新产品，（3）（5）（6）属于改进型的新产品。另外，由于旅游行业的特殊性，旅游新产品的知识产权得不到有效的保护，这就出现了一种作为仿制品的新产品。模仿国外先进旅游产品或者竞争对手的产品作为自己的新产品，这在旅游行业里是很常见的。

## 二、旅游新产品开发策划的程序

旅游新产品开发并不是一件容易的事，要想设计出适合企业能力现状、市场容量大并且能够给企业带来预期利润的旅游新产品，就要有一套科学、规范的新产品研发程序，以保证新产品被及时、高质量地研制出来。旅游新产品的研发程序主要有以下阶段：

（1）产生创意。所有的新产品都是从这一阶段产生的创意延伸出来的。创意来源于企业内外的各种途径。旅游消费者的需求和欲望永远是创意产生的最好起点；通过分析竞争者旅游产品的优缺点，可以有效地发现新创意；旅游企业自己的营销人员和产品设计师是产生创意的主力；旅游企业的销售代表和经销商也是创意产生的好来源；最后还得靠企业的高层管理当局统揽全局，指导和研究并认真重视好的创意以使它们充分利用。创意产生的方法有：头脑风暴法、需要/问题分析法、物型分析法等。

（2）筛选创意。并不是所有的创意都可以变为最终的新产品，只有好的、有前途的、适合企业能力要求的创意才能最终被保留下来，这就需要对第一阶段产生的创意进行筛选。一般地，可以把创意分为有前途的创意、暂时搁置的创意和决定放弃的创意。对于有前途的创意，旅游企业必须建立一套标准来检查、衡量它，最好用指数加权的方法分析企业开发它的成功率，以帮助企业决定把资源重点放在那些好的创意上；暂时搁置的创意可以保存起来等到条件成熟时供企业参考、采用；对于决定放弃的创意也必须小心谨慎，分析出它的缺点和优点以免给企业带来无形的损失。

（3）概念测试。产品的创意只是提供了一个可能产品的设想，要想把这些设想转化为有意义的构思（也就是产品概念），就得进行概念的测试。通过概念的测试，分析出由产品设想转化而来的多个产品概念中哪个更适合企业的实际情况和开发目标。

（4）商业分析。产品一旦进入开发阶段，各种成本就会迅速增加，所以在进行产品开发之前有必要对初步确定的产品概念进行商业分析，对它的商业吸引力作出评价。企业必须分析出产品目标市场的规模、产品的定位和预计销售量、产品的计划定价和营销预算以及预计的长期利润目标。重点通过销售量、成本和利润三个指标来衡量是否对产品概念进行开发。

（5）产品开发。产品开发主要解决的是产品概念能否转化为在技术和商业上都可行的产品。它需要全企业包括专业开发人员、管理层、营销人员等的参与。特别需要强调的是，由于旅游产品不同于其他有形产品，它的开发就更需要营销人员、分销商、旅游专家的参与，利用他们的经验，听取他们的意见和建议使新产品不断完善。

（6）市场试销。经过商业分析和产品开发后的新产品不能急于推向市场。因为这个时候条件还不够成熟，企业不知道自己预计的各种指标能否成功达到，不清楚消费者和经销商会对新产品作出何种反应。这时就需要对新产品进行检验，而最好的检验方法就是在小范围内进行市场试销。通过试销，掌握市场的大概情况以便和企业预期的指标进行有效的对比，从而发现新产品的优缺点并对其进行改进、完善。

（7）商品化。试销结束后，就可以进入商品化阶段了。新产品商品化后进入产品生命周期中的第一个阶段，这时企业必须解决好投放时机、投放地点、目标市场、市场策略等种种问题，并随着市场的动态发展不断收集和掌握关于旅游者与市场的反应，及时对产品和市场策略进行调整。

值得指出的是，旅游企业应该特别注重根据旅游产品自身的特殊性去研发旅游新产品。例如，旅游产品具有不可存储性，那么在淡季企业就可以通过适当提高产品的附加值和扩大附加产品来促进销售，这也是某种意义上的新产品开发。另外，新产品的开发涉及许多不同的风险，开发过程不可能都是一帆风顺的，所以企业最好把各个新产品的研发阶段错开以降低风险。

---

**相关链接** 🔍搜索

### 丽江旅游线路产品的空间结构

依据对"丽江旅游影响"的客观分析，以丽江三大旅游区（雪山古城文化休闲体验度假综合旅游区、以泸沽湖为龙头的民族文化风情旅游区、老君山世界自然遗产生态科考旅游区）为基础，充分发挥丽江的区域枢纽和中转作用，从宏观、中观、微观三种尺度，科学构建"丽江影响"旅游线路产品的空间结构与旅游线路产品开发体系。

**1. 市内精品旅游线路**

以丽江古城、玉龙雪山为核心，建设市内精品旅游线路，使之成为丽江中国香格里拉旅游线路产品建设的基石。

"柔软的丽江时光"——丽江精品游线路：丽江古城—束河古城—玉水寨—玉龙雪山

**2. 区域影响旅游线路**

（1）"小资的天堂、行者的圣境"——省内精品环线

线路一：自然风光游：丽江—泸沽湖—迪庆—丽江

线路二：民俗文化风情游：丽江—大理—永胜—泸沽湖—丽江

（2）"与神山圣水的约会"——滇川环线

线路：自然风光、民俗文化风情游：丽江—泸沽湖—稻城—乡城—迪庆—丽江

（3）"聆听东巴的圣音、沉醉康巴的风情"——东巴—康巴文化环线

线路一：东巴—康巴文化游：丽江—迪庆—芒康—昌都—甘孜—理塘—稻城—泸沽湖—丽江

线路二：东巴—康巴文化游：丽江—迪庆—芒康—巴塘—理塘—稻城—泸沽湖—丽江

（4）"悠远的茶马古道"——中国茶马—西南丝绸古道环线

线路：中国茶马—西南丝绸古道游：丽江—迪庆—稻城—理塘—康定—雅安—成都—西昌—攀枝花—泸沽湖—丽江

（5）"到中国最美的地方转个圈"——大香格里拉环线

线路：大香格里拉游：丽江—迪庆—芒康—左贡—八宿—鲁朗—林芝—巴松错—拉萨—当雄—那曲—巴青—丁青—昌都—德格—新都桥—丹巴—成都

——资料来源：http：//www. docin. com/p－377973453. html.

 **复习与思考**

**一、　名词解释**

旅游产品　旅游产品策划　核心竞争力　产品组合　旅游新产品

**二、　简答题**

1. 旅游产品的特性对旅游产品的策划提出了什么特殊的要求？

2. 市场供需关系对旅游产品的竞争力构成有什么影响？

3. 旅游新产品开发的程序包括哪些？

### 三、 单项选择题

1. 旅游产品不包括（　　）构成要素。

A. 资源　　　　B. 设施　　　　C. 服务　　　　D. 技术

2. 旅游产品的生命周期不包括（　　）阶段。

A. 投放期　　　B. 成长期　　　C. 成熟期　　　D. 衰退期

3. 旅游产品组合的类型中旅游企业同时面向多个不同的市场，经营多种产品线是指（　　）类型。

A. 多市场多产品线型　　　　　　B. 单一市场多产品线型

C. 多市场单一产品线型　　　　　D. 单一市场单一产品线型

### 四、 多项选择题

1. 旅游产品的层次构成为（　　）。

A. 核心性产品　　　　　　　　　B. 配置性产品

C. 支持性产品　　　　　　　　　D. 扩展性产品

2. 旅游产品的创意从（　　）方面考虑。

A. 旅游资源　　　　　　　　　　B. 旅游需求

C. 竞争者　　　　　　　　　　　D. 内部来源

E. 分销商与供应商　　　　　　　F. 其他来源

3. 旅游产品的概念的成型使用的5W1H分析法包括（　　）。

A. Why（产品核心价值）　　　　B. Who（产品目标市场）

C. Where（产品销售渠道）　　　 D. What（产品具体内容）

E. When（产品上市时间）　　　　F. How（如何生产产品）

### 五、 案例分析

#### 从无到有的新产品创新

各种产品如何组合在一起（即产品组合），这是营销管理者对消费者各种需求和兴趣所作出的最重要的反应。产品的设计在很大程度上决定着什么样的价格，需要什么样的促销方式，使用什么样的分销渠道。正因为如此，企业针对消费者所制定的产品决策是"营销战略和战术的基石"。广义的旅游是指人们所发生的位移，以及在这个过程中人与环境、人与人之间的关系。从这个意义上讲，旅游产品具有广泛的空间，关键在于如何发现市场需求并设法满足它。企业团队拓展训练营开创"旅游＋培训"新模式就是一个很好的例子。

　　《深圳特区报》刊登了这样一则报道："参加拓展训练，建立团队精神。""参加这次拓展训练，给我留下了终生难忘的印象。""坚持就是胜利！""个人的力量很渺小，但团体的力量却很强大！""这是一次很有意义的训练。"这是中国银行深圳分行的员工参加完深圳国旅新景界俱乐部组织的户外拓展训练营以后的感悟。深圳是一个移民城市，来自四面八方的员工一同会聚在企业的旗帜下，全身心地投入到工作中，努力地贡献着自己的一份力量，依靠的是企业的凝聚力、团队的协作精神、战胜困难的信心。由此看来，对员工的培训是非常重要的，它关系到企业的生存和发展。

　　拓展训练是一种最有效的方式。深圳国旅新景界俱乐部率先在深圳市场推出的"拓展训练"在短短半年内不断发展，备受推崇，现已有国家公务员、外企和其他现代化企业参加。而此次中国银行的进入，可见"拓展训练"的魅力之大。要问它到底有什么特别？中国银行深圳市分行员工们的亲身经历可以回答您。整个训练由一系列游戏组成："进化"游戏让您学会展示自己，同外界竞争；"石头、剪刀、布"让您体会团队统一行动的便利；"高空跳楼"惊险刺激，挑战自我；"爬巨人梯"让您明白粗中有细，凡事以技巧制胜；"过电网"让您了解团队核心的重要性；"抢滩登陆"让您明白统一指挥、分工合作的合理性；"翻越毕业墙"让您感受集体力量能够化难为易——这些看似简单的游戏，每一项都是精心设计的，几乎可以囊括您职场生涯中的情感历程！设计之精巧，让您在身体疲累之际也会由衷地佩服！来吧！忙碌的都市白领们，换上便装，融入这趟心路历程，为现实工作中久违的团队精神、协作精神感动、喝彩！

　　事实上，深圳国旅针对企业客户开发的"旅游＋培训"概念拓展训练营作为一个独特的、新颖的旅游产品赢得了市场的高度赞扬，也为企业带来了良好的经济效益。

　　根据以上案例，回答如下问题：

　　1. 试分析旅游企业新产品创新的实质。

　　2. 试分析深圳国旅新景界俱乐部推出的拓展训练成功的原因及启示。

　　3. 面对加入世界贸易组织的冲击，中国旅游企业在旅游产品策划可采取怎样的应对措施？

## 📖 推荐阅读

1. http：//www.ctrip.com/（携程网）

2. http：//www.elong.com/（艺龙旅行网）

3. http：//top.chinaz.com/（酷讯旅游网）

4. http：//www.clydc.com/sfpx.asp（盛方咨询）

5. http：//www.davost.com/（巅峰智业）

# 旅游节事策划

　　旅游节事是旅游业的一种新形态。它可以产生较强的轰动效应，树立旅游目的地的市场形象、提升旅游目的地的知名度、促进消费增长、带动旅游业及相关产业发展、改善旅游地软环境等。根据旅游目的地的旅游产品主题文化，通过详细的策划组织，不仅可以推销旅游产品的品牌形象，提高旅游地的文化品位，还可以增加营销量，以获得涉及面广、影响程度度深的形象推广效益。

　　本章对旅游节事及相关概念进行了阐述和辨析，介绍了旅游节事的特征、类型和功用；详细介绍了旅游节事的策划原则和方法，并阐述了旅游节事策划的具体流程。学习完本章内容，学生可以对旅游节事有全面的了解，能够策划一个简单完整的节事活动。

## 学 习 目 标

### 知识目标

1. 了解旅游节事及相关的几个概念。
2. 掌握旅游节事的特征。
3. 熟悉旅游节事有哪些类型和功用。
4. 掌握旅游节事策划的原则、方法和具体流程。

### 技能目标

1. 清楚分辨旅游节事及相关概念。
2. 熟知节事活动策划的全过程。
3. 能够与其他成员共同策划出一个完整的旅游节事活动。

案 例

## 好客山东贺年会打造全国顶级节事品牌

2011 年，"十二五"开局之际，一场席卷齐鲁的节事活动——"好客山东贺年会"擂响了新一轮转方式、调结构的催征战鼓，喜现开门红。仅元旦 3 天假期，山东就接待游客 430.8 万人次，旅游综合收入 34.7 亿元。然而，喜人数字的背后是一年以来山东为突破冬季淡季旅游发展瓶颈付出的努力。历经破、立、行等一系列系统化的运作，以"好客山东"文化旅游品牌为依托，以旅游业为先导，发动 17 地市、倾注 14 部门力量打造而成的贺年会已经不折不扣地成为"转调"战役的有力抓手，已由旅游节庆升级为"齐鲁新民俗"。具体来说：

破：旅游先行，带火年节消费。一年前，同北方大多数省份一样，山东冬季旅游常现发展乏力的表象，旅游景区、旅行社冷冷清清，餐饮企业成为少有的火热板块。客观上讲，冬季是年节集中期，年节消费需求很大，但年味却越来越淡；年节物质消费量大，文化旅游等非物质消费较小。为此，山东省旅游业在 2010 年年初瞄准年节消费，"好客山东贺年会"点燃冬季里的一把火。如今，山东统筹旅游产品、餐饮住宿、休闲娱乐、商贸购物、交通运输及文化产业等相关要素，从元旦至元宵长达 47 天的时期内，各类活动火热登场，旅游、文化、商贸等各行各业互融互动，年味儿浓了，消费旺了，冬季不再冷了。贺年会无疑成为突破淡季旅游、创新民俗、拉动年节消费的重要节事品牌活动。

立：文化统领，构建齐鲁新民俗。以齐鲁吉祥文化为内涵，以吉祥福娃"福福"、"乐乐"的卡通形象，2011 年好客山东贺年会确定了包括"贺年礼、贺年乐、贺年游、贺年宴、贺年福"五大旅游产品体系，为打造"好客山东贺年会"品牌奠定了基础。随后一系列的活动如"七大评选"、"到山东过大年"、"抢福游戏"等紧跟而上，通过挖掘老年俗、宣传新年俗，力求使当地民众和来鲁游客感受到原汁原味的山东味。祈福、娱乐和旅游成为年节消费的时尚和趋势。

行：互融互动，引领"转调"新格局。以贺年会为抓手，山东旅游在推动产业结构调整、行业融合方面做出了有益尝试。以各市旅游部门为主导，山东已建立起购物、住宿、餐饮、景区、交通等企业之间共赢互动的机制，各行各业抱团共谋发展。商务部门负责将商贸与旅游活动结合起来，指导商场、购物场所推出打折优惠让利活动；农业、水利、林业、文化、住房城乡建设等，依托森林公园、水林风景区等，以渲染年味儿和烘托中国传统文化为主题，主动对接开发"贺年游"产品；交通运输局从场所、车体、服务等方面让游客一入山东，就感受到浓郁的好客文化和山东年节文化……山东以贺年会为抓手，创新产业发展方式，突破行业局限，挖掘旅游产业带动效用，带来的是实实在在的效益。聚焦旅游行业，冬季旅游困境中求发展，更是提升了产业素质。相对往届，好客山东贺年会已经实现了三个转变：从消极应对转变为积极对接，从被动发展转变为主动创新，从"要我做"转变为"我要做"。

随着进一步发展，好客山东贺年会已成为顶级旅游节事品牌，在"十二五"规划的开局之年，正在加速搭建产业融合、集聚发展的新平台，促进山东"转方式、调结构、扩内需"的新一轮产业发展，引领山东旅游业在新年和"十二五"开局中率先突破。

——资料来源：郑兵兵，郭飞. 好客山东贺年会打造全国顶级节事品牌［N］.

中国旅游报，2011-1-17（017）.

**案 例 分 析**

1. 旅游节事策划有什么功用？

2. 策划人员应如何利用当地资源策划旅游节事活动？

# 第一节　旅游节事概述

## 一、旅游节事的内涵和概念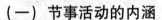

### （一）节事活动的内涵

节事活动最早起源于源远流长的民俗文化。我国节事活动在漫长的发展过程中经历了传统民俗、现代节庆、节事活动三个阶段，发展至今节事活动在形式、观念、功能和运作上出现新的特点。

"节事"一词来自英文"Event"，含有"事件、节庆、活动"等多方面的含义。国外常常把节日（Festival）和特殊事件（Special Event）、盛事（Mega – event）等合在一起作为一个整体，在英文中简称为 FSE（Festivals & Special Events），中文译为"节日和特殊事件"，简称"节事"。西方学者根据自己的理解，将文化庆典、文艺娱乐事件、体育赛事、教育科学事件、私人事件、社交事件等通通归结到节事范围内。

从概念上看，节事是节庆、事件等精心策划的各种活动的简称，其形式包括精心策划和举办的某个特定的仪式、演讲、表演和节庆活动，各种节假日及传统节日以及在新时期创新的各种节日和事件活动。

节事活动的内涵可以从节事活动的目的、内容、形式、功能和实质等方面来解释。目的：为了达到节日庆祝、文化娱乐和市场营销的目的，提高举办地的知名度和美誉度，树立举办地的良好形象，促进当地旅游业的发展，并以此带动区域或经济的发展。内容：具有浓郁的文化韵味和地方特色，应根据当地的文化和传统特色来具体设计。形式：要求生动活泼，具有亲和力，大多数的参与者都想通过这一活动达到休闲和娱乐的目的。节事活动的编排应严谨、环环相扣、契合主题。功能：节事活动不仅是一种文化现象，更重要的是一种经济载体。节事活动应围绕经济活动的开展而作适当的调整。实质：节事活动的实质是商业活动，举办期间大量的人流不仅使服务性行业收入迅速增长，而且促进了交通、贸易、金融、通信等行业的发展。

## （二）旅游节事的概念

一般认为，旅游节事（tourist event）既包括旅游节庆也包括旅游事件。1984年，里奇（Ritchie）对旅游节事的定义是：从长远或短期目的出发，一次性或重复举办的、延续时间较短、主要目的在于加强外界对于旅游目的地的认同、增强其吸引力、提高其经济收入的活动。里奇强调的旅游节事是为旅游目的地开发的活动产品。国内学者因分类对象的不确定性也对旅游节事进行定义。马聪玲（2009）在参考国内外相关定义的基础上，结合中国节事活动实践发展的现状，对旅游节事作了新的界定。她认为，以下节事活动都应该被看作旅游节事：一是明确以"旅游"冠名的节事活动。二是以旅游为内容的节事活动。三是具有一定的规模、相当强的吸引力，已经成为当地文化旅游产品的节事活动。四是具有旅游影响的特殊事件和节日庆典活动。

这些所谓的"节"，在企业推介产品的过程中早已失去了原本的本质与内涵，更多地成为一种宣传手段，实际上却是"事"。目前中国各地举办的"旅游节"往往包含了博览会、商贸洽谈会、各种大赛等活动，不仅仅是单纯的庆典活动，作为特殊事件来理解似乎更为合适。因此，当前中国实践中的旅游节事，与国际上较为通行的以节庆和特殊事件为主要吸引物的旅游产品概念比较吻合，不存在本质差别。本书认为：旅游节事是指经过人为的旅游开发、策划和营销，能为举办地带来综合旅游效益，具有一定规模以及广泛旅游影响力和吸引力的特殊事件和节日庆典活动。

---

**相关链接** 🔍搜索

**适用于中国旅游节事的技术性定义**

| 标准 | 释义、示例 | 标准 | 释义、示例 |
|---|---|---|---|
| 办节主体 | 当地社区（如火把节）<br>当地企业（如美食节）<br>当地政府（如旅游文化节） | 节事来源 | 外来节事（如奥运会）<br>传统提升（如祭孔大典）<br>政府自创（如服装节） |
| 时间范围 | 1978年至今 | 节事类型 | 节庆活动（旅游节、文化节、艺术节）<br>文体赛事（文化周、摄影赛）<br>会展博览（产品展销、世博会）<br>商务会议（论坛、产品推介会） |

——资料来源：马聪玲. 中国节事旅游研究：理论分析与案例解读［M］. 北京：中国旅游出版社，2009.

## 二、旅游节事的特征

旅游节事属于特殊的旅游产品，跟一般的旅游产品相比，具有明显的自身特征：

**鲜明的地方性**。不同的地域千差万别造成了各地域旅游资源的独特性。旅游节事大都带有强烈的地方色彩，离开了必要的环境条件，其个性化的特殊吸引力就消失了。一个旅游节事的产生往往依托于当地地方特色或文化民俗特色，以地方性为吸引源。所策划出的旅游节事带有鲜明的地方特色，这是节事活动容易赢得旅游者青睐的根本原因。因此，地方性是旅游节事开发和策划的精髓，也是节事策划首先应考虑的因素。例如，"郑州少林国际武术节"，就体现了郑州（嵩山）作为少林武术之乡的自豪感，并且已经升华成为一种地方精神文化成果。景德镇举办的"国际陶瓷节"，则是景德镇人民所创造的高度物质文明和物质成果的一种展现方式。西双版纳特有的傣族风情和泼水祝福习俗也是其"泼水节"持久不衰、保持旺盛生命力的源泉。

**活动的集中性**。旅游节事活动大都集中在某一特定的时段内，一般有固定的时间期限，活动安排十分紧凑。如果是节庆类的还会重复举办，使旅游者的旅游活动、旅游体验带有明显的集中性特点，若旅游节事活动有魅力，旅游者的停留时间一般较长一些，关注度也会持久一些。

**影响的广泛性**。旅游节事策划的本身就是为了聚集更多的人气，引起更高的关注度，吸引更多的人参与进来。大规模的旅游节事活动往往会引起比较大的关注，吸引人们从世界各地集中到一个地方一起参与活动，感受当地的节庆气氛。这会给区域旅游发展及当地经济、社会、文化发展带来巨大而广泛的影响。

**效益的综合性**。旅游节事的内容多种多样，一次活动的策划还会涉及交通、卫生、医疗、文化、城建、旅游等诸多部门，因此也具有多种功能性，所带来的效益也是综合性的。一次大型节事活动的举办，既可以带来直接的经济效益，也可以带来间接的隐形的其他方面的效益，会给举办地的发展带来多方面的推动。尤其是国际性的旅游节，其举办还带有狂欢的性质，不仅参与性强、影响力大，而且带来的综合经济效益也甚为可观。以美国纽奥良嘉年华为例，每年活动期间至少带来5亿美元的收益。再如上海，有"欧洲同乡会"之称的扬子江万丽德国啤酒节在开办期间，不仅旅游人数大增，而且各接待酒店营业额上涨；仅在开幕大巡游当晚，当街商铺餐饮收入猛增33%，开幕一周淮海路、南京路上各大商厦的营业额至少比平日增加15%；农家游也借势火爆，各个区县如南汇、金山、崇明、青浦纷纷组织包装各自的农家乐项目，如果品游、垂钓游、绿色生态游等，农家乐旅游收入更是翻番。

# 三、旅游节事的类型

在实践中，不同主题、不同内容、不同运作方式、不同规格的旅游节事名目多样，种类繁多。目前，国内针对旅游节事存在不同的分类标准，将其划分为不同的类型。

## （一）按照旅游节事的内容属性划分

### 1. 自然景观型

自然景观型节事活动是以当地地脉和具有突出性的地理特征（极端地理风貌、典型地理标志地、地理位置）的自然景观为依托，综合展示地区旅游资源、风土人情、社会风貌等的节事活动。这类节事活动与自然景观的观光旅游活动有相似之处，也有不同之处。自然景观仅仅是该类节事活动的主打产品而已，不是全部。因此，在节事活动中，除了突出自然景观的主体地位之外，节事策划通过增添参与性、趣味性、体验性的活动项目，以自然景观作为吸引源泉，突出地理特征，以优美的自然风貌为依托，通过活动策划来吸引大批游客。例如，中国哈尔滨国际冰雪节、张家界国际森林节、宜昌三峡国际旅游节、新桥海涂节、中国吉林雾凇冰雪节、云南罗平油菜花旅游节、北京香山红叶节等。

> **案例**
>
> ### 象山汽车露营文化节创下吉尼斯纪录
>
> 　　2010年6月5日至9月5日第三届象山汽车露营文化节各项活动在浙江省象山县举行。2010年7月10日，文化节的一项活动"世界杯之夜·象山沙滩露营吉尼斯挑战"在中国渔村举行，经象山县公证处公证现场结果有效，上海大世界吉尼斯总部负责人当场宣布：沙滩帐篷规模最大的露营活动——象山汽车露营文化节以539顶帐篷创纪录成功！
>
> 　　为了能创下这个激动人心的纪录，象山汽车露营文化节组委会通过自驾车俱乐部、网络、媒体等各种渠道在长三角地区发布了大量的招募信息。截至2010年7月9日，共接受千余名来自台州、丽水、金华、新昌等城市自驾游客的报名。
>
> 　　2010年7月10日下午16点左右，近500辆车全部进入设在中国渔村的汽车露营地。接着，一项顶帐篷陆续绽开。不知不觉夜幕降临了，几百顶帐篷错落有致地俏立在营地上，一眼望去，蔚为壮观。同时，在活动区域里，渔民大闯关、渔家保龄球、沙滩足球等各种娱乐活动也已开始。入夜时，篝火被点亮，"世界杯之夜"狂欢晚会开始了。其间穿插游客自备的节目、景区特别准备的节目、海鲜大礼包拍卖、文明交通知识有奖问答，更有激动人心的沙滩帐篷规模最大的露营活动纪录的宣布时刻。2010年7月11日凌晨2:30，营地中的电影幕布上出现了德国与乌拉圭两队争夺世界杯季军的精彩决赛直播画面。

中国的露营群体正在蓬勃发展。无论是初学者、资深人士，都可以找个最适合自己的自然之地，搭个帐篷，感受无人打扰、最自在的野外生活。人生需要不同的体验，汽车露营是一种，如果你不是达人，那么至少这一生要去体验一次。

据悉，此次活动共两天时间，由象山县人民政府主办；象山县风景旅游管理局、象山县公安局交警大队、中国渔村承办；长三角汽车俱乐部联合体、长三角主流媒体、长三角旅游记者联盟、象山新管家汽车俱乐部协办。整个活动以南非世界杯精彩赛事为契机，诠释汽车行业与旅游相结合的"品质"、"人文"、"景观"、"露营"、"体育"理念，弘扬都市人时尚、休闲、低碳环保的生活方式。同时，此次活动是华东地区首条自驾车游绿道的首次体验，围绕"文明交通畅行象山"这一主题，倡导游客积极遵守文明交通理念，为象山打造安全、畅通、文明、和谐的文明交通环境出一份力。

——资料来源：通过网络资料整理，http：//www.news.cnnb.com.cn./2010－07－12.

**案 例 分 析**

如何依据目的地自然景观打造地方旅游节事活动？

## 2. 历史文化型

历史文化型节事活动具有深厚的文化底蕴，主要是依托当地历史胜迹、历史名人和历史文化等要素开展的观光、文化交流、宗教事件和历史纪念性活动。例如，中国淄博国际聊斋文化节事活动，以人们耳熟能详流传很广的聊斋文化为主题，举办各种与聊斋主题相关的活动，来活化人们心中的聊斋故事，深受游客喜爱。类似的旅游节事活动还有：黄冈东坡赤壁文化旅游节、杭州运河文化节、滁州醉翁亭文化节、丝绸之路文化节和平遥古城文化节等。

此外，还有一种特别需要指出的节事活动：以"名人"为主题的节事活动。它是依托地方名人出生地或是名人主要业绩地，代表性的人文事项而开展的节事活动。例如，曲阜国际孔子文化节、浙江省国际黄大仙旅游节、浙江象山县陈汉章读书节、四川江油李白文化节、浙江宁海徐霞客开游节、中国运城关公文化节等。

## 3. 民俗风情型

民俗风情型节事以节庆活动居多，主要反映目的地居民的文化习俗。参加此类旅游节可以了解当地特殊的民俗文化，并从中获取一定的科学文化知识。民俗风情节事活动以本民族独特的民俗风情为主题，涉及书法、民歌、风情、风筝、杂技等内容的节事活动。我国是多民族的国家，各民族的习俗各不相同，可以作为节事活动的题材非常广泛，其中以少数民族的民族节日最富特色，如内蒙古草原旅游节（那达慕大会）、傣族泼水节等；还包括基于民间宗教信仰举办的宗教节日，如藏传佛教晒佛节、福建湄洲妈祖文化旅游节、天水伏羲文化节等。

### 4. 物产餐饮型

物产餐饮型节事活动是以地区的工业产品、地方特色商品和著名物产特产为主题，辅以其他相关的参观活动、表演活动等开展的节事活动。商品节事活动除了可以达到商品交流、经贸洽谈等经济功效外，还可以为举办城市带来很多社会效益。例如中国豆腐文化节，自 1992 年起每年在安徽省淮南市举办，依托特色商品豆腐组织各种节事活动，一方面宣传了商品信息，另一方面渲染了城市的文化气息。

另外，把旅游和举办地的农业产品结合起来，使游客体验到与城市生活生产完全不同的状态和节奏，达到逃逸日常生活的心理需求。这类节事活动以体验农业的生产过程为主，辅以体验各种农村生活方式，如北京辛庄村的樱桃采摘节、通州西集镇的绿色果树采摘节、大徐杨梅采摘节、哈尔滨松北的葡萄采摘节等。

### 5. 博览会展型

博览会展型节事活动指的是各种商贸及会展活动，包括各种展览或展销会、博览会、会议、广告促销、募捐或筹资等，既增加了城市间的交流，也可以使城市形象得到提升。例如，2006 年在杭州召开的世界休闲博览会，主题是"休闲——改变人类生活方式"，包含了休闲、旅游、娱乐、会议、展览、大型活动等项目，全面推广了休闲理念，倡导了休闲方式，有力地推进了杭州旅游转型升级，将杭州推向了世界舞台。

### 6. 科技体育型

科技体育型节事活动以强身健体、放松身心为目的，包括一般性体育运动和相对专业的体育竞技活动。例如，泰山国际登山节、墙头镇科技文化节、岳阳国际龙舟节、郑州国际少林武术节等。

### 7. 娱乐艺术型

娱乐艺术型节事活动以大众参与，活跃气氛、传扬文化为特点，目的是通过休闲性活动、文化表演等，使游客获得放松，缓解压力，包括各种艺术节、音乐会、文艺展览等。例如，上海狂欢节、中国海南岛欢乐节、深圳华侨城狂欢节、"谢才华"剪纸艺术节等。

### 8. 综合型

综合型节事活动大多是综合几种主题在大城市举办。这种节事活动一般持续时间比较长，内容综合、规模较大，投入较多，相应地取得的效益也会比较好。此类旅游节的目的表现出明显的综合性特征，旅游活动的安排中既有游览观光型内容，又有商业经贸会展，还有民俗文化旅游等，游客的收获也是综合性的。目前各地举办的旅游节大都是综合型的旅游节事。

## （二）按照节事活动的来源划分

按照节事活动的来源，可将其分为原赋型节事活动和后创型节事活动。前者包括民族传统节日和因自然条件形成的特殊节日，后者包括以商贸会议事件为主要内容的商务型节事活动、各种展览活动、体育型节事活动、专业性较强的活动以及由传统文化与现代生活相结合形成的新兴节事活动。

## （三）按活动性质划分

按照节日的主题和线索将旅游节庆分为食物类、事务类、人物类、活动类等。例如，各地的美食节、采摘节、读书节等都属于此类节庆。

**课堂思考**

各种私人事件（如交友联欢会之类的）和教育科学事件（如各种专题学术会议、学术讨论会等）是否属于旅游节事的范畴？

## 四、旅游节事活动的功用

对于每一个举办地来讲，旅游节事的举办都是当地旅游业乃至整个社会的一项极其重要的综合性活动，通过节事活动的举办，可以促进人流、物流、信息流和资本流的快速流通。具体来讲，作为促进地方社会、经济、文化、旅游综合发展的理想载体，旅游节事的功能主要体现在以下几个方面：

### （一）经济功能

**第一，调整旅游资源结构，丰富旅游产品线路。**旅游节事本身就是一种特殊的旅游产品，对于资源不太丰富的地区，可调整其旅游资源结构，为旅游业的发展提供新的机会。旅游最重要的功能之一就是为了寻求新的文化感受，由于地方旅游节事是集中展现地方特色旅游产品、地方精神与文化的最佳载体，容易吸引大量游客前往游览观光。旅游节事活动本身就是旅游目的地的一种动态吸引物，很多游客本身可能就是冲着旅游节事而前往的。例如，很多人去青岛旅游是为了参加青岛的国际啤酒节。因此将旅游节事加入线路设计中，还可增加旅游线路特色，丰富旅游产品线路。

**第二，能够带动相关产业及区域经济的发展。**节事活动具有强大的产业联动效应，可使旅游者在停留期间具有较多的参与机会。它不仅能给城市带来场租费、搭建费、广告费、运输费等直接的收入，还能创造住宿、餐饮、通信、购物、贸易等相关的收入。更重要的是，节事活动能汇聚更大的客源流、信息流、技术流、商品流和人才流，对一个城市或地区的国民经济和社会进步产生促进作用。旅游节事能极大地刺激主办城市的投资和消费需求，尤其对交通、通信、旅游、餐饮、会展等基础设施和第三产业的高速发展拉动作用更大。因此，能尽快地推动区域经济结构的优化和升级，对相关产业的整合、串联和助推功能显著。例如，曲靖市等地，在区域旅游业开发中，实施了地方旅游节事带动战略，通过珠江源旅游节、罗平油菜花节、陆良沙雕节、宣威火腿文化节的举办，有力地带动了区域旅游业的整体发展。

**第三，改善基础设施，加快城市建设。**旅游节事的举办需要目的地其他部门与行业的配合，需要良好的基础设施支撑。为了方便游客到来和在目的地活动，各地通常都会首先加强基础设施建设，如改善交通、完善通信、邮政服务、加强给排水、环卫设施建设等，这些是发展旅游不可或缺的基础条件，也有利于提高目的地居民的生活质量。越是重大的节庆、节事活动，政府对于基础设施的建设就越重视，这样就改善了社会环境。例如，为了昆明世博会的成功举办，昆明市加快了整个城市的基础设施建设，使昆明城市基础设施建设整整提前了10年。

**第四，直接经济效益明显，且后效性极强。**旅游节事的举办能够增强对外合作、直接促进地方经济发展，在当时就会有很多方面的表现，而且其带来的后效影响也是非常大的。举办地在策划旅游节事时都把舆论宣传、节庆促销作为重要的内容和目的之一。节庆期间或前后都会有广播、电视、报纸、刊物、网站等大众媒体进行宣传，介绍地方优势与新产品。无形中塑造了举办地的城市形象与区域形象，提高了当地知名度，有利于促进举办地对外的交流与合作。例如，中国丽江国际东巴文化艺术节的举办吸引了众多的国内外旅游者，使得丽江更加声誉卓著。在之后的三年里，丽江的旅游业突飞猛进，并迅速赶超了旅游发展较早的西双版纳。

第五，推动旅游发展，降低目的地旅游季节性。旅游最重要的目的之一是寻求新的文化体验，由于旅游节事是集中展现地方特色旅游产品、地方精神与文化的最佳载体，容易吸引大量游客前往游览观光。因此，旅游节事尤其是地方旅游节最明显、最直接的经济影响就是通过节事活动的举办增加旅游收入，反过来又刺激当地旅游资源的开发，促进旅游业发展的良性循环。旅游活动带有强烈的季节性，旺季时，游人如织，淡季则是游客寥寥，资源闲置。旅游节事可突破淡季旅游的瓶颈，推动旅游业的发展。

## （二）社会功能

第一，打造目的地旅游形象，提升知名度。旅游节事最重要的功能就是可以有效地提升举办国及城市的知名度和美誉度，扩大信息交流。因为旅游节事是吸引视线、凝聚人气的重要手段，其轰动性效应和规模化发展有利于树立目的地的旅游形象，从而提高旅游目的地的知名度和影响力。它是旅游目的地对外开展宣传营销的重要形式。一些城市通过举办特色化、高级别的节庆活动，展示了城市魅力，提高了城市的国际影响力，例如，上海和青岛分别通过上海旅游节、青岛国际啤酒节，展现出国际化大都市的现代特色，促进了城市的发展；一些中小城市通过举办旅游节庆，提高了城市知名度，例如广西南宁通过成功举办国际民歌艺术节树立了旅游形象，吸引众多游客前往；一些知名景区（景点）通过举办旅游节庆，进一步宣传了旅游形象，达到锦上添花的效果，例如曲阜孔子国际文化节、泰山国际登山节等。

第二，弘扬民族文化，展现现代文化。一方面，旅游节事的策划一般都立足于当地传统文化、具有浓郁的地方特色和民族特色是节事活动中旅游资源开发的基本出发点。旅游节事是当地文化精品的展现，各种民间艺术形式交相辉映，节事犹如各种文化艺术的大熔炉，各种艺术形式在此展现、交融、竞争、锤炼，造就出一批批艺术珍品，表现出节事能够积淀与弘扬优秀地方民族文化的作用。例如，河北省吴桥县素有"中国杂技之乡"、"世界杂技艺术摇篮"的美誉，通过举办中国吴桥国际杂技艺术节，不但促进了目的地旅游业的发展，而且继承和保护了古老的杂技艺术，还借助于国际间的交流，进一步发扬了这一传统艺术。另一方面，旅游节事也是现代文化的展示。现代文明也是一种艺术。旅游节事活动的艺术化与艺术节事活动的大众化，也正是节事活动的关键所在。例如，大连国际服装节就张扬了大连城市文化的特色，融汇了中西文化，使人们从服饰文化、展览文化中感受到更深层次的文化底蕴，提高城市文化的品位，加快城市文化基础设施的建设，促进了城市商业文化的合理走向，形成了大连独特的多层次的文化特色。

第三，促进和加强了民族、地区间的交流。节事活动是民族、地区间交流的一种主要渠道。它扩大了人们的文化视野，使他们接触到新的、富有挑战性的人、习惯和思想。旅游节事在举办过程中，大众的参与和交流会使文化得到传播。例如，1997 年在悉尼和墨尔本举行的澳大利亚相扑大赛，就是将日本的相扑传统及其强烈的宗教和文化思想介绍给澳大利亚观众。它超越了体育活动的界限，成为一次真正的日本与澳大利亚之间的文化交流，使彼此间的认识都有很大提高。

**第四，丰富了人们的精神生活，愉悦了参与者**。节会期间举办的健康的、向上的、高层次的文化艺术活动异彩纷呈，可以令游客获得求知、求乐、求美的心理满足。活动的举办与欣赏，使游客与社区居民都陶冶了情操，提高了文化品位，激发了其积极向上的精神。同时，节庆活动还吸引大量目的地居民参与其中。游客和目的地居民在参与旅游节庆活动的过程中，互相交流，增进了解，这促进了先进文明的传播和发扬，有利于区域的发展与进步。节事活动充分挖掘了节事文化中的审美精神，从中提取出有益于现代社会和现代人的文化理想和生活理念，营造现代生活的艺术氛围，以娱乐休闲的形式推动了精神文明建设。

当然，任何事物都有其发展的两个方面，应该一分为二地分析。旅游节事在带来经济、社会、环境等正面效益的同时，也表现出不可忽视的负面影响。这些负面影响包括：经济发展带来的地价上升、通货膨胀、商业投机现象、居民生活成本升高等；节事的短期集中造成人流在短时间内积聚，从而带来交通、住宿等方面的压力；大量游客涌入带来拥挤、污染、资源破坏等。这就需要了解节事的功能和影响，保持旅游节事的原真性和计划性，可以有目的地开发和利用节事来促进旅游地的发展，并在策划中有意识地避免其不良影响，控制节事运作过程向有序化方向发展。

# 第二节　旅游节事策划的原则与方法

## 一、旅游节事策划的原则

**个性化原则**。个性化是旅游节事的生命力，是旅游节事策划的首要原则。国际节事协会经济影响力顾问斯科特·内格尔先生曾说过，旅游节事必须强调区域的特殊性和个体性，有自己的特色才能吸引全球更多的观众。的确如此，鲜明的个性才能显示出策划方案的与众不同，才能在激烈的竞争中出奇制胜。例如，深圳南头荔枝旅游周、海南的国际椰子节、云南的泼水节等都是依据地方特色来凸显自身个性，也拥有了无可替代性。

**文化性原则**。文化性是旅游节事中最重要的特征，是策划的核心和灵魂。旅游的深层次体验是文化的体验。文化是真正吸引旅游者的深层次因素。演绎文化内涵、追求文化特色是旅游地保持永久魅力的必然选择。文化性原则的体现在于把握文脉。所谓"文脉"是指旅游开发的文化脉络和社会经济背景所形成的"地方性"。在旅游节事策划中，理解文脉、把握文脉是进行节事主题定位、旅游节事内容安排的一个重要前提。"把握文脉"，集中继承和发扬本民族或本地域特色传统文化，以本民族或本地域的文化特质为优势，既可以是顺应文脉的意境流设计，也可以是突破文脉出奇制胜的反向思维，还可以是顺应与突破相结合的多视角节事策划效果设计。尤其是在民族文化多彩的云南和贵州，这项原则的应用是重中之重。

**创新性原则**。创新性是节事成功的基石，是节事旅游的魅力展现。别开生面和创新思维是节事活动的吸引力、生命力之所在。全国各地各类名目繁多的旅游节事让人眼花缭乱，但遗憾的是，相当多的节事活动要么昙花一现、无疾而终，要么苦苦支撑、亏本运作。旅游节事的策划能否成功，创新是关键，策划需要创新性的思维，不能抱残守缺、因循守旧。节事类的旅游产品具有"无中生有"的特点，要不断地取胜，必须不断地创造新的点子和创意，才能保持长久的吸引力。例如，温州瑞安的"财富旅游文化节"就是凭着绝佳的创意，围绕着财富大做文章，提升其国际影响力，塑造其城市形象。

**体验性原则**。满足游客的体验需求，使节事活动更具生动性和参与性是节事成功的关键所在。随着旅游体验时代的到来，节事活动的内容与形式要遵从游客体验需求，力求丰富和满足游客的娱乐体验、审美体验、学习体验、寻求新奇体验、追求时尚体验等需要。例如，沈祖祥针对儿童旅游市场策划的"跟着课本游中国"的系列活动，就是将课本以旅游体验的方式来解读，这一策划获得了成功。

**整体性原则**。旅游节事活动的组织既要注重经济效益，更要注重社会效益；既要重视当地居民的积极参与，又要特别注意吸引外地游客的参加。旅游节事策划是一项系统工程，其成功组建需要牵扯方方面面的利益，需建立多元筹资体系，多方合力开发旅游节事。例如，新郑的"黄帝祭祖大典"，每次举办都需要交通、城管、消防、公安、卫生、通信等多方的配合，才能确保祭祖大典的顺利进行。

**民众性原则**。民众是旅游节事活动动力的源泉。民众的广泛参与是任何节事活动蓬勃开展的基础，脱离了这个基础则一事无成。节事活动以大众为轴心，涉及范围广泛，渗透寻常百姓家，以丰富多彩的地方性活动为主要形式。不但舞台要与观众融为一体，而且形式要以露天、欢快、热烈为主，让游客和群众身临其境，体验节事的欢乐与轻松，使本地居民及各地游客充分感受到喜庆的节庆气息和氛围，获得独特的愉悦。广泛的民众性是旅游节事得以成功的关键。

**可行性原则**。旅游节事效益低下是制约其经营与发展的根本。旅游节事的策划定位要适中，注重可行性，关注旅游节事所带来的综合效益和各方影响。我们需要的不是华而不实或者是根本无法实现的设计，而是这些节事旅游产品能够吸引旅游者，创造经济、社会以及文化效益。因此，要举办旅游节事，尤其是政府主办的节事，在策划之初，就应当树立效益观念和可行性原则，不能使旅游节事成为单一政绩工程、排场工程，应当从体制、经营、管理等各个方面考虑资金的引入、合理运用和最大产出，量力而行，合理经营，努力实现最大效益。

**市场化运作原则**。它是旅游节事产品可持续发展的根本保障。旅游节事产品的开发要按照市场化的管理运作体系，广泛调动整合各方资源，冲破政府办节事的狭隘，走上依托市场办节事的良性循环模式。依据市场化原则，精心策划，开发设计主题鲜明、富有感召力的节事旅游，这是城市节事旅游可持续发展的源泉。

## 二、旅游节事策划的方法

旅游节事策划可大致分为两类：一是节事设计，即目的地节事从无到有，进行创意策划；二是节事运作，即对已确立的节事活动进行运作策划。好的创意和点子可以使旅游资源突出自身特色，延长旅游资源的生命周期，聚集更多的人气和关注度；甚至可以无中生有，使旅游资源进入生命周期的再循环。例如，都江堰清明放水节给古代劳动人民的习俗和传统赋予新的文化和内涵，通过再现当年劳动人民纪念都江堰工程，让大众了解传统文化，学习传统文化，从而促进了旅游节事的发展。旅游节事策划的方法有很多，常用的有：

**头脑风暴创意法**。头脑风暴创意法是指策划人可收集有关旅游产品、目标市场、消费群体的信息，进而对材料进行综合分析与思考，然后打开想象的大门，形成意境，采用会议的形式，召集各方面的专家开座谈会征询大家的意见，把各专家对过去历史资料的解释以及对未来的分析，有条理地组织起来，最终由策划者作出统一的结论，在这个基础上，找出各种问题的症结，提出针对具体的旅游节事的策划创意。

**资源分析法**。根据对当地资源的认识进行策划。策划组根据当地旅游资源的状况，列出多种项目，选出最佳方案。资源分析法是通过对举办地资源的分析，了解举办地在资源上表现出来的优势和劣势，发现在资源使用上需要进行的调整。例如，对于武汉市来说，黄鹤楼、东湖、长江、归元寺、木兰山等都可以作为旅游节事举办的载体，楚文化、首义文化、三国文化、宗教文化、长江文化、近现代文化等在地域文化中都占有一席之地，选用何种载体、何种文化作为武汉国际旅游节的主题是旅游节事策划者需要着重考虑和研究的问题，这就需要用资源分析法进行评估。

**逆向思维法**。常规思维一般是旅游地有什么就策划什么，包装出相应的产品，推向市场。如果可以反过来，为了寻求更多的市场关注，达到策划的目的，对市场动态需求进行分析，把握发展趋势，同时通过资源的整合营建能够引导市场、策划出独具特色的产品，效果可能更佳。例如，瑞安为拉动旅游人气，从2004年开始，每年举办旅游节及高楼杨梅节。通过游客遍游山水，品尝杨梅来聚集人气，促进旅游业的发展，但影响力一直不够大。沈祖祥采用逆向思维法，将旅游节事活动和城市形象的树立紧密联系，以财富旅游文化节庆作为瑞安城市形象的新亮点，打出"中国经济看温州，温州经济看瑞安"的口号，成功打造了"中国财富之都"的城市形象。

**演绎推理法**。演绎推理法，即由一般性知识前提推出个别性或特殊性知识结论的推理方法。2010年上海世博会"中国馆"策划，以"城市，让生活更美好"这个"一般性知识"为前提，推演"中国馆"应具有怎样的特殊性和个性的元素和符号。

**市场需求分析法**。举办旅游节庆的重要目标是吸引客源，拓展市场，增强目的地吸引力。因此，旅游节事策划不仅需要分析旅游地现有资源，挖掘和整理本地的历史文化、地理特色，而且要顺应市场需求及其发展趋势，把握市场脉搏，符合消费者欣赏和享受的心理，设计策划出能适应、引导、创造消费需求的旅游节事活动主题。旅游节事活动的组织要符合市场需求，满足游客的心理期望，将表演性、群体性和参与性相结合，力求开发多形式、多层次、多专题的旅游节事活动，以加深游客在旅游地的体验感受。例如，罗平油菜花节向游客展示了美丽的自然风光和乡土风情，各种少数民族文化旅游节反映出目的地居民的生活习俗，哈尔滨冰雪节则展现出北国特有的冰雪文化与冰雕艺术。这些节事之所以具有强大的吸引力，是因为其符合游客要求"回归自然、贴近生活、体验生态"的心理需求，即考虑了市场的需求。

# 第三节　旅游节事策划的运作流程

## 一、旅游节事策划的运作流程

旅游节事策划是一项复杂的系统工程。从立意上讲，要符合我国的社会价值、文化意识和民族传统等；从主体确定上讲，要适宜当地文化和风情；从活动组织上讲，要涉及当地政府、新闻媒体、公众等诸多方面，必须和诸多部门及人员进行沟通和协调。旅游节事策划的过程一般包括以下几个环节：节事策划调研分析、节事主题的选择和开发设计、具体策划方案的制订、策划方案的审批、策划方案的实施、策划方案效果评估与反馈（图6-1）等。

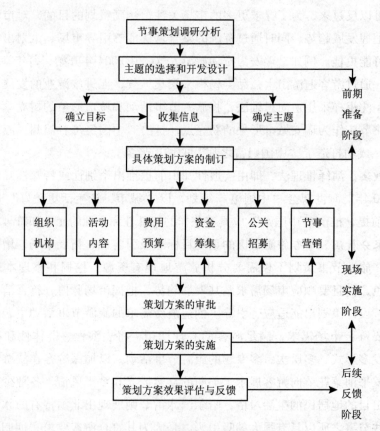

图 6 - 1　旅游节事策划的流程

## （一）节事策划调研分析

在旅游节事举办或承办之前，应该对举办地的实际情况做好信息收集与调研工作。主要包括对旅游资源、旅游市场环境、旅游消费者、旅游设施和服务设施等的信息收集与调研。

首先，要确定该节事旅游的市场规模和结构。可以从客源区位、社会人口学特征（年龄、收入、闲暇时间、受教育程度、职业、宗教等）和消费行为（旅游目的、动机、旅游方式、滞留时间、季节性及消费水平、住宿方式等）三个方面进行调查，确定该事件旅游举办的必要性以及可行性。其次，要对举办地自然、人文、历史文化等各方面的旅游资源进行全面调查，作出系统的分析与评价，以及举办该节事活动的 SWOT 分析，为节事活动提供充分的依据。最后，考察举办地的接待设施和服务设施。旅游节事的活动举办期间会有大量游客涌入节事举办地及附近地区。这段时间内食、住、行、通信、安全等方面的需求剧增，对举办地的供给能力要求较高。必须对举办地及附近地区的旅游基础设施、服务设施以及综合接待能力进行详细的调研。这些因素会影响节事举办地的选择、举办时间以及举办规模的确定。

## （二）主题的选择和开发设计

在激烈的旅游市场竞争中，旅游主题的个性是吸引消费者、赢得市场的关键。一场活动必须有鲜明的主题，才会有高度的凝聚力。确立好节事活动的目标后，就应该围绕目标实现，收集相应的信息，进行节事主题的确定。一般分为两种情况：一种是既有性主题；一种是创造性主题。既有性主题多为已有的传统节事活动，它们是中国千百年来传统文化的积淀，是历史变迁的见证。策划此类节事要注意把握东方文化的神韵，以符合我国消费者特有的欣赏心理。我国有许多民族节庆活动可以利用和发展。例如端午节，根据各地不同的习俗，台湾彰化鹿港的活动策划方案是踩街嘉年华，湖北秭归县的活动策划方案是"九畹溪·屈原杯"诗歌大赛，河南小浪底旅游局的活动策划方案是"观瀑节"。这些地区和景区在节日里策划主题节事活动，极大地提高了旅游人气。这也说明，很多民族节日经过梳理和策划，在内容上推陈出新，都能成为很好的主题节庆活动。

创造性主题节事是节事策划的重点，既有节庆的策划毕竟会受到很多因素的限制，而创造性主题节事则可以不受地方文化约束，只需利用地方优势设计出有特色的节事活动。具体来说，首先，应集思广益进行创意征集，再将所有创意分列开来，通过评价旅游地的资源特色、产品与服务质量，分析目标市场的构成及兴趣，比较周边地区及类似旅游地举办的旅游节事活动，寻找具有"唯一性"和"特殊性"，可以张扬个性、体现特色的旅游节事主题。其次，紧扣旅游地形象定位，选择和加工主题，确定主题内涵，务求不落俗套。旅游节事产品必须是实实在在的，突出地方文化性，具备较厚重的文化承载，才能具有较强的情感识别和市场感召力，为经营者带来经济利益。最后，为避免旅游主题雷同、恶性竞争，应对旅游主题进行差别化定义。应当对国内外相似或相近节事进行调查，对比分析。只有具有差异，才能凸显自身特点，引起旅游消费者的注意，从而获得市场竞争优势。例如，想举办啤酒节，就要了解世界各地的啤酒节举办日期，避免重复，造成竞争压力大。这些都要求旅游节事活动组织者具有敏锐的市场感觉以捕捉潜在的市场机会，并运用娴熟的商业运作经验，组织专业人员对主题进行提炼、包装和设计。

## 旅游节事活动主题的提炼

节事活动有很强的地方性，它的产生、形成、发展和衰亡，与各地的自然环境、人文环境、经济环境和发展需求有很密切的关系。因此，旅游节事活动主题的提炼应从以下几方面入手：

### 1. 自然环境

节事活动与特定的自然环境紧密相关。我国东北地区冬季气候严寒、冰雪资源丰富，于是哈尔滨等地有冰雕节，牡丹江等地有冰雪节。我国西南地区的彝族、白族、哈尼族、纳西族、阿昌族、基诺族等都有举办"火把节"的传统。"火把节"盛行在高原地区，日夜温差大，少数民族居住在山寨之中，夜里气温低下，点燃火把，既可照明又可驱寒。

### 2. 人文环境

节事活动离不开特定的人文环境。例如，端午节又名端阳节，是纪念楚国诗人屈原的节日。屈原在五月初五投汨罗江而死。实际上，五月初，南方天气渐暖，正是疟疾流行的季节，赛龙舟、佩香囊、悬艾叶等民俗对避鬼止瘟、驱邪禳灾有积极作用。

### 3. 经济环境

许多节事活动与当地的经济环境密切相关。长兴县有顾渚山和金沙泉，顾渚山出紫笋茶，曾为唐宋时期贡品，至今还是我国十大名茶之一；金沙泉也是贡泉，品紫笋茶需用金沙泉水冲泡。长兴还有我国最早的皇家茶厂——唐贡茶院，茶圣陆羽曾在此著《茶经》。长兴县为开发旅游、振兴经济举办的茶文化节一炮而红。

### 4. 市场需求

当节事活动作为发展旅游的抓手，成为旅游产品的组成内容时，它又与各个时期各地的发展需求发生了紧密的联系。例如，山东蓬莱市政府出于延长旅游季节、加快发展城市经济的需要，从2000年起举办"和平颂"国际青少年艺术节，使蓬莱从一个知名度不高的县级市变成了在国内外颇有名气的"和平城"。这是一个通过企划而兴起的节日，或者说是一个"无中生有"的节日。它的创意就源于市场。

因此，节事活动有很强的地方色彩，它们的起源、发展、盛衰和消亡都和某个历史阶段的当地的自然、人文、经济、发展环境有关。民族的才是世界的。因此，要办好具有特色的节事活动，必须深入研究当地的自然环境、社会经济环境、历史文化和民俗风情，才能产生一流的创意，确定一流的主题，办出一流的效果，创造一流的效益。

——资料来源：余泽岚. 旅游节事活动研究（中国情人节策划方案）[EB/OL]. http：//blog. sina. com. cn/s/blog_ 60ab24860100em89. html/2009 - 08 - 16.

## （三）具体策划方案的制订

在对策划信息进行合理组合并产生了创意之后，策划者一般可以形成概念性的策划方案，并在此基础上制订策划方案，编写策划书。具体的策划方案主要包括以下几个方面的内容：

**确立组织机构**。方案的顺利实施需要一个专门的节事组委会。因此方案的制订首先需要一个节事的筹备、组织、策划和实施的委员会。委员会一般由节事的主办单位、承办者和协办者组成，是整个节事活动的指挥机构。根据节事的活动内容和需要，还应设立不同的部门承担不同的、相应的责任和义务。例如，青岛啤酒节组委会办公室下设综合处、广告纪念处、招商处、文娱处、财务处等。每个部门都有自己的责任和义务，或是负责活动方案的策划和设计，或是负责网络商、赞助商的招募，或是负责活动宣传，或是负责活动期间的项目执行等工作。

**确定活动内容**。丰富多彩的节事活动内容是吸引公众参加的一个重要因素。围绕节事主题策划出相应的活动是非常必要的。值得注意的是，所安排的系列活动必须和主题相契合。例如，举办水文化节，就要安排赛龙舟、放孔明灯、水灯、赶摆、漂流、水中娱乐等项目，以不偏离主题。

---

**案　例**

### "三月三荔枝湾"十大活动

广州千年胜景——荔枝湾重现于世。借荔枝湾景区开放的契机，为了更好地展示荔枝湾的文化底蕴，荔湾区根据历史资料和专家学者的研究及部分地方老者的回忆线索，挖掘整理了部分广州荔枝湾一带三月三的民俗活动来恢复，打造成"三月三荔枝湾民俗文化节"。文化节除了保留原来仁威庙会的传统活动如醒狮巡游等之外，还有所扩展，整个活动的范围也扩展到整个荔枝湾景区。

据介绍，文化节有十大活动内容，分别为：

转文塔。这是三月三的一大重头戏，荔枝湾的文塔是广州市区内唯一的功名塔，有400多年历史，据传广东清代三个状元都是曾于此拜祭过后上京赶考科举中魁的。由于新中国成立前文塔就荒废已久，有关的记载和记忆都甚少，故这次根据各地文塔和泮塘乡民拜文昌的习俗，重点推出了转文塔祈愿的项目。这也是文塔大门许多年来的首次正式重启，开幕时有一个很特别的文塔开启仪式。此后每天市民、游客都可来转文塔祈愿，并可进塔内参观许愿，同时还可拿到具有特别意义的地道民俗手信。

逛庙会。泮塘仁威庙会，是三月三的核心项目，完整地保留并延长了时间。其间，信众可进庙拜北帝祈福许愿，庙外广场还有杂技、相声、魔术、口技、粤剧、粤曲、歌舞、民乐等演出，最激情壮观的是 4 月 4 日当天西郊乡及上下三村各友乡狮队的到访会狮和醒狮巡游，还有质朴的泮塘村民武术、舞龙表演，以及当天下午艺高人胆大的黄飞鸿狮艺表演等。

会男女。古时三月三可以说是最早的法定情人节了，《周礼·地官·媒氏》中说："仲春之月，令会男女，于是时也，奔者不禁。"时至近代，三月三青年男女结伴踏青游春依然盛行。这次三月三，呼吁并欢迎年轻人来荔枝湾游春，来了会有惊喜。同时，将进行"美荔邂逅"特别活动，全城招募丽人，再现杜甫"长安水边多丽人"的浪漫古风。

游船河。游船河是荔枝湾传统的游玩消闲项目，三月三期间，荔枝湾游船的经营时间从早上 9：30 一直到晚上的 21：30。

乐童玩。这次民俗文化节组办方也特意搜集并恢复了部分岭南地区的童玩项目，包括陀螺、滚铁圈、跳橡筋、跳格子、弹波子、跳绳等 10 多种童玩游戏。

睇大戏。本次三月三期间几乎每天都有粤剧私伙局表演。

对诗画。三月三踏青游春也是文人雅聚之时，著名的《兰亭序》就是在东晋永和九年三月三日，王羲之等 40 余人于兰亭集会，曲水流觞，欢饮之间写下的，三月三也是我国的诗人节。这次也专门邀请多位书画家应众挥毫。

叹美食。荔枝湾仁威庙旁正是著名的广州美食园，有泮溪酒家等名老字号。这次将请知名美食家带队细说西关美食，市民游客可报名参与。

拎手信。这次将结合三月三转文塔等民俗，推出应节手信，而广州美食园内的老字号手信街各店铺也将增加品种，并推出有特别标识的相关手信，限量供应。

派福米。这也是仁威庙会的必备项目，向区内特困群体派发生活物品，以彰显慈善公益事业。

——资料来源：林洪浩. 荔枝湾民俗文化节即将开锣推十大活动［N］. 广州日报，
2011 - 03 - 29.

**案例分析**

如何围绕节事主题安排旅游节事活动的内容？

**费用预算方案。** 节事活动的组织和实施需要的费用是非常大的，节事运作的过程中还有很多不确定的因素，需要在情况变化时对费用支出作出相应的调整。因此策划方案中，对于经费的预算至关重要。费用预算一般包括场地租用、购置器材设备、日常行政费用、劳务报酬以及公关活动费用等。

**资金筹集方案。** 由于节事功能定位的不同，资金筹集方案也是不一样的。目前政府举办节事活动的目的，有的是扩大地区的影响和提高知名度，有的是"政府搭台，经济唱戏"，促进当地经济发展。政府部门对某些节事项目可以采取部分投入和部分贷款的方式筹办旅游节事活动；企业主办的节事活动功能单一，目标明确。节事费用可由政府拨款、企业赞助、广告收入、门票收入以及活动期间向销售商品的企业收费等组成；而对其他的项目则可以让旅游节事的组委会自筹资金，组委会自筹资金可以通过项目承包、广告集资、企业赞助、指定产品项目开发、纪念品开发销售等方式来筹集项目活动的资金。以此建立市场化、多元化的筹资机制。在运作机制方面，旅游节事组委会办公室下设的节事经济开发中心具体负责办节的资金筹措，如通过广开赞助门路完善投资回报机制；专营权转让和广告场地租赁等方式吸引各企业、公司来投资，调动其参与市场资源配置的积极性和发挥其在经营中的主动性。例如，上海世博会建设总投资 250 亿元，其融资方案就是由政府投入、银行贷款、企业出资三部分组成。上海世博会公司负责资金筹措的策划、募集、管理、运作和债务偿还，并以市场化方式进行运作。

**公关招募方案**。社会各类公众的积极参与是节事活动成功的关键因素，所以招募节事参与者是策划的重要方面。在进行公关招募方案策划时，首先要明确需招募的潜在参与者。有的可能以企业为主体，有的可能以普通市民为主体，还有的可能以企业和市民共同参与为主体。这三类公众各有特点和需求，所以，对他们进行招募时要制订不同的方案。

**节事营销方案**。节事营销在节事活动的每个阶段，从策划、组织到实施，都非常重要。节事营销方案质量的高低会影响到节事活动的成败。"酒香不怕巷子深"的时代已经逝去，大规模的营销时代已经到来。除政府部门发挥其主导作用、需大力宣传之外，亦要求社区居民参与旅游节事活动，以形成互动，实现口碑宣传促销。这样既调动了大众积极性，增加了居民收入，又提高了举办地的知名度和美誉度，使经济效益增加。此外，网络营销也是信息时代一种极其有效的宣传方式，我们要充分利用这样的现代技术手段。

## （四）策划方案的审批

在所有方案确定以后，应送交有关部门和专家组进行评审，之后再根据评审意见和结果对方案进行修改和完善，确定节事的最终方案。当然，最终方案也不是固定不变的，它也要随着事情的发展变化作相应的调整。

## （五）策划方案的实施

项目的具体落实阶段也是至关重要的。第一是部门组织工作。先要取得有关部门的同意和支持（如公安、交通、消防、市政、城管等）；然后给各工作小组分派任务，明确组织者（包括主办单位、承办单位、协办单位等）的组织结构设立和内部责任分工；寻求可能的赞助者；制定旅游节事日程（包括主题活动日程、内容和配套活动的日程、内容）；制定绩效评估体系，确定旅游节事具体目标和经济指标；预计接待人数、收入来源和收入预测等；确定旅游节事总体口号、标识、吉祥物；设计和开发宣传品、纪念品和配套商品；制定旅游节事活动管理的有关条例（包括游客管理、安全管理、环境管理、市场秩序规范、交通管理条例等）；制订突发事件应急方案等。第二是具体实施行动计划，包括财务计划、消防及安全计划、员工培训计划、接待计划、环境整治及场地布置计划、交通管制计划、宣传促销计划、开幕式和新闻发布会计划、各主题和配套活动的日程安排等。为了有效地实施各项计划，必须制订详细的行动方案。此方案必须明确行动计划和战略事实的关键性决策和任务，并将执行决策与任务的责任落实到个人或小组。

## （六）策划方案效果评估与反馈

策划方案运作完成后，是否会收到预期效果，是否切实可行，还要进行评估及事后活动效果反馈。这阶段的具体工作包括：搜集所有信息反馈和旅游节事报道；审核经费开支；追踪、评估与赞助商的合作；分析旅游节事举办的经济和社会影响；总结策划及实施各环节的得失；对成功举办的旅游节事活动进行品牌注册，开展品牌经营和管理。大型旅游节事活动的举办是一项创新性的工作，实施事后的系统客观评估，既有利于提高大型旅游节事活动的举办水平，也有利于提升媒介传播水平。节后反馈可以从以下几方面着手：发放调查问卷给全体员工或采用面谈的方式，了解在活动过程中出现的各种问题及其处理的方式方法；应用网络手段，征集不同人群对此次活动的看法及建议；伴随着节庆活动的开展来收集反馈信息。

世间万事万物都处在不断的变化发展之中。节事活动举办期间会出现很多意外情况，举办方必须不断作出调控，并对计划进行必要的修正，确保目标的实现和节事活动的顺利开展。同时，要不断积累经验，为以后的计划提供重要的参考材料。

总的来说，旅游节事策划是一个非常庞大的系统工程，从活动的创意、策划到组织、协调、管理，每一个环节都要统筹考虑，不仅做好前瞻性、战略性规划，而且要协调好每一个细节，力争尽善尽美，有较高的执行力，否则，不可能取得好的活动效果。因此，只要节事策划人员重视研究旅游节事活动的特点，掌握旅游活动策划和规划的方法，认真学习国外的成功经验，就能将我国的节事活动越办越好。

## 二、旅游节事运作应注意的问题

### （一）活动时机的选择

旅游节事的实质是"节事经济"，选择最佳时机举办才能把握住最好的商机。各地的旅游资源都有其独特性，各有其最佳观赏时间，比如各种花卉节或采摘节，必须等到花开期和果实成熟期才能进行。在本地区最具有竞争力的时候推出活动，对充分打造当地的旅游品牌形象的作用无疑是最好的。同样，如果需要培育当地新的旅游增长点，也可以依托要培育的旅游景点，在其最具有吸引力的时候推出活动。另外，为了平衡旅游地供给与需求，也可策划组织相关的民俗、娱乐等活动并在黄金周推出，由于市场需求旺盛，效果比较明显。但黄金周期间的活动往往只能起到锦上添花的作用，况且如果各旅游地的旅游活动都紧紧咬着黄金周不放，势必造成市场注意力的分散，影响活动对塑造、传播地方旅游形象应有的作用。

### （二）活动主题的确定

主题是体现旅游节事个性的最佳表现形式。策划一个旅游节事活动，首先应该确定活动的主题。活动主题的确定，首先，要考虑的是旅游地的资源状况：旅游地的最大卖点是什么？最大特色是什么？哪些产品已经比较成熟了？哪些还具有相当的潜力，有待进一步挖掘？其次，要考虑市场需求状况：目前游客的旅游心理趋向是什么？有哪些需求他们已经基本得到满足，哪些还没有？搞清楚了这些问题以后，在旅游地的现有卖点、特色或者准备下一步重点开发的潜在卖点与市场需求之间寻找结合点，进行创意提炼。活动主题的创意提炼必须以对旅游地资源现状的把握和市场现状的分析为基础，集思广益，切忌单靠关起门来拍脑瓜作出决策。

### （三）活动内容的设计

活动内容应该围绕着节事主题来进行设计，主要包括两个层面：一是旅游层面的活动内容，二是和旅游相关的经济商贸活动。旅游层面的活动内容是最基本的，也是最核心的。对一些大的旅游城市而言，旅游节事活动的内容一般还涉及经济贸易等相关内容。旅游节事活动的主题确定以后，围绕这一主题进行嫁接、联想、转换、延伸、扩展、丰富，依次来设计相关活动内容。活动内容至少要有 1～2 个比较大的亮点，然后再构建一些小的比较常见的活动内容，但活动内容并非越多越好，切忌活动内容的设计过于庞杂，造成景区形象的模糊。

## （四）活动招商

对举办大型活动来说，赞助是资金流的关键，缺少资金的支持，节事活动很难达到一定的影响力，形成良好的效果。因此，活动的管理者通常将很大一部分精力用于确定赞助商、制定赞助建议案以及进行赞助洽谈等事务。目前旅游节事活动中的赞助越来越多，一些大中型企业对一些规模巨大、影响力大的旅游节事活动的赞助越来越热心，如青岛国际啤酒节、大连服装节等。而对于绝大多数中小型旅游节事活动而言，在企业赞助方面的工作还是非常有限的。事实上，并不是赞助商不愿意赞助，而是节事活动没有提供吸引赞助商的赞助回报。对赞助商而言，他们关心的问题主要包括：旅游节事活动的目标市场是否与企业的产品目标市场一致或者有关联？例如，平邑蒙山举办长寿旅游节就可以重点寻找一些老年保健品厂商进行赞助。厂商宣传展露机会如何体现？活动的新闻价值如何？厂商有没有媒体展露的机会（新闻、广告）？厂商是否有机会和目标客户就其产品或者服务进行直接的沟通（例如设点促销）？活动的社会效益如何？对传播企业形象的作用如何？赞助费用（资金、产品等）跟企业将同等费用用于常规的宣传所能达到的效果相比是否划算等。

## （五）活动宣传

旅游节事活动是手段，不是目的。举办节事活动最终是为了提高知名度，带来客源。如果举办地在节事活动内容上肯花钱，而在宣传方面舍不得投入或者投入不够，那无疑等于关起门来自己热闹，就成了为搞活动而搞活动了。宣传主要包括新闻发布会、信函、传真、广告、新闻等方面。活动信息对外传播的唯一途径就是宣传。再好的活动只有辅以有效的宣传才能达到应有的效果。活动的宣传要选准宣传点（亮点、新闻点、强调点），找准宣传对象（旅游记者、旅行社、游客），运用各种宣传方式从不同角度予以强化。例如，利用新闻吸引大众注意，硬广告提升活动形象并告知详细信息，主题线路广告配合旅行社进行销售等。

## （六）活动销售

旅游节事活动的最直接目的就是增加游客量，因此活动的举办、活动的宣传和活动的销售必须紧密结合起来才能达到最佳效果。在设计节事活动内容的同时，还要有针对性地设计一些相关主题旅游线路，并将活动内容、主题线路、优惠措施等相关信息及时通告给各旅行社。如果旅行社能在活动举办前后推行相关的主题线路，必然对活动的宣传以及景区本身的宣传和销售起到非常好的作用。

## （七）活动控制与保障

确定了旅游节事活动的目标和活动的基本内容后，还应该非常重视实施方案的操作设计。一些创意很好的活动，由于缺乏具有指导性和可衡量性的操作设计，在实施过程中有可能出现很多问题，违背了活动的初衷或者没有达到预期的效果，很多情况下还会出现严重超出预算的问题。因此，应该在活动举办前召开协调会，对所有参与活动组织实施的工作人员进行方案培训，使其深入理解活动每个环节的策划意图，并严格按照规范程序进行实施。另外，诸如交通、食宿、安全、水电保障等各方面的问题，也应该在活动中予以足够的重视。避免因考虑不周而导致意外事故发生。

## （八）活动评估

一个大型活动应该有一个准确的评估标准，根据活动的目的不同，标准侧重也有所不同。但总的来说，计划执行的偏差、游客量的增加、媒体的报道篇幅与数量、周边居民的参与性、社会的关注程度、资金投入与回报等各方面都应进行总结，从而为以后的活动积累经验。

---

**案 例**

### 遂宁市第三届美食文化节策划方案

为响应遂宁市委、市政府关于"创建中国优秀旅游城市"的号召，实现"商旅兴市"的战略构想，遂宁市商务局、遂宁市餐饮协会、遂宁日报社等单位拟于2007年12月×～×日期间在遂宁犀牛文化广场（或金色海岸风情街）举办遂宁市第三届美食文化节。

本届美食节在总结前两届美食节成功经验的基础上通过系列主题活动，更好地将美食文化、群众娱乐休闲文化以及名品展示、展销等有机结合，其规模更大，水平更高，品种更多，是一次盛大的美食文化节庆活动。主办单位拟通过系列美食文化主题活动，打造高品位美食文化节名片，进一步宣传遂宁，扩大遂宁知名度，促进更多客商来遂宁投资，促进遂宁旅游业快速发展，推动我市经济、社会的进一步繁荣和发展。

**一、活动的主题**

以遂宁地方名特小吃、食品为主题，展示遂宁美食文化特色，以系列主题活动为发展的有效途径，更好地将美食文化、群众娱乐休闲文化以及名品展示、展销等有机结合，从而推动地方经济发展，服务地方经济。真正达到"食以人为本，节以人为乐"的效果，营造出欢快的节日气氛。

**二、活动的规模、内容及时间、地点**

1. 活动规模

本次活动主会场拟设置展位100个，凡国有、集体、股份制、中外合资、民营企业及个体工商户均可参展。

2. 活动内容

（1）评选遂宁名店、名菜、名点。邀请四川省内外知名的餐饮企业以及名小吃店参加，参展单位设看台、宣传栏、名菜点等商品展示，并从参展的菜品中由专家评审组评定名菜、名点。被评定的名菜、名点将被授予牌匾和证书，并通过权威媒体向外界公布。

（2）评定遂宁名火锅、名餐厅、特色店。邀请市内主营火锅的餐饮企业参加，由市专家评定小组评定"遂宁名火锅"、"名餐厅"、"特色店"，并授予牌匾和证书且通过权威媒体向外界公布。

（3）开展遂宁市首批绿色饭店颁奖活动。在美食节举办期间，将集中展示绿色餐饮企业形象及相关技术、产品与食品，推广新技术、新原料、新产品和新工艺，推进我市绿色餐馆和健康美食的发展进程，更好地促进餐饮行业发展。

（4）开展全市川菜烹饪技术大赛活动。举办遂宁市"金厨奖"表彰活动，主要设立杰出成就奖、技术创新奖、新人奖和特别贡献奖等。

（5）节目表演。由企业自报、组委会从中选出优秀的自编歌舞、宴舞、员工服饰表演、面食技艺表演、宴会插花、宴会摆台、果蔬雕刻、花式调酒、现场捏面人等。在美食节开幕式结束后，利用美食节主会场内舞台进行现场表演，以提高餐饮文化的大众感染力，加大对企业形象的宣传。由协会组织项目选拔赛，选出的优秀作品可参加美食节开幕式当天的成果表演。

（6）与消费者互动活动之一：和谐社区 —— 健康美食大讲堂。此项活动由协会选择部分社区和部分企业参加。参加企业以"传播科学健康理念，倡导安全营养饮食"为主题，自主选择活动形式。

（7）与消费者互动活动之二：企业齐行动，回报让利消费者活动。美食节期间，组织所有餐饮企业统一开展"国庆真情回报社会"活动，各店促销方案在美食节会刊上进行统一宣传。

（8）与消费者互动活动之三："元旦献礼，健康美食送万家"。通过"第三届遂宁美食节"发放会刊数万份，将数百款"经典流行菜品"的照片印制成美食节健康美食优惠券（优惠券由企业自定代金券金额）通过报社投放社区，送至千家万户。消费者于2007年12月27日~2008年1月3日元旦期间到企业就餐可享受代金券的优惠。

（9）举办"成渝美食在遂宁"论坛。介绍聚龙砂锅、麦加牛肉餐厅、水饺李等本土品牌店经验。

**三、活动方式及要求**

（1）组建美食节代表团。分别组建市中区、射洪、蓬溪、大英和市直属餐饮企业代表团，共同参加本次活动。各代表团做好本次美食文化节的组织协调、安全保卫和数据统计工作，并于×月×日前将组团情况、代表团负责人名单、参加企业个数、名称等上报。组委会领导小组将在参展的代表团中开展评比竞赛，对组织工作出色、参加比赛单位多、销售量大、经济效益好的代表团，市政府将给予表彰奖励。

（2）召开业务洽谈会。本次美食节以展销结合，观摩交流为主，各参展企业可邀请外地客商参加业务洽谈，采取召开订货会、招商引资会、供货会、客户座谈会、人才交流会等形式，促进相互间的交流和合作。外地客商由各区县和参展企业自己邀请和接待。

（3）展区规划布置。这次布展总的要求是：美观、节俭、安全、实用。各地代表团要有统一标识、力求醒目，要注明企业名称，参展商品图片和制作简介，各地要突出特色，特别是名小吃商品要有标志牌、获奖证书等宣传资料。

### 四、宣传报道

（1）通过广播、电视、报纸等媒体宣传营造声势，大力宣传遂宁市第三产业特别是餐饮业发展所取得的重大成果，进一步促进遂宁第三产业特别是餐饮业跨越式发展。

（2）通过《遂宁日报》、遂宁新闻网、LED电子台、遂宁电视台、遂宁电台等媒体发布遂宁市第三届美食文化节的消息，并由《遂宁日报》作连续相关报道。

（3）举行隆重的开幕式。届时请市委、市人大、市政府、市政协的主要领导为第三届美食文化节剪彩并作重要讲话。各大媒体现场采访并专题报道开幕式盛况。

### 五、组织领导

主办单位：遂宁市五创办、遂宁市商务局、遂宁市餐饮协会

承办单位：遂宁市传媒公司

协办单位：

赞助单位：

组织机构：（由组委会主任、副主任、组委会委员等组成）

### 六、筹备负责人

下设六个组：

（1）办公室负责人：五创办、市传媒公司办公室负责人。主要承办各小组之间的协调联络、信息收集、活动程序安排，制作开幕程序，领导讲话稿、现场礼仪等方案，负责请柬发送等综合协调工作。

（2）评审组负责人：市商务局专家、餐饮协会专家。负责组织美食文化节期间餐饮企业申报的名菜、名点、名店的审查和评选工作。

（3）宣传报道组负责人：××。负责活动期间相关媒体的联系协调、现场布置及宣传报道工作。

（4）现场管理组负责人：××。负责掌控广场握手秩序和现场情况，并对服务及卫生工作以及现场规划、广告布置等具体进行调整安排。

（5）安全保卫组负责人：××。负责与公安、交警、巡警、保安、城监等单位的协调与联系，做好现场管理包括人员疏散、秩序维护、广场停车管理、突发事件处理以及防火安全（现场灭火器部署，落实专人使用、负责），同时制订应急方案。

（6）后勤服务组负责人：××。负责活动期间的统筹安排，来宾接待，落实现场舞台搭设、灯光音响设备，做好水、电、气设施的维护和保养等工作。

——资料来源：遂宁旅游暨城市品牌推广策划案，http：//www. chinacity. org. cn/cspp/csal/44787. html/2009 – 10 – 15.

案 例 分 析

　　1. 完整的旅游节事策划方案是怎样的？

　　2. 如何评价旅游节事策划方案的实施效果？

# 第四节　旅游节事策划的发展

## 一、我国旅游节事运作模式

　　国外的旅游节事活动有着悠久的历史，已经形成了相对成熟的运作模式。我国的旅游节事活动始于 20 世纪 80 年代中期，虽然起步晚，但发展势头迅猛。据不完全统计，目前我国每年的大小节事活动达到 5000 多个，节事活动类型不断丰富，节事旅游在摸索中不断成熟，大体上呈现出 3 种不同的发展模式：

　　**政府主导、联合承办、联动开发模式**。最初的节事活动大都属于这种模式，这也是目前许多专题城市节事活动采用较多的模式。由于我国一些大型节事活动都带有社会公益性质，政府必须担负起牵头和主办角色，企业在初期基本上是被动的，缺乏积极性和创造性，它具有政府包办模式的特点，但也在不断加入市场化运作的一些成分。例如中国国际高新技术成果交易会（深圳），由商务部、科学技术部、信息产业部、国家发展计划委员会、中国科学院和深圳市人民政府共同举办。它坚持"政府推动与商业运作相结合，成果交易与风险投资相结合、技术产权交易与资本市场相结合、成果交易与产品展示相结合、落幕的交易会与不落幕的交易会相结合"等原则，面向国内外科研院所、企业、高等院校、投资和中介机构，提供交易服务。

　　**政府引导、社会参与、市场运作模式**。政府引导、社会参与、市场运作模式是一种比较适用于中国国情的城市节事活动运作模式。这种模式显现出来的优越性、带来的效益，正在越来越多地被各方所认同。这种模式的特点：政府仍然是重要的主办单位，其引导作用主要体现在确定节事活动的主题和名称、以政府的名义进行召集和对外宣传；社会参与指充分调动社会各方面力量来办好节事活动，包括节事活动主题选择时的献计献策，节事环境氛围的营造，各项活动的积极参与等方面；市场运作指节事的举办过程交给市场来运作，如节事活动的冠名权、广告商、赞助商等都可以采用市场竞争的方式，激励更多的企事业单位参加。这样做一方面可以为企事业扩大知名度，另一方面可以节省大量开支。例如，青岛国际啤酒节、哈尔滨冰雪节、中国潍坊风筝节、广州国际美食节、南宁国际民歌节等国内著名的大型城市节事活动，就是按照政府引导、社会参与、市场运作的模式来运作的。

**市场引导、企业主体、商业运作模式。**城市节事活动首先是一种经济活动，举办的重要目的之一就是要获得良好的经济效益和市场效果。因此，不论是节事活动举办的需求方还是供给方，都应当遵循一定的市场规律，把节事活动纳入市场经济的轨道，进行市场化运作。这种模式的特点：节事活动全部采用商业化运作和管理，节事活动的举办时间地点、广告宣传方式的选择完全按照市场需求，政府的职能发生根本性转变，节事活动的主体是企业，企业由被动参与到主动参与，由主动参与到竞争参与，组委会从企业中筛选出符合节事旅游发展的产品和项目，推动节事旅游产品的升级换代和全面提升。这是城市节事活动走向市场化的最终模式，也是节事运作模式发展的最终目标。例如，南宁国际民歌艺术节从 2002 年起，实行政府办节、公司经营、社会参与的运行机制。现在随着节事活动的进一步发展，民歌节将全部按商业运作，政府不再拨款。

## 二、我国旅游目的地开发旅游节事活动的现状及存在的问题

随着我国旅游业的发展，各种文化节、旅游节、时装节等层出不穷，许多旅游目的地已经形成自己的品牌节事活动和表演项目。各地举办"以节招商，文化搭台、经济唱戏"的城市节事活动，以此来推介具有地方特色的旅游资源和产品，塑造城市整体形象，促进城市经济和社会事业的加速发展，同时这也逐渐形成一种政府显示政绩的方式。虽然各地举办的节事活动层出不穷，但是真正成功并且可以持续下来的却屈指可数。这说明我国目前的旅游节事策划与运作还处于起步阶段。

### （一）主题低层次重复现象很多，差异化不明显

对于旅游节事活动的参加者来说，活动的主题是否具有特色是产生吸引力的根本所在。许多旅游目的地的节事活动缺乏新意，从内容到形式，从招牌到口号，从宣传手段到包装技巧，每次举办都没有什么变化和创新，很难形成对游客和大众的吸引力。一些旅游目的地节事活动的组织者缺乏精心准备、科学论证的过程，仅仅停留在模仿办节的阶段，从而造成旅游目的地节事活动的雷同和低层次重复，没有自己的品牌和风格，不能以当地特有的资源及社会经济条件为依托，缺乏永久性、垄断性、制度化的旅游识别标志。例如，光是以茶文化为主题的节事活动就有：日照茶博会暨茶文化节、中国重庆国际茶文化节、中国安溪茶文化节、蒙顶山茶文化节、思茅地区茶文化旅游节、湖北国

际茶文化节等。根据收集的样本分析，我国目前六大竞争性主题是"美食节"、"茶节"、"啤酒节"、"×花节"、"服装节"、"文化旅游节"等。这些节事并未很好地立足当地文化基础，不仅在主题、内容上照抄照搬，甚至在形式上缺乏新意，千篇一律，造成了资源的浪费和恶性竞争。

## （二）政府干预过多，缺乏市场化运作，节事绩效不显著

目前我国城市节事活动的运作与市场经济要求有很多不一致的地方。政府干预过多，管辖的范围过于宽泛。节事活动大都是按行政方式运作，上级分配工作，下级单位接受任务。组委会成员来自政府各个部门，他们亲自参与旅游节事活动的业务活动，从策划设计、宣传包装、出票展演到搭台布置、聘请人员等一系列具体业务都由自己操办，而较少考虑由专业公司来承办。由于单一的行政手段排斥了多元的市场操作，造成节事活动的运作成本过高，财政负担过重，经济效益不明显等问题。

在一些城市节事活动举办中，企业能够参加的筹资方面大都集中在广告宣传、捐赠和赞助上。由于投资回报机制尚未建立，企业的投资回报率往往较低。此外，由于政府办节往往更注重政治影响，经济意识不足，同时在活动的开幕式与闭幕式上耗资过大，也导致政府财政压力过大，节事绩效不显著。

## （三）管理无序，缺少科学规划

我国许多旅游目的地的节事活动基本上是"吃喝玩乐"、"晚会＋经贸"、"文化搭台、经济唱戏"的旧模式，所选取的具体活动杂乱，档次质量参差不齐，管理混乱，缺乏统一规划和管理机制。一些节事组织者对于为什么办节、能办什么节以及怎样办节等问题，不作市场信息调查和可行性预测，缺乏科学的决策依据。

## （四）缺少品牌知名度高、与国际接轨的节事活动

目前，随着旅游业的快速发展，全国各地都在举办本地特色的节事活动，并且每年呈递增趋势。这些节事活动，品牌知名度低，举办届数少，能持续下来并发展成国际性节事活动的就更少了。国内的许多节事活动都以当地居民为主，外地乃至海外旅游者很少，参与的形式也以散客为主，团队很少，节事宣传力度有待提高。因此，应力争将一些高品质的旅游节事持续发展下去。例如青岛市独具特色的大型节庆活动"青岛国际啤酒节"，自1991年以来，已成功举办了20多届，成为国际知名、国内一流的东方啤酒盛会。再如，洛阳自1983年举办了首届牡丹花会后每年的4月15～25日都举办牡丹花会；并且在2010年11月升格为国家级节会，由文化部和河南省人民政府共同主办，并正式更名为"中国洛阳牡丹文化节"。

## （五）经济与文化的结合力度不够

节事活动与社会经济发展相结合是其生命力所在，两者是分不开的，举办活动的目的是促进当地经济的发展，经济与文化又有千丝万缕的联系，而各地在追求经济效益的同时往往会忽略文化因素，例如花卉节事活动，尤其离不开文化因素，因为文化内涵好比是花卉的灵魂，离开文化因素，节事活动毫无意义可言。

## （六）地理空间分布不均衡

城市节事活动的举办与城市社会经济的发展有着密不可分的关系。我国社会经济的发展在地域上存在着较大的差异，使得城市的节事活动在空间上也出现了分布不均衡，东部沿海多、西部内陆少的格局。

从未来发展趋势看，一方面，随着经济、文化、政治、体育各领域交流的日益频繁，节庆、会议、展览活动的市场需求还在不断增大；另一方面，随着节事的旅游功能、经济功能、文化功能、社会功能等综合带动效应的发挥，各地举办节事活动的热情将进一步高涨。2009 年，国务院先后出台了《国务院关于加快发展旅游业的意见》和《国务院关于推进海南国际旅游岛建设发展的若干意见》等文件；文化部的相关文件亦指出，在"十二五"期间"要打造一批具有国际影响力的文化会展、节庆活动"。这些举措将促进旅游类节事的进一步发展。各地都把节事作为地区节庆产业发展、地区形象突破、地区软实力构建的重要举措。在这样的历史阶段和发展背景下，节事的文化和社会功能会进一步凸显，节事创新的步伐还将加快。因此，必须积极地从旅游节事的观念、形式、类型、主题、模式以及管理等各个方面进行创新，争取早日和国际旅游节事活动接轨。

# 复习与思考

### 一、 名词解释

旅游节事　旅游节庆　旅游事件　节事旅游

### 二、 简答题

1. 节事活动的可持续发展如何进行？
2. 节事活动的利益主体有哪些？其影响表现在哪些方面？
3. 在进行旅游节事策划的过程中，如何处理传统文化和现代文化的关系？
4. 我国旅游节事开发与发展的现状和问题有哪些？
5. 国际节事活动发展趋势是怎样的？

## 三、 单项选择题

1. 最常见的一种节事分类标准是 (　　)。

A. 影响　　　　　　B. 内容　　　　　　C. 规模　　　　　　D. 形式

2. 旅游节事策划的首要原则是 (　　)。

A. 个性化原则　　　B. 文化性原则　　　C. 市场导向原则　　D. 民众性原则

## 四、 多项选择题

1. 旅游节事的特征有 (　　)。

A. 鲜明的地方性　　B. 活动的集中性　　C. 影响的广泛性　　D. 效益的综合性

2. 旅游节事策划的原则包括 (　　)。

A. 个性化原则　　　B. 文化性原则　　　C. 体验性原则　　　D. 民众性原则

3. 旅游节事具体策划方案的制订包括的步骤有 (　　)。

A. 确立组织机构　　B. 确立节事主题　　C. 确定活动内容　　D. 资金筹集方案

## 五、 案例分析

### 世界四大赛马节

澳大利亚墨尔本杯赛马节、美国肯塔基赛马节、英国利物浦大马赛和法国凯旋门大马节被公认为世界上最负盛名的四大国际赛马节。

澳大利亚墨尔本杯赛马节是目前世界上最知名、历史最悠久的国际性赛马节，从1861年开始至今已成功举办了152届。每年11月份的第一个星期二，在墨尔本富莱明顿跑马场（Flemington），前来观看赛马的游客超过10万人，这一天全球观看电视直播的马迷超过3.5亿人。这一天是墨尔本的公共假日，也是唯一能够令全澳大利亚上下一齐停止工作的事情。当地市民穿着传统的服装，前去跑马场，在精彩的马赛中狂欢一天。

美国肯塔基赛马节。1864年，首次抽奖赛马活动在纽约举行。现在，美国每年要举行103000多场赛马，观众达到8000万人次，马票售出金额达120亿美元。其中尤以肯塔基大赛最为重要，全美最优秀的赛马集中在一起进行角逐。在肯塔基赛马节上很容易发现世界名流的身影。

英国利物浦大马赛创办于1839年，是最著名的安特里国家大赛（Grand National at Aintree）赛马运动的发祥地，水平高，范围广，赛马节当日，全城空巷，场面蔚为壮观。

法国凯旋门大马节。每年10月的第一个周末在隆香赛马场举行。比赛季节来临时，观赛入场券一票难求，买不到票的民众只好收看电视转播，大街小巷中便应运而生许多电视高悬的"赛马酒吧"。这些酒吧充分反映了赛马对巴黎人的不可或缺性。

根据以上案例，回答如下问题：

1. 查阅有关资料，对上述四个国际知名赛马节的情况做更全面的了解，分析它们对当地旅游发展所做出的贡献。

2. 根据你的判断，哪一个赛马节在吸引外国旅游者方面最具吸引力？

3. 这些赛马节能够被看成是严格意义上的旅游节事吗？为什么？

 **推荐阅读**

1. 戴光全，张骁鸣. 节事旅游概论［M］. 北京：中国人民大学出版社，2011.

2. 戴光全等. 节庆、节事及事件旅游理论·案例·策划［M］. 北京：科学出版社，2005.

3. 黄翔. 旅游节庆策划与营销研究［M］. 天津：南开大学出版社，2012.

4. 黄翔. 旅游节庆与品牌建设理论·案例［M］. 天津：南开大学出版社，2007.

5. 徐红罡，Alan A. Lew. 事件旅游及旅游目的地建设管理［M］. 北京：中国旅游出版社，2005.

# 第七章 旅游公共关系策划

在现代商品经济社会里，旅游业要生存发展，必须树立良好形象。积极的公共关系活动，是企业树立自身形象、取得公众信赖的重要手段，特别是越来越多的企业已意识到大众化营销不能满足他们的一些特殊沟通需要，广告的成本在持续上升，但接触到的公众却不断减少。销售成本也随渠道中间商要求、低价格和高佣金而大幅上升，而公共关系可谓是一个成本效益相对较高的促销工具，于是旅游企业产生了开发和运用公共关系的内在动力。

本章对旅游公共关系及相关概念进行了阐释和辨析，理清了公共关系与旅游公共关系的关系，详细介绍了旅游公共关系策划的程序，并阐述了旅游公关新闻策划、旅游公关专题活动策划、旅游公关促销策划、旅游危机管理公关策划的方法。学习完本章内容，学生可以对旅游公共关系策划有全面的了解，能够策划一些简单的公关活动。

## 学习目标

### 知识目标

1. 了解旅游公共关系及相关的概念。
2. 掌握旅游公共关系策划的程序。
3. 熟悉旅游公关新闻策划、旅游公关专题策划、旅游公关促销策划、旅游危机公关策划的方法。

### 技能目标

1. 清楚分辨旅游公共关系及相关概念。
2. 熟知旅游公共关系活动策划的全过程。
3. 能够与其他成员共同策划出一个完整的旅游公共关系活动。

**案　例**

## "梦想蓝" + "爱心彩" 万事利（集团）助力残运会

2011年10月11日，在杭州黄龙体育馆的第八届全国残疾人运动会（简称残运会）开幕式上，身着"梦想蓝"的美丽礼仪小姐优雅地引领着各省运动员入场，数万名现场观众手绑着七彩的"爱心彩"，用力地挥动，组成了爱心的海洋，现场气氛达到了高潮。由万事利（集团）精心设计定制的"梦想蓝"和"爱心彩"也再次成为赛场外的热点。

**捐赠"梦想蓝"礼服**

2008年，在北京奥运会上，青花古意、浓淡相宜、典雅的"青花瓷"颁奖礼服艳惊四座，也让万事利集团名声大振。

这次在杭州举行残运会，为了让丝绸在残运会上再次绽放异彩，让作为东道主的浙江人觉得"脸上有光"，万事利人早早就忙碌起来。从2010年12月开始，主题概念、设计、打样、成衣，每一个环节都经过了反复的调整和修正，最后选定了以钱江潮头浪花作为花样元素的"梦想蓝"。为了完美演绎潮头的品质，设计师团队更是经历了200多次的修改，最后定稿。万事利集团执行主席屠红燕告诉记者："'梦想蓝'系列服装既符合浙江的人文地理特征，又寓意钱江湖水自强不息、拼搏向上的残运会精神。此外，礼服还大胆突破传统旗袍的斜门襟中规中矩、盘口一线排列、间距相等的固有形制，将斜门襟设计成代表之江的'之'字形。"在花型上，"梦想蓝"采用的是手推绣，工序十分复杂。

正是在这样的精心制作下，一款款婉约优雅的礼服再次征服了观众。据介绍，每一套"梦想蓝"的造价均超过8000元，共计280套。总价值超过200万元的全真丝"梦想蓝"3个系列的礼服全部捐赠。

**20万条"爱心彩"飘动杭城**

2010年广州亚运会，万事利集团作为唯一丝绸特许生产商创意设计出的新时代志愿者标识物"志愿彩"风靡羊城，并一举开创了"彩"文化。

这次作为残运会首家签约的浙江省十大爱心企业，万事利集团为残运会设计的"爱心彩"也成为杭州城市中最为亮丽的装饰。据介绍，"爱心彩"共有五款，融合了残运会理念，在遍布浙江的火炬传递中，每一个火炬手和现场的工作人员均佩戴着"爱心彩"，爱如熊熊燃烧的火炬传递着浙江的慈善精神。"这次我们共制作了20万条，让这烘托渲染气氛的爱心彩更好助力残运会"，屠红燕表示。

——资料来源：陈聿敏."梦想蓝" + "爱心彩"万事利（集团）助力残运会［M］.
钱江晚报，2011 - 10 - 12（B11）.

**案 例 分 析**

1. 旅游公共关系策划有什么功用？

2. 案例中的万事利集团的公关专题策划成功吗？为什么？

3. 策划人员是如何结合自身条件，策划这次旅游公关专题活动的？

# 第一节　旅游公共关系概述

## 一、旅游公共关系的界定

### （一）公共关系的含义

公共关系，是美国律师、文官制度的倡导者伊顿于 1882 年在耶鲁大学法学院发表题为"公共关系和法律职业的责任"演讲中首次使用的。公共关系作为一种职业、学科以及社会组织的管理手段，在其发展过程中定义不断科学准确，内容不断丰富发展。

"公共关系"一词是英语 Public Relations 的汉语译称，20 世纪 80 年代中期，在中国由南往北广泛使用，也有学者译为"公众关系"，更多人用"公共关系"一词。现在人们认为公共关系是：社会组织通过形象塑造、传播管理、利益协调等方法，在公众中提高认知度、美誉度、和谐度，促成社会组织与其相关公众良好合作并和谐发展的科学和艺术。这个定义涵盖了以下内容：一是公共关系的主体是组织，客体是公众；二是公共关系的工作手段是双向信息传播与沟通；三是公共关系的目标是树立组织良好形象；四是公共关系的实质是组织与公众之间的利益关系。

### （二）旅游公共关系的界定

从旅游业的角度，可以把公共关系定义为：旅游公共关系就是旅游业以自己潜在的和现实的游客为中心，以现代传播为媒介，通过塑造自身良好形象，使自己与潜在的和现实的游客及社会环境相互适应、共同发展的一种经营管理理念和活动。

由于旅游业具有很强的综合性，旅游产品的营销需要社会各方面的协作；同时，在激烈的旅游市场竞争中，旅游目的地的形象好坏直接影响旅游目的地产品的销售。因此，利用旅游公共关系加强与旅游市场的沟通与交流，树立良好的社会形象就十分重要。旅游公共关系与旅游推销有着非常密切的联系，也有一定的区别。其区别是：旅游公关"推销"的是旅游形象，旅游推销的是旅游产品和服务。两者活动的目的不同，作用的时效也不同。

## 二、旅游公共关系的构成

旅游公共关系构成有三大要素：旅游公共关系主体——旅游业；旅游公共关系媒体——传播沟通；旅游公共关系客体——旅游业公众。

**旅游业**。旅游业，包括旅行社、旅游饭店、景区、旅游交通等，是公共关系的主体，是旅游公共关系的主要承担者，在旅游公关活动中具有主导作用。这个主体可以分为两类：一是旅游业整个企业或组织的全体成员，如旅行社的导游、饭店的服务员、汽车司机及其他工作人员；二是专门的公共关系人员，从属于一定的公共关系组织，或从属于组织内部的公共关系部门，或从属于独立的跨地区、跨行业的旅游集团、旅游公司、旅游协会的公共关系机构。

**旅游业公众**。旅游业公众是旅游公共关系的基本要素之一，是旅游公共关系的承担对象，对旅游公共关系的发展具有基础性和决定性的作用。旅游业公众是指与旅游业具有某种利益关联并相互作用的个人、群体及组织的总和，具有利益相关性、性质相同性、成分多样性、状态变化性、行为群体性等特征。从公众与旅游组织的归属关系上看，可将旅游业公众分为内部公众和外部公众两大类。内部公众主要有员工、股东等，其中员工是组织最重要、关系最密切的公众，任何一个组织无论性质、类型有何不同，都是由其内部员工组成，每一个员工都代表着组织的形象，员工关系是一切公共关系的基础；外部公众主要有旅游者公众、政府公众、社区公众、新闻界公众、供应商公众、经销商公众、交通运输部门公众、教育界公众等，其中旅游者公众是旅游公共关系活动最重要的外部公众，是旅游公关活动的主要对象，旅游者是旅游业的主体，是旅游业生存的"衣食父母"，没有了旅游者，旅游业也就没有了存在和发展的必要。

**传播沟通**。传播沟通是联结主客体关系的媒介，传播沟通是指两个相对独立的系统间利用一定的载体、方法和途径所进行的有目的的信息交流活动。旅游业最常用、最重要的传播媒介是四种大众传媒——电视、广播、报纸、杂志。选择什么样的媒介，要根据所传播的对象、内容及其他一些具体条件而定。在旅游公关传播活动过程中，要充分了解旅游公众，恰当选择传播内容，科学运用传播原则。正确选用媒介渠道，注意环境因素影响，善于排除干扰，及时获得反馈和进行传播调整等。再者，由于旅游业是以为旅游者提供服务为主的服务业，旅游业通过满意的服务，可以与公众进行有效的沟通，进而培养出人际传播的良好气氛。旅游业的特殊性质，使面对面的人际传播成为公关活动的最重要手段之一，对于旅游业，为旅游者提供满意的服务的同时，就是在进行公关活动了，而且是最有效的公关传播沟通。

## 三、旅游公共关系的功能

**第一，扩大知名度**。旅游业的主要任务是招徕顾客，旅游公共关系可以利用新闻媒体的权威性和影响力，向公众发布旅游目的地或旅游企业的信息，宣传旅游目的地或旅游企业的情况，扩大知名度，提升美誉度，以吸引更多的游客。

**第二，协调行业内部和外部的关系**。为了确保旅游业正常顺利地运行，必须创造一个旅游各组成部分，即旅游景点、旅行社、旅游饭店及旅游交通部门之间互惠互利、互助合作、协调一致的融洽关系。公共关系就是沟通各组成部分之间关系的重要手段。

**第三，与旅游者保持良好的关系**。在市场竞争日益激烈的情况下，谁能赢得顾客，谁就能在竞争中保持优势地位。旅游目的地或旅游企业进行公共关系活动，可以保持、改善或增进与顾客的关系。

**第四，妥善处理危机，维护旅游业的声誉**。旅游经营过程中，不免会出现许多纠纷、投诉和意外，影响旅游业的声誉。旅游公关以最快的速度、最有效的办法妥善处理这些问题，可以消除可能出现的不良影响，或将不利影响降到最低限度。

**第五，检测环境因素的变化**。旅游行业是敏感性很强的行业，环境因素的变化对其影响很大。环境因素变化主要是指政治经济形势、政策法令、社会舆论、自然环境、需求潮流的变化等，旅游公关部门要随时注意外部环境的变化并及时作出反应。旅游公关部门一方面必须对环境因素进行检测和分析，预测环境因素变化将给旅游业带来的影响；另一方面预测旅游业重大行动计划可能遇到的社会反应。

## 四、旅游公共关系活动的模式

公关模式是指一定的公共关系工作方法系统，包括宣传型公共关系、服务型公共关系、交际型公共关系、征询型公共关系、社会型公共关系等。每种模式均有不同的方法和技巧，旅游业在进行公关活动时，可根据公关的目标，选择一种或者若干种模式的组合。

### （一）宣传型公共关系

宣传型公共关系，就是利用各种宣传途径、各种宣传方式向外宣传自己，提高本组织的知名度，从而形成有利的社会舆论。宣传型公共关系的特点是利用一定媒介进行自我宣传，其主导性、时效性极强。策划时，应注意以下三点：第一，运用公关广告形式，按照本组织的意图在报纸、杂志、广播、电视等新闻媒体上宣传自己、树立形象，争取有关公众的好感。第二，策划专题活动"制造新闻"，吸引新闻界报道。这是一种不支付费用的宣传方式，在效果上比公关广告更有说服力和吸引力，更有利于提高本组织的知名度。第三，利用举办各种纪念会、庆祝典礼或利用名人、明星等特殊人物的声望，达到提高组织知名度的效果。

**案 例**

### 雷诺笔的销售传奇

1945 年，雷诺去阿根廷谈生意，无意中看到一种在美国还没有生产的新奇产品——圆珠笔。美国实力雄厚的杜利制笔公司已打算生产这种笔。雷诺清楚地认识到，这东西一旦投放市场，肯定是走俏商品，随即决定自己要制造圆珠笔。他买了几支圆珠笔带回美国，一到芝加哥，他就请一位工程师设计了一种不同于原来圆珠笔的新型圆珠笔。他知道，杜利制笔公司虽然实力雄厚，但机构烦琐，新产品上市需要很长时间。要想与杜利制笔公司竞争，就必须抓住时机，在对方未出产品之前，抢先占领市场。于是他带着一支样笔到纽约金贝尔百货公司及其老对手梅西百货公司登门推销，接到两笔大的订单。这也是雷诺匠心独运所在，因为两家百货公司竞争得越激烈，无论谁输谁赢，都将极大地扩大自己产品的知名度。他迅速投入 2.2 万美元的资金建厂，在杜利制笔公司的制笔计划还在其各个机构审批的时候，雷诺已经投放市场了。金贝尔百货公司售笔这一天，顾客反应之强烈令整个销售界大为震惊，该公司还被迫请了几十名警察维持秩序。成本只有 0.8 美元的一支雷诺笔售价竟高达 12.5 美元。

但雷诺仍担心人们不知雷诺笔已经问世，想扩大影响，可人手又不够，于是心生一计，向法院控告杜利制笔公司违法试图阻止他生产和销售圆珠笔，要求对方赔款 100 万美元。杜利制笔公司很快提出反控告。很多报纸都报道了这一消息，案子虽然不了了之，但雷诺却达到了宣传目的。不到半年时间，雷诺就获得纯利润 150 多万美元。到了 1946 年，圆珠笔制造厂有 100 多家，笔的价格已经跌落下来，雷诺打算用飞机作环球飞行的办法扩大产品的影响。于是他买了一架退役的军用飞机，命名为"雷诺弹壳号"，同时推出一种弹壳号圆珠笔。他聘请了两位飞行员，自任领航员，飞机从纽约起飞，穿越欧、亚和太平洋，共花了 78 小时 55 分钟环绕地球一周，打破了当时环球飞行的世界纪录。雷诺回到纽约时受到隆重欢迎。纽约所有报纸都报道了这件事，尽管这次飞行花了近 20 万美元，但雷诺笔的销售量却翻了几番。

——资料来源：天一. 雷诺笔的销售传奇 [J]. 世界商道，2011 - 3 - 18.

**案 例 分 析**

企业可以利用哪些宣传途径和方式对外宣传，以提高本组织的知名度？

## （二）服务型公共关系

服务型公共关系，就是指企业组织向社会公众提供的各种附加服务和优质服务的公共关系。其目的在于以实际行动使目标公众得到实惠，通过提高公众满意度，塑造良好的组织形象，增强组织的市场竞争力。要做好服务型公关策划，旅游业组织应注意以下要点：第一，紧紧围绕本企业产品销售过程来进行，根据为顾客提供满意服务的全面性、速应性、配套性、方便性、全程性和纵深性等指标来具体考虑设计。不仅要满足顾客的实际需要，而且要满足其心理需要、审美需要和其他需要；不仅要满足顾客的显性需要，而且要满足其隐性需要。第二，根据企业及产品的个性，对其策划依据及要点进行综合性和针对性设计并加以提炼。第三，活动策划的程序应该符合科学的公关策划的一般要求，活动的创意应突出其创造性、独特性和可操作性，并要求活动方案在实际操作中能被及时调整。

**案 例**

### 海尔集团的真诚服务

海尔集团是我国家电行业的龙头老大。海尔不仅因其产品质量好而畅销世界，而且因其所提倡的"海尔国际星级服务"享誉全球。

"满足用户的潜在需求"是"海尔国际星级服务"的宗旨所在。在这一宗旨的指导下，海尔集团于1990年投资800万元建立海尔售后服务中心。售后服务中心制定了一套详尽、严格的服务原则，包括：（1）售前、售后提供详尽的咨询；（2）任何时候都为顾客送货到家；（3）根据用户指定的时间、空间给予最方便的安装；（4）上门调试，示范性指导使用；（5）售后跟踪，终身上门服务；（6）出现问题24小时之内答复，使用户绝无后顾之忧。

为了实现"国际星级服务"，海尔人制定了著名的售后服务"一、二、三、四"模式，即一个结果——服务满意；二个理念——带走用户的烦恼，留下海尔的真诚；三个控制——服务投诉率小于10%，服务遗漏率小于10%，服务不满意率小于10%；四个不漏——一个不漏地记录用户反映的问题，一个不漏地处理用户反映的问题，一个不漏地复查处理结果，一个不漏地将结果反映到设计、生产、经营部门。

为了落实"一、二、三、四"服务模式，海尔公司规定上门维修人员在顾客家中洁净的地板上铺上一条专用布，完工后自带抹布将维修时留下的污渍擦拭干净；如果客户的冰箱需要拉回中心修理，那么顾客马上会得到一台周转冰箱使用。与此同时，海尔对所有服务人员的规定却是如此不近人情：上门维修不许抽烟、喝酒、吃饭、接受礼品，后来干脆规定连用户的水也不准喝。于是有了海尔人自带矿泉水上门维修的情景。

——资料来源：海尔集团的真诚服务［EB/OL］．人民网，http：//mnc. people. com. cn
2007/12/3.

**案例分析**

1. "海尔国际星级服务"属于哪种公关工作类型？其公关意义是什么？
2. 结合实际谈谈海尔公司开展"国际星级服务"活动的主要内容。

## （三）交际型公共关系

交际型公共关系，是指不借助其他媒介，而只在人际交往中开展公关活动，直接接触，建立感情，达到建立良好关系的目的。交际型公共关系是一种有效的公关方式，它使沟通进入情感阶段，具有直接性、灵活性和较多的感情色彩。要做好交际型公关策划，旅游业组织应注意以下要点：第一，交际型公共活动的形式主要有对外开放、联谊会、座谈会、慰问活动、茶话会、沙龙活动、拜访、信件来往等。第二，情真意挚。对公众要报以真挚的感情，真心实意地交往。要说真话，向公众提供真实的信息，对公众要一视同仁，不受社会地位、经济条件、文化程度的影响。第三，讲究礼仪，礼节。公关人员要按基本礼仪规定行事，注重个人的仪表、言语、行动和精神风貌，要以良好的形象出现在公众面前，并善于巩固和推进友谊。第四，杜绝使用不正当的手段，把公共关系混同于庸俗关系，也不能把私人之间的感情交往活动代替具有交际性质的公关活动。

例如，一个人乘坐北方航空公司的飞机去外地出差。飞机降落之后，他提着随身带的一捆资料，走到了机舱门口。空中小姐在向他微笑道别的同时，递给了他两块小方巾，说："先生，请用小方巾裹着绳子，不要勒坏了您的手。"这位先生备受感动，从此每次出差或带家人出门，总是首选北方航空公司。一句话、两块小方巾，换来了一生的光顾，真是划算。交际型公共关系就是一种有效的公关方式，使沟通进入情感阶段，具有直接性、灵活性和较多的感情色彩，被称为情感营销。真正的情感营销是一种人文关怀、一种心灵的感动，绝不是那种眼睛紧紧地盯着人家手里的钱，说些寒暄的套话。在这个越发冷淡的科技时代，情感变成了一种稀有资源，谁借用了这种资源谁就能引爆营销的革命，实现大丰收。

### （四）征询型公共关系

征询型公共关系，是以采集社会信息为主，掌握社会发展趋势的公共关系活动模式，其目的是通过信息搜集、舆论调查、民意测验等工作，逐步形成良好的信息网络，及时了解民意和社会舆论，监测环境，为组织的经营决策提供咨询，使组织与环境之间保持动态平衡。要做好征询型公关策划，旅游业组织应注意以下要点：第一，在日常工作中发现公众意向，即直接通过与公众的接触，了解和观察到众多的公众意向信息。第二，利用专门调查了解公众意向。第三，利用大众传播媒介了解公众意向。大众传播媒介往往反映一种公共意见，同时，众多的信息，例如政府的决策信息、社会舆论信息及竞争对手信息等，往往是用大众传播媒介进行传播的。第四，企业内部公众意见的征询。征询内部员工意见的主要方法有走访、座谈、设立意见箱、员工合理建议奖等，都是了解公众意见的好形式。

旅游业组织要对征询预调查的资料进行分析评价，把握主流公众的意见和建议，分析消极舆论，为组织决策提供科学咨询意见，使组织准确地进行市场开发和形象定位。

### （五）社会型公共关系

社会型公共关系，是组织利用举办各种社会性、公益性、赞助性活动开展公关的模式。它是以各种有组织的社会活动为主要手段的公共关系活动方式，目的是在引起社会公众关注的同时，赢得良好的舆论导向，可以通过所在地有影响的节庆活动、资金赞助福利、慈善和其他公益事业来进行。要做好社会型公关策划，旅游业组织应注意以下要点：第一，善于运用各种时机灵活策划各种公关活动，以期引起新闻界和公众的兴趣与重视，通过大众传播达到扬名在外的目的。第二，坚持利他原则，特别是尊重公众利益，重视社会整体效益。例如，成都锦江宾馆在"六一"儿童节到来之际，宾馆餐饮部和公关部的团员青年到"成都 SOS 儿童村"去看望儿童村失去双亲的孩子和他们年轻的"母亲"，给他们送去一件特殊的礼物——冷餐会，将五星级酒店的服务延伸到儿童村，同孩子们一起庆祝"六一"儿童节。这一活动，引起新闻界的极大兴趣，作为专题予以报道，其知名度进一步提高。

案 例

## 耐克进入中国市场

1980 年的中国在 Phil Knight 的眼中是由 20 亿只脚构成的，然而这 20 亿只脚的主人中的绝大多数根本就不知道世界上还有一个叫作"耐克"（Nike）的品牌，也都会认为一双鞋子花去半个电视机的价格是件极其荒谬的事情。让那个时候还在为永久牌自行车和三洋收音机着迷的中国人去买耐克鞋无异于痴人说梦，这就使得耐克在最初面对 20 亿只脚组成的中国时，得到的市场前景为零。一方面，所有的成年人都在埋头为自己的温饱苦干，体育和休闲根本就不在议事日程上，而所有的青年人都在为考试成绩忧虑，对于来自地球另一端遥远的球鞋不会有什么认识，更谈不上喜好。另一方面，要那些每月收入只有不到 50 美元的家庭去买 100 美元一双的鞋子更显得强人所难。近 10 年以来，中国篮球发展与耐克密不可分，从国家男子篮球队到青少年篮球培养体系，从职业篮球联赛到高中篮球联赛，耐克几乎介入甚至垄断了整个中国篮球市场。从 20 世纪 90 年代初，为上海的中学生捐赠球鞋，让学生在课后接触篮球运动并了解耐克品牌，继而在全国千万人口的大城市举办街头篮球赛及表演，再到组织高中男子篮球联赛，鼓励青少年更多地参与体育运动，通过体育来实现自己的梦想和个性，从而将体育运动融进文化中并且改造中国文化对于体育和运动的基本观念。近期，耐克又推出了以"我梦想"为主题的青少年运动推广计划，其中包括足球、篮球等体育项目。

此外，耐克的体育公关活动是与名人明星效应结合在一起的，飞人乔丹和其他 NBA 超级明星对于中国篮球迷的影响力为耐克赢得了不少忠实用户，耐克近期又开展篮球"名人训练堂"计划。中国许多篮球迷通过模仿乔丹的球技、扣篮动作认识并喜欢上了耐克。耐克现在在中国的代言人是刘翔。

——资料来源：耐克、阿迪深挖中国市场［J］. 商界纵横，2008 - 6 - 28.

### 案 例 分 析

1. "耐克进入中国市场"属于哪种公关工作类型？其公关意义是什么？
2. 结合实际谈谈耐克公司是如何在中国市场开展自己的公关策划的。

# 第二节　旅游公关策划程序

公关策划是企业在经营管理中，运用各种传播沟通媒介，促进企业与相关公众之间的双向了解、理解、信任和合作，为企业树立良好的公众形象。它对树立企业的形象和声誉有着举足轻重的作用，它还是企业塑造良好形象的前提和过程，又是企业具有良好形象的标志和结果。

为了使旅游业公共关系工作富有成效，旅游业组织必须遵守公共关系的工作程序。这一过程包括旅游公关调研、制定旅游公关目标、确定旅游公关策划主题、制定旅游公关活动方案和策略、确定旅游公关活动的时机和进度、编制旅游公关预算、旅游公关策划评估 7 个步骤。

## 一、旅游公关调研

旅游公关调研是组织整体公关策划的前提和逻辑起点，细致周密的调查研究是公关策划成功的前提，调查内容依公关的目的不同而不同。例如，以旅游促销为目的的公关，要调查现有市场的各类情况及消费习惯，诸如客源市场的地域范围，该地域内客源市场的规模，潜在旅游者和现有旅游者的数量，购买竞争者产品的旅游者的数量，旅游者的购买心理、购买动机、购买方式及接受旅游宣传的心理等。

## 二、制定旅游公关目标

公关目标是策划方案实施后所要达到的效果，它是针对需要解决的问题，将公关与其他活动所要达到的目标有机结合后形成的。

任何公关活动都应确立具体的公关活动目标。例如，通过媒体的新闻报道引起目标市场对旅游产品、服务等方面的关注，从而建立旅游目的地的知名度；通过新闻报道树立旅游目的地的良好形象；通过公关活动激励中间商和员工；降低营销成本等。

## 三、确定旅游公关策划主题

公关策划主题是旅游公关策划目标的概念化，它是围绕旅游公关目标，对整个旅游公关策划与操作起指导和规范作用的中心思想。旅游公关活动在具体执行时由若干项目组成，主题能连接所有公关具体项目，统率整个旅游公关活动，使公关活动形成一个有机的整体。例如，2004 年国家旅游局提出"红色旅游年"活动主题后，全国各地举办了形式多样的以"红色旅游"为主题的旅游公关活动，如湖南省人民政府联合国家旅游局、团中央在韶山组织了声势浩大的"中国红色之旅游、百万青少年湘潭韶山行"大型主题活动；江西省组织了"新世纪、新长征、新旅游——2004 中国红色之旅万里行"主题活动。

## 四、制定旅游公关活动方案和策略

为实现旅游公关活动目标，围绕主题要开展一系列活动，旅游公关活动方案策划是对旅游公关活动的形式、创意、思路及模式等的谋划，是整个旅游公关活动最关键的工作，决定着旅游公关活动的成败。

**表 7-1 旅游公关活动类型**

| 类 型 | 活 动 项 目 |
| --- | --- |
| 信息传播型 | 新闻发布会、记者招待会、演讲会、竞赛活动、颁奖活动、印发公共关系刊物、制作视听资料等 |
| 联络感情型 | 招待会、座谈会、茶话会、记者或企业家联谊会、参观访问、各类庆祝等 |
| 产品和服务推销型 | 展览会、展销会、博览会、向媒体提供新闻稿件或材料、特写文章和照片、拍摄电影和电视片 |
| 形象树立型 | 参加全国和地方性的节庆活动、公益赞助活动、开业庆典、周年纪念等 |

## 五、确定旅游公关活动的时机和进度

旅游公关活动的时效性很强，这是因为旅游活动的季节性很强，尤其是一些带有促销性质的旅游公关，即使是非常好的设计方案，融入了新思想，采取了新技巧，错过了一年之中的旅游季节，效果也会大打折扣。旅游公关时机策划就是对何时实施旅游公关策略才能取得最佳效果的决策。

旅游公关时机常常存在于下列事件发生的时候：

从外部来看有：国家政策、方针变化的时候；具有新闻价值的重大活动；新闻人物活动；重要节庆、节日；季节变化。例如，奥运会、亚运会、全国运动会、足球世界杯、电影节、国际重要会议等，这些都是策划旅游公关活动的大好时机。2008 年奥运会在北京举行，2004 年北京市利用雅典奥运会游客云集的有利时机，在雅典启动了"北京奥运旅游宣传活动"，北京市市长王岐山、"飞人"刘翔出席了宣传启动仪式。

从内部来看有：新旅游地、新旅游企业开业、新产品和新项目推出时；重大的纪念活动，如年度纪念；获得重大荣誉时；重大变革及重大人事变动；进行公益活动时；参加社会性活动时；对社会做出重大贡献时；企业文化活动动态；出现危机和危机苗头时。

## 六、编制旅游公关预算

旅游公关预算是对旅游公关活动实施所需要的人、财、物所进行的估算与安排。经费预算的项目主要包括：第一，项目策划费预算。让公关公司进行公关项目策划是要付费的，包括公关公司维持正常运转所必需的水电、保险、取暖、电话、办公消耗、交通、差旅等费用，以及公关策划人员的薪金、奖金、加班费等正常的办公费用。项目策划评估外聘专家、顾问及技术人员报酬也要被列入预算之中。第二，策划项目实施经费预算。例如，举行大型的展销会所需要的展览场地费、音响灯光租赁费、调研咨询费、媒体宣传广告费、设计费、资料印刷费、模特或演员表演费、礼仪小姐费、纪念品等。

## 七、旅游公关策划评估

旅游公关策划评估是衡量、检查和评价旅游公关方案的实施是否达到了旅游公关的目的。旅游公关的目的，就是评估的标准，实施的效果越接近目标，则旅游公关策划效果越好。旅游公关策划评估可采取向旅游消费者或工作咨询的方法，获得实施效果的反馈，将结果与评估标准对比，检验旅游公关效果的优劣。

---

**案　例**

### 长城饭店传总统要闻声震海外

1983 年，中国第一家五星级饭店，也是第一家中美合资的饭店——北京长城饭店正式开张营业。开业伊始，面临的首要问题就是如何招待顾客。按照通常的做法，应该在中外报刊、电台、电视台做广告等，这笔费用是十分昂贵的。一开始，北京长城饭店也曾在美国的几家报纸上登过几次广告，后来因为经费不足，收效又不佳，只得停止广告宣传。

广告宣传虽然停止了，但北京长城饭店宣传自己的公关活动却没有停止，他们只不过改变了策略。北京市为了缓解八达岭长城过于拥挤之苦，整修了慕田峪长城。当慕田峪长城刚刚修复、准备开放之际，北京长城饭店不失时机地向慕田峪长城管理处提出由他们来举办一次招待外国记者的活动，并承担一切费用。双方很快便达成了协议。在招待外国记者的活动中，有一项内容是请他们游览整修一新的慕田峪长城，目的当然是想借他们之口向国外宣传新开辟的慕田峪长城。这一天，北京长城饭店特意在慕田峪长城脚下准备了一批小毛驴。毛驴是中国古代传统的代步工具，既能骑，也能驮东西。如果长城、毛驴被这些外国记者传到国外，更能增加中国这一东方文明古国的神秘感。这次北京长城饭店准备的毛驴，除了一批供记者骑以外，大部分是用来驮饮料和食品的。当外国记者们陆续来到长城之际，主人们从毛驴背上取下法国香槟酒，在长城上打开，供记者们饮用。长城、毛驴、香槟、洋人，记者们觉得这个镜头对比太鲜明了，连连叫好，纷纷举起了照相机。照片发回各国之后，编辑们也甚为动心。于是，第二天世界各地的主要报纸几乎都刊登了慕田峪长城的照片。北京这家以长城命名的饭店名声也随之大振。通过这次活动，北京长城饭店的公关经理、这位当过记者的美国小姐，通过编辑、记者的笔头、镜头，把长城饭店介绍给了世界各国，不仅效果远远超过广告，而且尝到可以少花钱的甜头。于是，精明的公关小姐心中盘算起举办一次更大规模的公关活动。

机会终于来了。1984 年 4 月 26 日至 5 月 1 日，美国总统里根访问中国。北京长城饭店立即着手了解里根访华的日程安排和随行人员。当得知随行来访的有一个 500 多人的新闻代表团，其中包括美国的三大电视广播公司和各通讯社及著名的报刊之后，北京长城饭店喜出望外，决定把早已酝酿的计谋有步骤地付诸实施。

首先，争取把 500 多人的新闻代表团请进饭店。他们三番五次邀请美国驻华使馆的工作人员来北京长城饭店免费参观品尝，在宴会上由饭店的总经理征求使馆对服务质量的意见，并多次上门求教。在这之后，他们以美国投资的一流饭店，应该接待美国的一流新闻代表团为理由，提出接待随同里根总统访问的新闻代表团的要求。经双方磋商，北京长城饭店如愿以偿地获得接待美国新闻代表团的任务。

其次，在优惠的服务中实现潜在动机，北京长城饭店对代表团的所有要求都给予满足。为了使代表团的各个新闻机构能够及时把稿件发回国内，北京长城饭店主动在楼顶上架起了扇形天线，并把客房的高级套房布置成便利发稿的工作间。对美国的三大电视广播公司更是给予特殊的照顾。将富有中国园林特色的"艺亭苑"茶园的六角亭介绍给 CBS 公司、将中西合璧的顶楼酒吧"凌霄阁"介绍给 NBC 公司、将古朴典雅的露天花园介绍给 ABC 公司，分别当成他们播放电视新闻的背景。这样一来，长城饭店的精华被西方各国公众尽收眼底。为了使收看、收听电视、广播的公众能记住"北京长城饭店"这一名字，饭店的总经理提出，如果各电视广播公司只要在播映时说上一句"我是在北京长城饭店向观众讲话"，一切费用都可以优惠。富有经济头脑的美国各电视广播公司自然愿意接受这个条件，暂当代言人、做免费的广告，把北京长城饭店的名字传向世界。

最后，北京长城饭店又把目标对准了高规格的里根总统的答谢宴会，要争取到这样高规格的答谢宴是有相当大难度的。因为以往像这样的宴会，都要在人民大会堂或美国大使馆举行，移到其他地方尚无先例。他们决定用事实说话。于是，北京长城饭店在向中美两国礼宾司的首脑及有关执行部门的工作人员详细介绍情况、赠送资料的同时，把重点放在了邀请各方首脑及各级负责人到饭店参观考察上，让他们亲眼看一看北京长城饭店的设施、店容店貌、酒菜质量和服务水平，不仅在中国，即使在世界上也是一流的。到场的中美官员被事实说服了，当即拍板，还争取到了里根总统的同意。获得承办权之后，饭店经理立即与中外各地新闻机构联系，邀请他们到饭店租用场地，实况转播美国总统的答谢宴会，收费可以优惠，但条件是：在转播时要提到北京长城饭店。

答谢宴会举行的那一天，中美首脑、外国驻华使节、中外记者云集北京长城饭店。当电视上出现北京长城饭店宴会厅豪华的场面时，各国电视台记者和美国三大电视广播公司的节目主持人异口同声地说："现在我们是在中国的北京长城饭店转播里根总统访华的最后一项活动——答谢宴……"在频频的举杯中，北京长城饭店的名字一次又一次地通过电波飞向了世界各地，北京长城饭店的风姿一次又一次映入各国公众的眼帘。里根总统的夫人南希后来给北京长城饭店写信说："感谢你们周到的服务，使我和我的丈夫在这里度过了一个愉快的夜晚。"通过这一成功的公关活动，北京长城饭店的名声大振。各国访问者、旅游者、经商者慕名而来；美国的"珠宝号"游艇来签合同了；美国的林德布来德旅游公司来签订合同了；几家外国航空公司也来签合同了。后来，有38个国家的首脑率代表团访问中国时，都在北京长城饭店举行了答谢宴会，以显示自己像里根总统一样对这次访华的重视和成功。

——资料来源：长城饭店传总统要闻声震海外［EB/OL］．新浪读书，2010 - 7 - 14.

**案例分析**

北京长城饭店是如何围绕公关主题策划旅游活动的？

# 第三节 旅游公关活动策划

## 一、旅游公关新闻策划

旅游公关新闻策划是一门向新闻媒介提供旅游目的地、旅游企业及旅游产品等形象宣传材料及销售等其他信息的艺术。

### （一）旅游公关新闻策划的含义

旅游公关新闻具有与一般新闻不同的特点，主要是通过不断报道旅游业新近发生的事实，加强旅游组织与公众的相互沟通和理解，纠正组织在社会公众心目中不利的、虚假的和片面的形象，以便帮助组织建立、发展和巩固特定的形象。具体来讲，它是指对旅游业组织公共关系目标有影响的新闻进行选择、加工、编辑、传播、反馈的决策谋划过程。

## （二）新闻媒体的策划

新闻媒体策划是指对新闻媒体的决策和谋划，是选择最能实现旅游公关目标的新闻报道媒体的过程。新闻媒体选择得当，可以使组织具有新闻意义的活动和事件的价值得到最大限度地利用，收到事半功倍的效果。新闻媒体的类型如表7-2所示。

表7-2 新闻媒体的类型

| 新闻媒体 | 使用工具 |
|---|---|
| 印刷媒体 | 报纸和杂志 |
| 视觉媒体 | 电视 |
| 听觉媒体 | 广播电台 |

不同媒体对于实现旅游公关目标的作用是不同的。因此，公关新闻发布应根据不同媒体的特点，有的放矢地进行选择。新闻媒体的选择可依据下列几项原则：

**根据公众对象选择媒体**。由于不同的公众接受新闻媒体的习惯不同，若选择旅游公关对象不习惯的媒体，则达不到任何效果。公众习惯的新闻媒体有一定的规律可循，例如知识分子喜欢看报纸，文化程度较低的人喜欢看电视，出租车司机与农民喜欢听广播电台新闻等。

**根据旅游公关目标选择媒体**。不同的旅游公关目标，可以借助不同的新闻媒体达到，这是因为不同的媒体有不同的效果。视觉新闻媒体可以通过视频使公众产生真实、生动和具体的感觉。例如，新的旅游景点的发现，可用电视新闻报道的形式对外宣传，电视媒体在宣传山水景点时集图像、动作、色彩、声音于一体，生动形象，富有真实感，极具感染力，容易引起共鸣，比其他媒体更能促使人们尽快作出旅游决策。如果人文景点历史渊源考证方面有新的发现，而公关新闻宣传活动的目标是揭示旅游景点深厚的历史文化底蕴，让公众进一步了解景点，此类宣传一般采用报纸媒体进行，因为考证新闻往往要引经据典，而报纸是比较适合的媒体。

**根据传播内容选择媒体**。旅游公关活动传播的内容十分广泛，采取的形式也多种多样，不同的内容对新闻媒体的适应性也不同。例如，如果公关的内容是宣传企业开业大典的信息，则视觉媒体报道较能展示开业大典的气氛和宏大的场面；若只是向公众公布一般的产品和服务信息，则可以选择报纸媒体，既经济又能够把信息传播给公众；如果是旅行社进行旅游质量调查活动，则可以采用问卷、电话采访媒介。

**根据经济条件选择媒体**。实力比较强的旅游业组织可选择中央电视台黄金时间宣传。实力稍弱的组织也要宣传，拓展公众认知，可以在报纸上进行。公关人员在从事公关活动策划时，必须考虑组织的实力。一般情况下，公关活动的经费是组织总收入的3%左右，因此选择媒体应在有限的经费内进行。

**选择新闻机构注意事项**。具体选择哪家新闻机构，要注意新闻机构的信誉度和知名度，还要注意新闻机构在传播主题、报道形式等方面的特点，例如《中国旅游报》、《中国旅游地理》、《风景名胜》等。

## （三）制造"新闻事件"

旅游公关人员常常会有意识、有目的地策划、组织、举办有新闻价值的专题活动，制造"新闻事件"，吸引新闻媒体加以报道，使公众接受举办者的信息，达到宣传的目的。

**选择题材**。首先，最好选择某段时间内公众最为关心的话题，例如国家重大活动等。其次，选择与社会公益有关的活动，例如旅游企业参与或支援抗洪救灾、抗震救灾等。最后，可以与传统的盛大节日或纪念日联系起来。

**独特的构思**。制造新闻事件必须体现新、奇、特，必须别出心裁，否则不会有新闻价值。例如，日本一家位于市郊偏僻山坡上的酒店，策划出在山坡上划出一块土地供旅游者种纪念树，如婚礼纪念树、生日纪念树等的主意。

**注意方式方法**。制造"新闻事件"可以事先创造一些热烈的气氛。必要时，有意识地将事件与社会权威人士或名流联系在一起，以强化制造"新闻事件"的效果。

**真实的事件**。宣传的新闻事件必须是真实的事件，虚假的新闻事件尽管吸引了公众眼球，起到了轰动效用，达到了宣传目的，但最终对组织的发展不利。例如，2012年2月22日，归真堂向媒体部分性开放了"黑熊养殖基地"，让记者目睹所谓的"无管引流"活熊取胆汁活动。参观过程中，记者提出的问题未得到工作人员答复，一个多小时的"专家座谈会"也没能清除记者心中的疑惑。尽管归真堂向媒体开放养熊场活熊取胆，但因没有解决人们的疑问因而并没有取得事先预期的宣传效果。

## （四）旅游公关新闻报道活动策划

**旅游记者招待会策划**。旅游记者招待会策划是对开好记者招待会目的、程序及其他有关事项的谋划。主要是确定何时需要召开记者招待会，并对召开记者招待会的主题、时间、地点、参加者、议程等事宜精心安排，保证达到预期的目的。举办旅游记者招待会，一般是在旅游业中出现有新闻价值的重大事件需要发布，会准备举办一项重要活动，或将有社会影响的突发事故处理情况向公众通报时。记者招待会能否开好，其关键是确定会议主持人和发言人。主持人要选择修养好、威信高、应变能力强的人，一般由具有专业水平的公关人员担任；发言人是与招待会主题有关的人员，有时主持人和发言人可以是同一人。

**旅游新闻发布会策划**。旅游新闻发布会指旅游业组织向公众宣布某项特殊消息而举办的会议。它是非常有效的传播沟通形式，是新闻公关的重要方式。举办新闻发布会时，要召集新闻单位的记者，通过记者的提问和发言人的回答，向公众传播信息。新闻发布会与记者招待会的程序略同，只是新闻发布会的形式比记者招待会宽松、灵活，新闻发布会的发言人应该是具有法人资格的旅游企业的最高领导人。

**旅游新闻访问策划**。旅游新闻访问包括新闻界的主动参观访问和有组织地邀请记者参观访问两类。旅游新闻访问策划是对这两类新闻访问策划的谋划和安排。为宣传本国或本地区的旅游业，旅游界常采取"请进来"的方法，邀请国内外有关记者到本旅游地或旅游企业采访。这种方法与举办记者招待会相比，虽然规模不大，但形式活跃，能使旅游地或旅游企业与新闻界保持经常性的联系，加深新闻界对旅游地或旅游企业及其所要宣传的内容的理解。

## 二、旅游公关专题活动策划

旅游公关专题活动，又称公关特殊事件或公关特别节目，是指旅游业组织有目的、有计划地组织主题鲜明的公关活动。公关专题活动的类型很多，大到组织大型庆典，小到参加社区公关活动，都可以列入公关专题活动的范围，旅游组织应了解各类专题活动的特点和作用，以便利用这种公关技术达到旅游公关的目的。

### （一）社会公益型专题旅游公关活动策划

社会公益、慈善或赞助活动是旅游公关专题活动常见的形式，是发动和倡导有意义的社会募捐参与，或为社会做善事，目的是树立旅游企业关心社会公益事业的良好形象，培养感情。有时，还可以通过赞助来做广告，以增加广告的影响力。

社会公益活动赞助的策划可以按下列程序进行：

**第一，选择赞助对象**。公益活动的赞助对象很多，如参与赞助教育、文化和体育等活动，关心弱势群体，支持旅游业组织所在社区建设等。赞助对象可以是组织，也可以是单人或群体，要对赞助的公益事业进行调查，根据旅游公关目标，制定赞助方向和政策。

**第二，确定主题和口号**。旅游业公益活动主题要依据活动内容来确定，主题和口号是专题活动内容的概括。例如，上海衡山集团在考察江西革命老区的教育后，发起了"人人为衡山希望小学献一份爱心"的倡议；栖霞山管理处与《南京晨报》推出了"九九重阳、老人免费赏枫"公益游活动。

**第三，确定公益公关活动方案**。公益公关活动方案不可能是千篇一律的，不同的公益公关活动对象决定了活动方案的不同。比如为希望工程捐款和参加社区植树活动的方案是不一样的。当然，公益公关活动方案也有一些共同点，如赞助数额与品种、活动方式、时间地点、参加人员等。

**第四，制订报道计划**。在实施赞助计划的过程中，应事先同新闻界取得联系，组织记者采访，撰写新闻稿，这样才能起到扩大旅游企业影响的作用。

**第五，测定效果**。赞助活动完成后，需要测定其产生的效果，为以后的赞助活动提供参考。

## （二）庆典型的旅游公关专题活动策划

旅游企业通常会通过举行庆典活动展示企业形象和实力，常见的庆典活动有开幕典礼、纪念典礼、节庆典礼等。庆典活动要气氛热烈，不落俗套，才能给公众留下深刻的印象，达到为主办单位创造良好形象的目的。庆典活动策划的一般程序是：

**第一，拟定出席庆典活动宾客的名单**。不管是酒店、旅行社、餐饮店开业典礼，还是某个旅游景点景区建成庆祝，一般要邀请当地政府官员、社会名流、新闻媒体、协作单位、重要客户参加。因此，公关人员在策划庆典活动时，首先，要考虑的是哪些人参加，参加人的档次能反映庆典活动组织者的实力和形象。其次，要确定被邀请的人能够参加。如果做好了一切典礼准备工作，被邀请的人没有来，会使典礼举办者尴尬，起不到举办典礼提升旅游业组织形象的作用，可能还会起副作用。最后，送请柬要提前，一般是提前2～3天送到被邀请人手中。当被邀请人接到请柬后，送请柬者一定要确认其"能否参加庆典活动"，以便庆典活动安排。

**第二，拟定庆典程序和接待事宜**。庆典活动开始前的工作有：庆典单位主要负责人提前到活动会场迎接来宾；服务人员引导宾客签到。庆典活动议程：主持人宣布活动开始；介绍来宾单位及姓名职务；宣读上级主管部门和协作单位贺词；主要负责人讲话；剪彩；参观。

**第三，确定主持人、致辞人和剪彩人**。主持人通常由主办方担任。当重要的开幕式、闭幕式时，主办方会请身份较高的领导参加并致开幕词和闭幕词。剪彩是开幕式上常见的一种仪式。剪彩人由主办单位出席开幕式身份最高的领导担任，也可以安排上级领导、协办单位领导与主办单位共同剪彩。

**第四，安排助兴节目**。为了烘托庆典活动热烈喜庆的气氛，在庆典活动开始前组织锣鼓队、舞狮舞龙、鸣放礼花等，渲染气氛。

**第五，安排摄像和录像**。摄像师首先要了解会议内容，根据现场情况准备器材，应专门开辟一条专用通道，以保证拍摄过程的畅行无阻。

**第六，安排庆典后的活动**。庆典期间或之后，一般会安排参观、座谈和宴请等。

### （三）联谊型的旅游公关专题活动策划

联谊活动包括旅游企业内部员工和外部公众的联谊，这是一种沟通信息、联络感情的重要方式，其作用是使旅游企业及其内部人员更好地接触社会，获得社会的支持。联谊会的程序一般是：

**第一，确定联谊活动的主题**。例如，旅游企业与儿童共度"六一"，与协作单位共庆元旦等，主题确定好了，就可以围绕主题选择合适的联谊活动形式。

**第二，确定联谊活动形式**。联谊活动有多种形式，一般包括舞会、联欢会、茶话会、文艺演出、电影和音乐招待会，以及各种类型的宴请等。

**第三，确定联谊活动的时间**。一般以 2~3 小时为宜。

**第四，发出邀请**。提前将参加联谊活动的凭证发到参加人员手中，保证参加联谊活动的人员能按时出席。

**第五，场地安排**。场地安排要考虑联谊活动的规模、档次、特色及环境氛围等，专场的文艺演出还应准备好节目单。

## 三、旅游公关促销策划

### （一）旅游公关促销策划的含义

旅游公关促销是围绕销售展开的一系列公关活动。与宣传和广告一样，旅游公共关系是旅游促销的重要手段。与一般促销相比，旅游公关促销有自己的特点、目的和方法。

旅游公关促销的重点是服务形象和组织形象，把旅游促销过程看成是主动争取与公众心理沟通和情感沟通的过程，一旦在公众中树立了良好形象，就会拥有稳定而长远的客源市场。

旅游公关促销策划，是对运用公关手段进行旅游促销的艺术和技巧的谋划，包括旅游促销客体、对象的确定，促销环境分析，公关促销活动组织和公关促销技巧等。

### （二）旅游公关促销的要素

旅游公关促销的基本要素包括公关促销的客体、对象和人员。

旅游公关促销客体，是指被推销的旅游产品和服务。例如，饭店推出的服务项目、旅行社设计或组合的线路、旅游风景区及旅游度假地新策划的旅游活动项目等。旅游公关促销对象，是指旅游产品和服务的购买者。旅游公关促销人员，是指利用公共关系把促销客体向促销对象推出的促销主体。

### （三） 旅游公关促销环境分析

旅游公关促销不能盲目，应审时度势，对促销环境进行认真仔细的分析。

**经济环境分析**。主要分析当前旅游经济的发展状况，例如，旅游产品开发和投资方向，旅游需求的特点和趋势等。这种分析主要是了解旅游业的发展趋势，为确定促销对象提供依据。

**社会环境分析**。在制定旅游公关促销策略时，要仔细研究各类顾客，以便区别对待，根据顾客不同的社会背景，制定体现具体社会特色的旅游公关促销策略。

**地理环境分析**。旅游公关促销应分析客源地和目的地在地理环境方面的差异，以便利用差异进行旅游公关促销。例如，炎热地区可以在冬季向寒冷地区的旅游者推出送温暖的促销活动。

**竞争环境分析**。主要分析旅游业中具有互补和互代关系的旅游组织的公关促销手段，以便扬长避短，制定突出自己特色的旅游公关促销措施。

**政策法律环境分析**。政策法律，不仅影响着人们的旅游消费需求，而且也影响和制约着旅游公关促销的手段。若采取国家政策法律不容许的公关促销手段，其公关活动必然受到政策法律的限制，不仅达不到旅游促销的目的，反而还会为挽回形象付出沉重的代价。

### （四） 旅游公关促销活动组织

目前使用比较普遍的旅游公关促销组织形式主要有博览会、交易会、展览会或展销会以及邀请代理商来访等。旅游展销会一般由专门的单位主办，会议的时间、地点安排、场地的分配、展销会的主题都是由主办单位确定。在接到会议主办单位发出参加展销会的通知或邀请信后，迅速将文件呈报旅行社决策者，决定是否参加。如果参加，公关部应根据参加会议通知要求，向大会主办者报名，并提出参展展台面积大小的要求。同时将报名费、场地费寄予会议主办单位。旅游展销公关策划应注意以下几个方面。

**主题突出**。例如，2007 年德国国际旅游交易会上的中国"青藏铁路观光旅游"项目，世界独一无二，最引人注目。再如，突出民族传统文化遗产价值，像丽江展现古城遗风，周庄古镇展现小桥、流水、人家的江南水乡风光，少林寺展现古刹武术文化等。

**展台设计新颖**。旅游展销公关活动策划，关键的环节是展销创意，而展销创意主要表现是展台设计新颖。2006 年中国国际旅游交易会在上海新国际博览中心举办。西北五省区旅游局打破过去独家办展台的做法，首次联袂出击，共同租用展位，搭建展台，使西北展台形成一体，旅游产品推介以"丝绸之路——2000 年的辉煌与梦想"为主题，配以《神奇大西北》演示光盘，在会场内外刮起了一股强劲的"西北风"。

　　**活动安排有创意**。借展销会之"势"开展各种公关活动，而活动的安排要有创意。现在参加旅游交易会、展销会的商家，都借助大型展销会庞大的气势，组织一些富有创意的活动，引起公众的关注，达到提高知名度的效果。

相关链接｜　🔍搜索

### 河南旅游提出"心灵故乡 老家河南"旅游品牌

**2012 年中国（青岛）国内旅游交易会"老家河南"展台**
——图片来源：河南旅游 http：//www.hnta.cn

　　"心灵故乡·老家河南"是河南省旅游局党组确定的河南旅游全新的主题品牌，突出根亲、人文、情浓，传递着文化胜地、心灵港湾的融融之情。该主题推出后，一方面，河南省旅游局协调相关地市，以"老家河南"为主题，在央视《朝闻天下》栏目集中投放 1 分钟的河南省旅游形象宣传广告，形成了捆绑营销的整体力量，打造河南旅游的整体品牌；另一方面，以"老家河南"为主题，深入开展品牌宣传，组织各种旅游推介，参加多次旅游博览和交易会，展示河南旅游产品，推介河南新的旅游形象、旅游品牌。

　　2012 年 4 月 16 日，河南旅游首次以"老家河南"为主题，在 2012 中国（青岛）国内旅游交易会上精彩亮相，展区面积达 234 平方米，共设置 26 个展台，以旅游产品为主线，由黄河之旅、古都之旅、山水之旅、文化之旅 4 条精品线路完美串联旅游目的地、精品景区、旅行社、星级饭店和旅游商品，处处彰显"老家河南"的旅游魅力，使"老家河南"展区倍显大气、时尚、温馨、明快。国家旅游局邵琪伟局长等领导在巡经河南展区时，详细了解"老家河南"主打的旅游产品，并对此次河南展台设计等给予肯定。展会期间，河南展区共发放旅游宣传品 18 万份，吸引观众 3 万余人，现场签订旅游协议近 200 份，达成旅游组团意向人数 4 万人次，河南旅游代表团还获得交易会"最佳展台奖"和"最佳组织奖"。

——资料来源：http：//life.cnhasc.com/travel/201209/R92916CTWZ.html.

## 四、旅游危机管理公关策划

### （一）旅游危机管理公关策划

世界旅游组织把旅游危机定义为：影响旅行者对一个目的地的信心并扰乱继续正常经营的非预期性事件。国内学者普遍认为：旅游危机是指突发的、严重损害旅游业组织形象、影响旅游者对一个目的地的信心和扰乱继续正常经营，给组织带来严重经济损失、危及组织生存的非预期性事件或事故。旅游业的脆弱性、易敏感性特点，使得旅游业发展受战争、瘟疫、恐怖活动、政治动乱、自然灾害、管理不善等因素影响，也容易受车祸、沉船、行李丢失、食物中毒等事件的影响。旅游业危机具有不可预测的突发性、形象的危害性特点。

旅游业危机管理公关策划，是指为避免和减轻危机事件给旅游业所带来的严重威胁，通过研究危机、危机预警和危机救治达到恢复旅游经营环境、恢复旅游消费信心的目的而进行的非程序化的谋划过程。

### （二）旅游危机事件成因分析

**自然灾害原因引起的危机事件**。自然灾害（如地震、风灾、洪涝灾害、雪灾、海啸等）造成的危机事件大部分不可预见，难以控制，造成的损失是有形的、普遍的。旅游业和当地的居民都是直接的受害者。例如 2008 年 5 月 12 日四川汶川大地震，旅游业直接损失近 600 亿元人民币。这种危害容易得到政府、社会各界的同情、理解、支持与援助。

**社会政治原因引起的危机事件**。如恐怖袭击、战争、经济动荡、政局混乱、人为破坏等因素造成的危机事件。2005 年 7 月 7 日，英国伦敦 3 列地铁和 4 辆公共汽车遭到自杀式恐怖爆炸袭击，共造成 56 人死亡，700 多人受伤。伦敦市 5 条地铁线路随即被关闭。爆炸发生后，英国旅游业损失 3 亿英镑的收入。

**管理失误引发的危机事件**。由于旅游业组织管理失误、行为不当、与公众疏于沟通等人为原因造成服务和产品质量的信誉危机，给公众利益造成损害并危及旅游组织形象和存亡的事件。例如，旅行社擅自改变旅游线路、住宿环境恶劣、发生游客财务被盗或人员伤亡事件等。在因管理失误引起的危机事件中，旅游业组织与公众都是受害者。

**恶意竞争引起的危机事件**。旅游业组织受到外部其他组织和个人的不正当竞争引发组织的危机事件。如价格上恶意竞争，有的旅行社在竞争中恶意压低价格，推出所谓的

"零团费"、"负价格"旅游项目招徕游客，致使一些按照市场经济规律运行的旅行社为了客源不流失，不得不赔本经营，给旅行社带来难以维持生计的危机局面。

### （三）树立组织危机的公关意识

#### 1. 危机发生后第一时间的公关意识

一个组织中的每一名成员都是组织完全意义上的公共关系人员，这是"全员公关"的核心内涵。

（1）挽救组织声誉高于一切。当危机来临时，遭遇最大危机的不仅仅是组织的财产，更重要的是组织在社会公众中的声誉。声誉是组织多年缔造的公众对组织及其产品的信赖，而对公众来讲，长期优质品牌的产品已经构成其日常生活中的一部分。一旦组织遭遇巨大危机，则可能导致相关组织的连锁不良反应，给大量公众的生活带来一定的心理冲击，严重的话还会带来一定区域公众日常生活的紊乱。因此，危机的发生绝不仅仅是一个组织自身的问题，组织的每一个人员都要意识到，危机的发生并不可怕，可怕的是公众对组织信任的坍塌，维护组织的社会声誉，应该是危机发生后组织的每一个成员都要明确意识到的问题。

（2）公布事实真相是最明智的选择。危机的发生不以人的意志为转移，但正确应对危机却是危机责任人员必须高度重视与妥善处理的职责。危机责任人员要始终清醒地意识到，不论危机来自何方，坦诚公布事实是最明智的选择，去除谎言、公布真相是必须恪守的公关信条，绝不能在危机发生的第一时间，试图自作聪明地去掩盖事实，甚至销毁证据等。面对危机，组织的公共关系人员一定要确立这样的意识，公布真相，让公众知道发生了什么比其他任何事情都重要。

（3）公众与社会利益高于组织利益。面对危机，公关策划人员要冷静地意识到，尽管危机受损的最大方是组织，但在挽救危机时，关注公众利益与社会利益是组织应该首先作出的抉择。只有把公众的利益维护好，才可能谈得上组织自身利益的维护；只有为社会长远利益考虑，才能够让社会公众接受历经危机而伤痕累累的组织还是可以信任的事实。如果在危机发生时，组织强调自身利益或者刻意去维护自身利益，那么势必会看轻公众及社会利益。这样，就会在危机的处理上半推半就，不全力以赴，最终导致责任失守，令公众失望，被社会批评，结果只能在危机中被公众唾弃。

#### 2. 危机处理中的公关意识

（1）组织领导人的沟通意识。当危机发生时，组织面临要立即处理的复杂局面，组织领导人应确立十分明确的公共关系沟通意识，即面对媒体与公众，积极地迎上去，主动沟通，不回避问题，不逃避责任，将事故发生的真实情况向社会公布。在这种意识的指导下，组织领导人才能够去指示组织的公共关系人员具体落实与公众沟通的事宜，安排组织的全体人员，正视危机，给社会公众一个明确、诚信的良好印象，以便在危机中寻求生机。

（2）组织公共关系人员的新闻意识。在组织处理危机的过程中，公共关系人员要随时注意新闻稿的撰写及新闻的发布，确立鲜明的新闻意识。危机事件会激发媒体与社会公众对组织的极大关注度，组织公共关系人员应在第一时间向新闻界提供新闻稿并发布新闻，这是基本的公共关系应对反应。

（3）组织接待人员的信息反馈意识。当危机发生时，大部分情况下会出现一些伤亡情况。处理这些伤亡人员时，组织需要配备一定数量的接待人员参与其中或全程介入。组织的接待人员应该有十分明确的信息反馈意识，有关伤亡情况的变化，都应该第一时间向组织的决策层反馈，并在之后的过程中，随时向上级报告伤员与死难人员的情况，绝对不能隐瞒实情或延误报告。因为这样的反馈对组织的正确决策发挥着至关重要的作用。

### 3. 危机结束时的公关意识

（1）组织对公众的尊重意识。当危机面临结束的时候，组织的全体人员应普遍确立对公众尊重的意识，即公众至上。对公众的各种善后要求要在法律与道义的范围内给予最大限度的满足，把危机善后的事情做完整。绝对不能在危机结束的时候，轻视公众的利益，认为危机已处理完毕，该赔偿的已经赔偿了，其他的事情与组织无关，因而置公众最后的利益诉求于不顾，令公众认为组织在前期的种种承诺与表现仅仅是在媒体上作秀而已，在内心并没有把公众的利益放在首位。如果是这样，就可能导致组织前期的公关工作前功尽弃。

（2）组织经营的长远意识。在妥善处理危机之后，组织的每一个成员都要意识到，危机的发生对组织是一个重大考验，每个成员都应该与组织的经营者一样具有长远的意识，组织在挽救危机时的每一个行为，都是为了长远的经营与发展，而不是仅仅为眼前利益考虑。组织遭遇的危机是经营发展中可能遇到的必然问题，不是例外，对公众负责、对社会负责，这是一个组织健康发展必须具有的职业品德。

（3）组织发展的品牌意识。通过危机的挽救过程，组织恰恰可以教育全体员工更加懂得珍惜组织的品牌，形成牢固的品牌意识。通过危机的洗礼，应该让所有成员认识到：在组织品牌打造的过程中，经历风雨是一种正常现象。只有在这样的过程中，品牌的确立才更显得不易与需要珍惜，重新赢得公众对品牌的认可，需要组织全体人员以高度的责任心来呵护与争取。

案 例

## 深圳情旅·阳朔有约

深圳国旅新景界与阳朔县旅游局等针对未婚青年推出的"深圳情旅·阳朔有约"活动取得很大成功。深圳是一个精英会聚的移民城市,但平日的繁忙工作,使得不少年轻人都疏于感情生活,大龄中青年的择偶问题已经成为一个受到普遍关注的社会问题。为此,深圳国旅新景界与阳朔县旅游局、《深圳晚报》及深圳电视台《天下行》栏目联合推出了"旅游+交友"模式的"情旅"活动,为深圳广大的单身男女提供一个爱情缘起的机会、一个改变人生的机会。"深圳情旅·阳朔有约"主题交友活动经过精心策划,可以说是周末假期大利用,游客周五下班后出发,下周一准时上班,不影响工作。活动以深圳市青年男女为主角,通过举办"跋山涉水验真情"、"榕树绣球姻缘"、"情醉西街酒吧"、"谁上我的自驾车"、"车上一见钟情"、"竹筏山歌对唱"、"家庭厨艺比赛"、"吹吹枕边风"、"车上趣味操"、"乱点鸳鸯谱"、"情旅速配大写真"等丰富多彩、充满浪漫情趣的节目,让青年游客在哈哈大笑里忘却平日里所有的压力和疲惫,释放一个真正的自我。这一系列活动会让游客在饱览沿途河谷村寨相连、鸡犬相闻、袅袅炊烟的田园风光的同时,犹如走进世外桃源和进入温柔梦乡之中,更让繁忙的深圳青年男女在美丽的阳朔旅游、交友一举两得。此外,也让美丽的阳朔风光走进深圳人的视野,以促使更多的深圳人来阳朔旅游。

——资料来源:深圳情旅·阳朔有约 [N].武汉晨报,2012-2-14.

案 例 分 析

1. 为什么说策划难在创意、贵在创新?

2. 深圳国旅新景界等推出的"深圳情旅·阳朔有约"活动采取的是什么营销策略和营销方法?试分析说明。

---

? 复习与思考

### 一、 名词解释

公共关系　旅游公共关系　旅游新闻事件　公共关系策划

### 二、 简答题

1. 旅游公共关系活动策划的目标是什么?

2. 制造旅游新闻事件应注意什么问题?

3. 策划旅游公共关系主题时应注意什么问题?

4. 旅游公关促销活动策划应分析哪些环境因素?

5. 旅游危机事件公共关系管理策划的作用有哪些?

## 三、 多项选择题

1. 旅游展销公关策划应注意（　　　）。

A. 主题突出　　　　　　　　　　B. 展台设计新颖

C. 活动安排有创意　　　　　　　D. 经费筹备充足

2. 旅游公共关系的构成包括（　　　）。

A. 旅游业　　　　　　　　　　　B. 传播沟通

C. 旅游饭店　　　　　　　　　　D. 旅游业公众

3. 社会公益型专题旅游公关活动策划包括的步骤有（　　　）。

A. 选择赞助对象　　　　　　　　B. 确定主题和口号

C. 确定公益公关活动方案　　　　D. 制订报道计划

E. 测定效果

## 四、 案例分析

### 百色"红色旅游"发展之路

"红色旅游"是我国旅游业健康发展过程中，应运而生的新兴旅游产业，广西百色市被纳入全国规划的12个"重点红色旅游区"后，百色吸引了大量的游客前来参观。然而，国内有"红色旅游"资源的地区很多，如韶山、西柏坡、延安、井冈山、遵义等地，其"红色旅游"的知名度和成熟度明显高于起步较晚的百色。例如，四川省有红色旅游资源120处，大都位于风景优美、民族风情浓厚的地区，目前纳入3个国家重点红色旅游区的川北、川西南、川东等地红色旅游开发如火如荼，广安市在短短3年的发展中，成为与韶山、井冈山、延安、西柏坡齐名的著名红色旅游目的地，去年接待游客达544万人次。面对如此众多的强有力的旅游行业的"竞争对手"，交通条件等硬件设施还相对落后且起步较晚的百色并非高枕无忧！百色作为全国红色旅游基地之一，如何紧紧抓住国家大力发展"红色旅游"的机遇，进一步迅速提高百色红色旅游的知名度和美誉度，把百色的"红色旅游"及相关旅游产品培育成全国乃至全世界的旅游知名品牌，是摆在我们面前的一个重要课题。

——资料来源：熊越强. 运用公共关系提高广西百色旅游知名度和

美誉度途径浅探［J］. 商场现代化，2008（7）

根据以上案例，回答如下问题：

1. 百色都有哪些特色旅游资源？

2. 百色旅游如何运用公共关系进一步提高知名度和美誉度，树立良好形象？

3. 请为"百色旅游"编写一个完整的公关专题策划案。

## 📖 推荐阅读

1. 谭昆智，汤敏慧. 公共关系策划 ［M］. 北京：清华大学出版社，2009.
2. 余明阳，薛可. 公共关系策划学 ［M］. 北京：首都经济贸易大学出版社，2012.
3. 森特，杰克逊. 森特公共关系实务 ［M］. 北京：中国人民大学出版社，2009.
4. 岑丽莹. 中外危机公关案例启示录 ［M］. 北京：企业管理出版社，2010.
5. 李文斐，段建军. 企业公关与策划 ［M］. 武汉：华中科技大学出版社，2011.

### 第八章

# 旅游品牌策划

今天已经有越来越多的企业开始认识到最有价值的资产并不是企业的有形资产，而是企业依托于品牌所建立的无形资产。因此，企业如何在充满竞争的市场中努力创建更具个性并且受到消费者喜爱的品牌形象，是能否形成核心竞争力并保持可持续发展的关键所在。

本章对旅游品牌战略及相关概念进行了阐释和辨析，介绍了品牌策划的概念、属性、构成；详细介绍了旅游品牌定位策划的内容和方法，并阐述了旅游品牌识别系统策划。

## 学习目标

### 知识目标

1 了解旅游品牌策划的概念。

2 理解旅游品牌的构成特性。

### 技能目标

1 旅游品牌定位策划的方法和步骤。

2 能够独立提出某旅游地的品牌策划要点。

**案例**

# 共铸开启"七彩云南·旅游天堂"品牌的金钥匙

"七彩云南，旅游天堂"，作为云南旅游的品牌形象，统领云南的整个旅游，成为云南人的共识，也被世人所接受，在海内外的知名度也日益扩大。其做法是：

一是顺应大势创品牌。世界旅游经济发展已经走入了品牌化经营的时代。打造强势和知名旅游品牌，既是形势所逼，也是机遇所在；既是开放之举，也是发展之路；既是竞争必需，也是生存必要。品牌的优势日渐成为旅游业发展的一个突出的优势，品牌力是现代旅游业的核心竞争力之一。随着中国经济的发展，中国旅游业发生了一系列的变化，消费在升级，投资主题多元化，全新引领模式的不断涌现，导致中国主流的营销体系正在发生着快速、深刻的改变。中国的旅游营销也有了独具特色的一些品牌的展示。"七彩云南，旅游天堂"的品牌形象也如凤凰涅槃般脱颖而出，展翅翱翔于色彩斑斓的旅游时空。

二是励精图治树品牌。"七彩云南，旅游天堂"品牌的塑造，可以说经历了在探索中树立的过程。我们从全省16个州市提出的口号中提炼了"七彩云南，旅游天堂"这个云南旅游的品牌形象，囊括了云南神奇美丽的自然景观、绚丽多姿的民族风情、源远流长的历史文化、多元包容的宗教信仰等全部旅游特色。"七彩云南，旅游天堂"体现了全面的、包容的、发展的旅游目的地形象要素，从其物质表现形式、社会表现形式和精神表现形式三个层面，较完整全面地诠释了云南旅游的内涵、实质和特征，极具感召力、亲和力和震撼力，折射出形象化、人性化和市场化的亮点，其文字精练，平仄押韵，朗朗上口，易于传播和记忆。

三是秉承理念建品牌。思想是行动的先导，一个好品牌形象形成后，就像一个发育优良的婴儿，需要后天好好地培育。在"七彩云南，旅游天堂"的培育中，我们首先在品牌核心理念上达成了几点共识：一是树立品牌力的核心是价值的理念；二是树立旅游品牌产品力的核心是体验的理念；三是树立旅游品牌文化力的核心是内涵的理念；四是树立旅游品牌执行力的核心是团队的理念；五是树立旅游品牌感染力的核心是沟通协调的理念；六是树立旅游品牌创新力的核心是满足需求的理念；七是树立旅游品牌整合力的核心是资源优化组合的理念。

在几个共识的指导下，我们正在探寻围绕"七彩云南，旅游天堂"的整体形象，如何把云南旅游业进一步做强做大的问题：

出路之一：凸显形象立品牌。坚持在"七彩云南，旅游天堂"整体形象统领下，对各个州市旅游形象进行固化，并集中对外宣传。

出路之二：整合力量享品牌。相互学习，相互借力，强化合作，共同开发国内外旅游市场。省内各市州之间按照地域相邻、文化相同、条件相似的原则，加强横向联系，实施捆绑式、一体化联合营销。树立合作、共赢理念，推进"品牌共享、市场共拓、产品互推、客源互送"的实质性、紧密型的区域联手，变竞争为合作，变单体优势为整体优势。

出路之三：借助媒介彰品牌。加速了建立全省旅游网络信息发布、宣传推介、咨询服务系统的进度。同时，我们在网络宣传方面也做了一些摸索，发行云南旅游电子护照，游客持卡在云南旅游可通过手机、平板电脑等移动终端，部分借助数字景区系统、智能导游系统、预订支付系统、旅游社交系统，实时完成线上线下的酒店、餐厅、机票、景区、度假产品的搜索、预订和支付，第一时间获取目的地旅游资讯，用"智慧旅游"彰显"七彩云南，旅游天堂"品牌。

出路之四：纵横联合推品牌。利用"政府主导、企业主体、社会参与、市场运作"营销机制，整合宣传资源，以旅游行政管理部门侧重云南旅游目的地的形象宣传，企业侧重目标市场的配套宣传，旅行社侧重产品线路的营销宣传模式，以"七彩云南，旅游天堂"同一个形象、同一个声音对外营销，尽可能形成分工明确、步调一致、齐心协力的市场营销合力。

出路之五：节庆会展拓品牌。主动走出去参展促销，通过参加国际国内各种交易会、展销会和博览会，举办旅游说明会、推介会和各类主题活动，开展与目标市场面对面的直接宣传促销活动。

出路之六：精品建设扩品牌。重点培育生态观光、民族文化、休闲度假、康体运动、会展商务、科考探险、跨境旅游和自驾车游 8 大类旅游产品品牌，积极发展工业旅游、农业旅游、健康旅游等特种旅游产品，丰富和提升旅游产品的文化内涵，提升云南旅游的整体形象。

出路之七：做大企业强品牌。打造以世博集团为首的 10 家以上综合型旅游龙头企业和品牌企业集团；扶持 100 家专业程度较高、经营实力较强的区域性旅游骨干品牌企业；培育 1000 家有核心竞争力和发展特色的中小型旅游品牌企业；建成要素门类齐全、规模等级丰富的品牌旅游企业体系，把"七彩云南，旅游天堂"这一云南旅游大品牌和世界名牌联姻结盟。

——资料来源：段跃庆. 共铸开启"七彩云南·旅游天堂"品牌的金钥匙 [EB/OL].

www. CCTV. com，2013 – 10 – 25.

### 案 例 分 析

1. 什么是品牌？
2. 旅游品牌的影响力体现在哪些方面？

# 第一节　旅游品牌概述

## 一、品牌概念

"品牌"一词起源于中世纪（476～1492 年）的古挪威语"brandt"。当时，西方游牧部落在马背上打下烙印，用此区分不同部落之间的财产。由于品牌自身的内涵在不断地发展和演变，对于究竟什么是品牌，直到今天也没有一个统一的、公认的定义。世界著名广告大师大卫·奥格威认为："品牌是一种复杂的象征，它是产品、品牌属性、包装、价格、历史声誉、广告方式的无形总和，品牌同时也因消费者对产品使用的印象，以及自身的经验而有所界定。"

旅游品牌，是指旅游企业以名称术语、标志、符号、图形或是它们的组合为载体，在消费者心目中形成的一种综合体验和认知。旅游品牌的实质是关系，是产品及其名称与消费者发生的各种关系的总和。旅游品牌的核心就是识别和选择。就是让人们能够认识、知道、识别，最终能够选择该产品。可从四个层面广泛理解其内涵：第一，旅游品牌是旅游商品的标志、符号，这是旅游品牌最明显的、最易理解的意义。第二，旅游品牌的终极形态是旅游企业的无形资产。第三，旅游品牌还是一种文化。它代表着消费者使用某种产品的体验和感受，就是让游客、让市场的主体，更多地体验和感悟产品有更美好的经历，留下更好的回忆，乃至代表了生活的方式。第四，旅游品牌到最后会辐射其他产品，就是品牌效益。

## 二、旅游品牌的构成

从宏观的角度来看，品牌主要是由企业、消费者以及产品这三大要素所构成的。从微观的角度来理解品牌，品牌是由内在属性、精神属性和外在属性这三大要素所构成的。

**品牌的内在属性**。品牌的内在属性是构成品牌的基础，其内容主要包括产品的原料、质量、性能、用途、技术、工艺、专利、价格、分销、配送等。

**品牌的精神属性**。品牌的精神属性是品牌构成的核心要素，包括消费者通过品牌传播的各种形式所感受到的情感归属、审美愉悦、价值认同等精神层面的抽象的、具有象征意义的内容。品牌的精神属性一方面源自商品在生产、交换和使用过程中所表现出来的象征性，另一方面则依赖广告的推波助澜。品牌的内在属性构成了品牌的基础，但仅具备内在要素的商品还只能称为商品，而不能称为品牌。只有在商品内在要素的基础上彰显和渲染商品的精神属性的符号，才能称为品牌。

**品牌的外在属性**。品牌的外在属性由生产者所赋予商品外在的、有别于其他同类品牌的识别性符号所构成，包括品牌名称、包装以及商品价格等。

## 三、品牌的特性

**品牌的专有性**。它是指品牌法律所有权的排他性——通过注册专利和商标，品牌可以受到法律的保护，防止他人损害品牌的声誉或非法盗用品牌。

**品牌的价值性**。品牌是企业的一种无形资产，它所包含的价值、个性、品质等特征都能给产品带来重要的价值。即使是同样的产品，贴上不同的商品标识，也会产生悬殊的价格。

**品牌的知名度**。一般表现为消费者在想到某一产品时，即在脑海中想起或辨识某一品牌的程度。例如，人们喝酒就会想起茅台、五粮液。

**品牌的美誉度**。企业品牌的知名度通过大量的广告就可以取得，但是美誉度的取得却不是容易的事。美誉度要通过消费者的试用、满意表示、口碑等多方面的因素共同构成。

**品牌的忠诚度**。表现为消费者对某一品牌持续关心、持续购买的情感与行为。哪怕是面对更好的产品特点、更多的方便、更低廉的价格等诸多诱惑时，对该品牌的坚持度。

---

**相关链接** 🔍 搜索

### 品牌优化　创新营销
#### ——中国国际旅游品牌营销研讨会综述

作为 2012 中国国际旅游交易会的重要配套活动之一，2012 年 11 月 14 日，中国国际旅游品牌营销研讨会召开。研讨会以"品牌优化、创新营销"为主题，来自中央电视台、长三角地区旅游行政管理部门、英国广播公司等方面的专家学者和业内人士，围绕"如何选择媒体资源、增强营销绩效"、"区域旅游目的地品牌推广经验"、"优化资源、上下联动、创新营销"等话题，进行了专题发言和讨论。

**品牌塑造进入沟通与体验时代**

在目的地营销中，广告已经成为惯常的选择。与会代表认为，把广告做好，引导大众愉快消费，可以成就品牌传奇。

中央电视台广告经营管理中心市场部副主任佘贤君说，旅游行业与其他行业一样，在做营销策略时，首先要研究我们所处的时代和经济社会背景。我国的现状是：经济在转型，将进入消费时代；消费升级，心理需求比生理需求更重要，具体体现为服务比产品更重要、消费尊严比消费本身更重要、面子消费大行其道；消费者心理冲突加剧，品牌与消费者亟须加强沟通。

中国传媒大学副校长丁俊杰说，中国旅游产品与市场正处于转型升级的过程，是城市旅游形象传播的 3.0 时代。3.0 时代是沟通的时代，传播方式从炒作向细作转变，传播渠道从单声道向多声道转变，传播创意从初体验到全体验转变。

在 3.0 时代，要通盘考虑为什么沟通、沟通什么、怎么沟通等几个问题，其实质就是要建立起旅游部门与消费者的良性互动，向受众传达城市的性格与品质，使游客增强与城市的情感联系。

**品牌塑造是一个系统工程**

品牌是商业价值的集中体现，是品质、特色、信誉、文化的综合考量。品牌植根于产品，通过全方位多视角提升产品的形象。品牌观念的发展也应同步于旅游经济的发展。时至今日，品牌已成为旅游发展的重要生命线，品牌的不断优化是保证旅游不断向前发展的原动力。

面对市场发生的一系列变化，旅游行业的品牌打造和营销创新应如何进行呢？

旅游策划专家贾云峰说，要从营销活动到活动营销，通过精心策划的具有鲜明主题、引起全社会轰动效应的、具有强烈新闻价值的一个或系列性组合的营销活动，以实现品牌的有效传播和带动促进产品的销售。

佘贤君则表示，理性诉求突出产品特征；感性诉求则强调打动心灵比打动大脑更重要，让消费者感动比说服消费者更重要。现在，广告诉求从理性到感性，通过感性诉求，增强品牌感染力。此外，要加强互动传播，现代消费者只关心他们感兴趣的信息，让消费者卷入到传播活动中，广告效果会更好；互动传播不一定要消费者参与，把话说到消费者心坎上，引起消费者共鸣，是互动传播的最高境界。

**新媒体带来全新沟通方式**

近年来，全国各地在品牌营销上推陈出新，出现了许多成功的案例，"老家河南"、"多彩贵州"、"七彩云南"、"大黄河之旅"、"四川好玩"等都成为朗朗上口的旅游品牌。

丁俊杰说，在旅游品牌塑造的过程中，需要密切关注的新动向是互联网的助推作用。前不久，成都文旅集团与携程旅行网在西岭雪山景区举办携程成都旅游网络营销启动仪式，双方的合作内容涉及合力启动成都城市旅游网络营销项目、共同包装研发成都旅游产品等。

贾云峰认为，未来中国旅游营销中有些变化需要关注：针对自助游、自驾游的营销步入成熟期，80后、90后成为市场主体；以文化营销旅游成为主旋律；新理念迭出，口号多样但要落地；各地出现品牌化、国际化的事件节庆和会展营销；以网络为平台的营销裂变式发展，订购平台和游客信息收集变成主体需求；注重调研、注重结果的旅游评估体系出现；"未出发，先体验"成为营销新趋势等。

——资料来源：品牌优化 创新营销——中国国际旅游品牌营销研讨会综述［EB/OL］.

第一旅游网，www.toptour.cn，2012－11－19.

# 第二节　旅游品牌定位策划

任何一个成功的品牌，都必须蕴含一个定位。任何一种营销活动，都是为了协助品牌去建立、加强或巩固一个定位，以此影响消费者的购买决策。旅游品牌定位是积极地向目标受众传递的旅游品牌识别和价值体现的一部分，是为了指导目前的沟通计划。

## 一、旅游品牌定位概述

　　品牌策划的首要任务是品牌定位，旅游品牌定位是品牌建设的基础，是品牌经营成功的前提。定位一旦成功，就会在人们头脑中形成固定思维，即对一个品牌代表什么就会形成认知定式。

　　旅游品牌定位以产品定位为基础，在市场定位的基础上，通过勾画旅游品牌形象和所提供价值的行为，使消费者理解并正确认识某品牌有别于其他品牌的特征，是通过差异化在旅游消费者心中占据一定位置的过程。

　　旅游品牌定位不仅仅是为了实现产品差异化，它是利用影响消费者选购旅游产品时的有形因素及其为消费者带来的物质性利益、功能性利益和情感性利益，来塑造独特的有价值的形象，以期占据有利的心理据点，形成品牌明显的竞争优势。

## 二、旅游品牌定位策划的步骤

　　第一步，分析竞争者和目标顾客。品牌定位必须针对目标顾客，只有对目标顾客作深入的了解，才能更有效地获得成功的定位，占据顾客的心。在旅游品牌定位初期，经营人员必须通过一切调研手段，系统地设计、收集、分析报告，了解可能的潜在消费者是谁；他们的需求是什么；我们的品牌能否满足他们的需求。分析品牌的竞争者，要弄清竞争者在消费者心中的大概位置以及他们的优势和弱点。

　　第二步，选择相对竞争优势。分析行业环境之后，通过经营管理、技术开发、采购、生产作业、品牌营销、财务等一个完整的指标体系，分析本企业的优劣势，使自己与竞争者区别开来：也即本品牌和其他品牌在满足需求方面比较而言特有的优势，选择最适合本企业的优势项目。

　　第三步，展示独特的竞争优势。旅游品牌的差异是一个相对概念。竞争品牌的存在是品牌定位的基础，同时需要企业以合理与有效的手段将差异化予以展现。包括有形产品、旅游服务质量、品牌体验、品牌识别系统等。

　　第四步，传播与应用。品牌必须通过与目标消费者群体的接触才可以发生功效。只有传播才能使识别得以实现。旅游品牌定位不是一成不变的。当原有定位不合时宜、竞争品牌模仿、品牌战略转移等时，旅游企业必须随时关注旅游市场、竞争者、消费者以及企业自身的变化，及时主动地完成旅游品牌定位的调整。

# 三、旅游品牌定位的方法

**抢占先位**。发现消费者心目中有价值的阶梯位置无人占据，品牌就第一个全力占据它。抢先占位的前提，是消费者有新品类或新特性的需求和需要。

**关联**。发现某个阶梯上的首要位置已被别人占据，品牌可以努力与阶梯中的强势品牌/产品关联起来，使消费者在首选强势品牌/产品的同时，紧接着联想到自己，作为第二选择。与强势的领导者相关联，才最容易被消费者想到。

**识别设计**。从某种意义上讲，识别系统是旅游品牌定位予以体现的载体，同时，它自身也可以成为差异化的有效手段。例如，从旅游品牌标识的个性制作角度分析；从旅游品牌识别的文化特性角度分析；从品牌与消费者关系角度分析。

# 四、旅游品牌定位的角度

**档次定位**。不同的品牌在消费者心目中按价值高低区分。品牌价值是产品质量、消费者的心理感受及各种社会因素如价值观、文化传统等的综合反映。定位于高档的品牌，传达了产品（服务）高品质的信息的同时，也体现了消费者对它的认同。档次具备了实物之外的价值，如给消费者带来自尊和优越感。例如，饭店按星级划分为5个等级，五星级饭店的品牌形象不仅体现在幽雅的环境、优质的服务、完备的设施方面，而且体现在进出其中的有一定社会地位的宾客身上。正因为档次定位综合反映品牌价值，因而不同品牌、价位的产品不宜使用同一品牌。如果企业要推出不同价位、品质的系列产品，应采用品牌多元化策略，以免使整体品牌形象受低质产品影响而遭到破坏。

**差异化诉求点定位**。旅游品牌定位可以与旅游产品定位相一致，但品牌定位应该超越产品定位。旅游产品的独特属性可以成为品牌定位的来源。而这一点是其他品牌无法提供或者没有诉求过的。运用差异化诉求点定位，在同类产品品牌众多、竞争激烈的情形下，可以突出品牌的特点和优势，让消费者按自身偏好和对某一品牌利益的重视程度，在有相关需求时更迅捷地选择商品。例如，从旅游产品依托的硬件设施角度分析；从旅游产品中服务因素的角度分析；从旅游产品中消费者和消费者的相互作用与影响的角度分析；从旅游产品的性价比角度分析；从旅游产品类别角度分析。

**类别定位**。通过和知名品牌产品的比较，标明自己的"另类"身份，显示与众不同，这是获得品牌定位的一种重要方法。这实际上是借了知名品牌产品的光而使自己扬名，有"站在巨人肩膀上"的味道。这种定位容易获得成功，可使品牌在短时间内成为该类产品的代名词。但是，想在市场上真正站稳脚跟，还必须突出品牌个性，丰富品牌内涵。

**消费者定位。** 品牌定位要面向目标消费者，消费者的生活方式、生活态度、心理特征和价值观念越来越重要，已成为市场细分的重要变量。因此，从影响旅游消费者购买行为的基本变量和行为变量着手，挖掘品牌的定位点。例如，从旅游消费市场的专有性角度分析；从旅游产品购买与消费的场合与时间角度分析；从消费者购买目的的角度分析；从旅游消费者生活方式的角度分析。

---

**案例**

### "好客山东"的品牌营销实践

今天，旅游业已全面进入品牌竞争时代，旅游目的地越来越多，虽然游客数量在不断增加，但是这个数量分摊到无数的旅游资源里，每个景区、城市甚至区域，所能获得的蛋糕并不多。所以，我们看到现在越来越多的城市、景区、区域开始进行品牌推广。

在众多的旅游品牌中，"好客山东"是一个不错的模式，目前在国内不只是旅游行业，在很多其他产业里也引起了关注。"好客山东"的品牌推广有以下几个特点：

第一，"联合营销"的模式很好。山东旅游资源众多，但特色不鲜明。通过各省市旅游资源的联合推介，捆绑营销，将分散的力量整合起来，由山东省旅游局集中采购央视广告资源，各参与单位自愿报名参加，在价格均摊的基础上由省旅游局给予每个参与单位1/3的资金补贴。

第二，通过制度和机制加强管理。随着参与单位越来越多，操作过程中出现的问题也越来越多，协调难度越来越大，为此制定了《"联合推介，捆绑营销"管理办法》，出台了《"联合推介，捆绑营销"实施规范》，并创新引入市场机制，创新使用淡旺季价格浮动、预交诚信金等调节手段，引导各参与单位准确定位、科学投放，避免了广告投放的随意性和盲目性。参加的单位开始是31家，2011年，全省共有包括17个地级市、36个县（市、区）及18家旅游企业在内的71家单位参与了2011年"联合推介，捆绑营销"，再创历史新高。

第三，"好客山东"的品牌内涵概括得很好。"好客山东"旅游品牌是优秀传统文化与现代旅游产业的有机结合，它通过凝练山东地域文化特征，将连绵2000多年的"好客文化"作为"好客山东"品牌的核心价值，同时，"好客山东"品牌又适应现代旅游业发展趋势，充分体现"以人为本"这个旅游产业的本质特征，既将其塑造成山东旅游品牌的文化标志，又打造成山东高品质旅游品牌的标志，使"好客山东"成为引领山东旅游业发展的一面旗帜。

第四，传播平台利用得好。自2007年起，连续4年选择央视作为品牌营销的主流媒体，推出了由早间新闻栏目《朝闻天下》及"全天套"组成的套餐和晚间黄金资源《名牌时间》及法语、阿拉伯语、西班牙语、俄语、高清频道组成的套餐，实现跨时间、跨空间、广受众的全方位覆盖。

第五，加强品牌管理，积累品牌资产。经过近两年的努力，取得了"好客山东"首批五大类别的成功注册，成为全国首例成功注册的省域旅游品牌形象，一并提起了"山东客栈"、"鲁菜馆"及"贺年会"等子品牌的商标注册申请，进一步夯实了"好客山东"品牌保护和运作基础。

　　1978～2005 年，山东用 27 年时间实现了旅游收入的第一个千亿；2006～2008 年，用 3 年时间实现了第二个千亿；2009～2010 年，用 2 年时间实现了第三个千亿。今天，"好客山东"已成为山东的名片。

　　——资料来源：陈刚．"好客山东"的品牌营销实践［EB/OL］．CNTV，2011－4－14.

**案例分析**

请思考山东采取的是什么品牌营销策略？

# 第三节　旅游品牌视觉识别策划

　　在日常生活中，消费者接触到许多商品品牌标识，如产品的包装、花色、式样等，但在消费者的记忆中，对大部分商品的品牌标识都没有明晰的印象，为什么？因为产品没有特色，没有特别使人注意的地方。所以，与消费者联系时重要的、最关键的是旅游品牌视觉识别系统。

## 一、视觉识别概述

　　视觉识别是企业形象识别系统的一部分。企业形象识别系统的英文为 Corporate Identity System（CIS），它是将企业经营理念与精神文化运用整体传达系统（特别是视觉传达系统）传达给企业的关系者或团体的企业文化活动，亦即企业形象识别体系、企业形象识别战略、企业形象识别计划、企业形象识别设计等。

　　企业视觉识别是企业理念的视觉化，通过企业形象广告、标识、商标、品牌、产品包装、企业内部环境布局和厂容厂貌等媒介方式向大众表现、传达企业理念。

　　企业视觉识别系统是企业形象识别的静态识别，它通过一切可见的视觉符号对外传达企业的经营理念与情报信息。在企业形象识别系统中，它是最直接、最有效的建立企业知名度和塑造企业形象的方法。它能够将企业识别的基本精神及其差异性充分地表达出来，使消费公众识别并认知。

　　企业视觉识别系统所涉及的项目最多、层面最广、效果最直接，与社会公众的联系最为广泛、密切。归纳起来，可分为基本要素和应用要素两部分。在这里基本要素是树根，而应用要素是树枝树叶，是企业形象的传播媒体。企业视觉识别系统的基本要素包括企业名称、企业品牌标志、变形标志、企业、品牌标准字体、企业标准印刷字体、企业标准色、辅助色彩、商标品牌、象征图案、吉祥物、企业标志和企业标准字组合系统及其使用规范等。

企业视觉识别系统的应用要素包括产品与包装设计、办公事务用品、旗帜类、环境与陈设、指示标识类、服装类、广告宣传类、资料类、运输工具及设备类、公关礼品类等。

旅游品牌视觉识别是旅游企业通过创造和保持工作而形成的消费者联想依托物，在功能、情感、自我表现上形成有价值的主张，以建立品牌与顾客之间的关系。它有助于消费者对旅游企业所作出承诺的认知，是企业之间竞争的重要领域。

## 二、旅游品牌视觉识别策划的原则

**简洁明了，易读易记**。旅游品牌需要深刻的内涵与优美的文采，但不能与"简洁明了，易读易记"这一首要原则产生冲突。不宜将过长或难以理解和诵读的字符作为品牌名称，也不宜将呆板、没有视觉冲击力的符号、图形用于品牌视觉识别。

**巧妙构思，突出特点**。旅游品牌需要通过巧妙构思体现自身与众不同之处，突出产品的特性与优势。品牌外观的文字、图形是吸引消费者眼球的最直观手段，设计应具有冲击力和感染力。

**赋予内涵，注入情感**。旅游品牌设计的图形和文字都具有一定的含义或象征，可以是产品的功能，可以是典故。内涵丰富、注入情感的品牌才能打动旅游消费者，引起消费者的共鸣，使品牌长期发挥效应。

**匠心独运，避免雷同**。在旅游品牌的设计上尽可能避免与他人雷同。

**符合法律，入乡随俗**。旅游品牌的识别设计应全面考虑政治、法律法规、文化等宏观环境因素的影响。在中国，《商标法》等相关法律禁止商标与中国或外国的国家名称、国旗、国徽、军旗、勋章相同或相似。在品牌设计中，还应该关注超越所在地域的历史文化、语言文字、审美情趣的影响，避免由于不同文化价值观念及审美情趣不同而使得对同一品牌的理解产生很大差异。

## 三、旅游品牌视觉识别符号系统的设计

旅游品牌视觉识别符号系统是一种符号解释系统，引导和帮助旅游者实地感知旅游目的地形象；通过理念一致的设计，使众多、分散的人工符号在确定的空间范围内形成统一的形象特征，能强化和突出区域形象的差异。

**旅游名称设计**。名称是旅游品牌构成中可以用文字表达出来并能用语言进行传播交流的部分，是品牌的代表。一个好的名字能使人印象深刻，便于传播与扩散，能极大地提高其知名度。我国不少地方依托知名的风景名胜区，将其名称改换，如安徽屯溪市改名为黄山市，湖南大庸市改名为张家界市等，目的在于提高旅游地的知名度和影响力。例如，提到"喜来登"，消费者就联想到五星级国际连锁饭店。旅游品牌还应揭示产品的实质利益，起到促成潜在旅游消费者购买动机形成的作用。例如，看见"国际青年旅舍"，消费者就想到自助服务、交流、廉价等特点。旅游地名称设计要注意具有美感、易读易记，一般以两个或三个字为宜、突出个性、启发联想。

**旅游标徽设计**。旅游地的标徽是旅游地形象的标志，如中国"马踏飞燕"的旅游标志成为代表中国旅游形象的图案之一。标徽如同产品的商标一样，它既标示着此旅游地与其他旅游地的区别，也成为人们识别旅游地的标志。标徽的设计应醒目、特征突出、标志明显，具有独特性。

**旅游标准字体设计**。文字符号是旅游地符号系统中广泛采用的符号，从旅游地的路标、指示牌到导游图和旅游指南等，都会用到文字。旅游地可采用标准文体传达独特的旅游形象。这些标准文体既可以设计，如用电脑进行设计，也可以直接采用名人题字，包括从历史上著名书法家的名帖中挑选出来的文字。

**旅游吉祥物设计**。吉祥物是一种象征性符号，它指代某种事物，便于人们识别和认知。旅游地在设计吉祥物时应把握生动、有趣、可爱的原则，才容易获得公众的喜爱。国际上许多著名的主题公园、节事活动等，都设计有自己的吉祥物来传达独特的个性，起到了很好的宣传促销效果。

**旅游象征性人物设计**。将真实的人物（主要是名人）与旅游目的地联系起来，使其成为目的地的象征性、符号化的人物，可以增强旅游地的形象感召力。许多地方评选出来的旅游小姐、旅游形象大使等，都是典型的旅游营销象征性人物。

**旅游户外广告设计**。旅游户外广告是指包括招牌、旗帜、标志牌、路牌、方向牌、灯柱、模型、气球、气模、条幅、导游图等在内的旅游地进行宣传促销的各类户外广告，它们与室内广告相对应，是构成旅游地视觉景观的一部分，也是旅游地视觉景观形象的主要元素之一。户外广告的基本功能在于为旅游者提供实地旅游的向导和信息解释。

**旅游纪念品设计**。旅游纪念品（包括一些旅游商品）是旅游者从目的地可以购买和带走的一种有形的东西，包括纪念章、纪念币、明信片、导游地图、旅游画册、景点门票、地方手工制品等。旅游纪念品能激发旅游者对曾经有过的旅游经历的美好回忆，帮助旅游者记住旅游目的地的形象，因而它是旅游目的地形象的体现、延伸与传播的一种很好的载体。发展旅游地独具特色的旅游纪念品，是建立和传播区域旅游营销形象的有效途径之一。

**旅游交通工具设计**。独特的旅游交通工具也是一道风景、一种景观，它往往能给旅游者留下深刻印象，从而成为地方旅游形象的构成要素之一。旅游目的地风景区中的交通工具，无论是传统的、乡土的，还是现代的、高科技的，越来越成为旅游地形象开发与营销的成分，有些甚至成为旅游地形象的一个标志符号。

**旅游标准色设计**。颜色也是能给旅游者以强烈视觉影响的刺激物，颜色设计得当，能给旅游者留下深刻的印象。例如，生态旅游目的地的标准色一般为绿色，海上游乐主题图的标准色一般是蓝色，中国帝王陵墓和皇家祭祀庆典的标准色是黄色等。因此，独具风格的颜色对游客而言有着非同一般的视觉刺激。它作为旅游地形象的标志符号之一，也能给旅游者带来巨大的吸引力。

**旅游地人的视觉形象设计**。旅游地当地居民与旅游经营者不仅仅是旅游者交往的对象，也是旅游者观察、欣赏的风景。例如，达阪城的姑娘、傣族少女、身着各个民族服饰的居民以及旅游地的服务员工等，他们的穿着打扮、一言一行，都会对旅游者产生影响，设计应充分体现地域性、民族性、文化性、美观性。

---

**相关链接** 🔍搜索

### 河南旅游形象标识设计者之一瞿传鸣专访

2010 年，虎年伊始，河南旅游形象悄然变脸——一朵迎风舞动的"太阳花"替代了过去一直沿用的"中"字甲骨形象。带着好奇和疑虑，记者访问了新河南旅游形象标识设计者之一——瞿传鸣。

瞿传鸣学的是中文专业，在学校办过乐队，在部队当过政工干部，当干部的同时自学计算机编程，并负责一个部队的网站美工。"只要坚持，就有收获。"这是瞿传鸣很喜欢说的一句话。只要是他潜心投入的工作都得到了领导肯定。"我干过的工作涉及不同领域，很杂，但这些都为我开拓了视野、积累了经验。"

当问及河南旅游形象标识的设计经过时，瞿传鸣的话令记者大跌眼镜。瞿传鸣并非专业的设计师，用他的话说："我就是一个'土八路'，走的是'野路子'，没有经过美术院校的深造，就凭着一股劲儿去做了。"

"我做平面设计有 10 多年了，但做河南旅游标识是我第一次涉足标志设计。幸运的是，第一次涉足设计就得到了香港、澳门区旗区徽设计者肖红教授的好评。这个设计方案是我们共同完成的，在一起创意、修改的过程中，我和肖红教授成了忘年交，我从他身上学到了很多知识，这是我最大的收获。"

记者与肖红教授接通了电话。肖红教授对瞿传鸣给予了高度评价："一些设计师往往容易落入窠臼。瞿传鸣的思路放得比较开，对我有很大启发，最后形成了一种思路：抛弃具象化，尽量抽象化，最后形成了现在的方案。"

据介绍，新的标识以18块七巧板组成，代表18个省辖市旅游，中间的豫字印章代表"天之中、地之中"。六种颜色循环形成一朵"太阳花"，代表河南无论历史文化还是自然山水都是丰富多彩的。整个图案像盛开的花、翻动的书页、飘扬的风帆，既体现河南深厚的文化底蕴，又代表了河南旅游时尚轻松的休闲特色，同时又预示着河南旅游美好的明天。同时，此标识动感新颖，视觉冲击力较强，适合在多种媒体上运用，便于记忆、识别和传播。整体看，标识比较简洁、规整，没有复杂的书法和渐变效果，印刷和制作成本较低。

当记者问及瞿传鸣是否今后要走设计之路时，他笑道："设计只是我的业余爱好，我不是靠设计来维持生活，而用设计来丰富生活。"

——资料来源：河南旅游形象标识设计者之一瞿传鸣专访［EB/OL］. 河南旅游资讯网，

2010 - 03 - 31.

# 第四节　旅游品牌传播策划

如果说产品的价值在于质量的话，那么旅游品牌的价值就在于传播。通过旅游品牌与消费者之间进行沟通的环节和活动，企业可以有效地帮助消费者形成和加强对旅游品牌的认知与理解；同时，企业为旅游品牌所投入的传播费用还可以转化为旅游品牌的资产。

## 一、旅游品牌传播概述

旅游品牌传播是一种操作性的实务活动，也就是企业通过广告、公关、新闻报道、人际交往、产品服务等传播手段，塑造和提升旅游品牌形象及旅游品牌在目标消费者心目中的认知度、美誉度。以观念推动旅游，让旅游改变生活。打造旅游品牌，传播是关键。许多极具魅力的景点景区，由于缺乏有效的宣传推广，知名度低，其旅游价值未能充分发掘，旅游资源优势未能成为产业优势、经济优势。推广品牌，引导旅游产品消费，提升旅游产品的知名度和影响力，才能更好地推进地方旅游经济的发展。

## 二、旅游品牌传播的类别

**人际传播**。人际传播指的是企业利用目标消费者与其产品或服务发生关系（接触、询问、购买、送货、安装、使用等）之后所形成的关于旅游品牌商品的看法和观点，通过其人际网络的交流，将旅游品牌的相关信息传播给其他有可能成为本旅游品牌的消费者或潜在消费者的过程。

**大众传播**。大众传播是指以报社、出版社、电视台、电台和网络等从事信息采集、加工、制作和传播的职业机构和以报纸、杂志、广播、电视、电影和图书等能够向社会大众传播信息的专业媒介，运用先进的传播技术和产业化的运作机制，对信息进行编码和加工并向社会大众传播的活动过程。

## 三、旅游品牌传播策略

旅游品牌传播策略从传统的角度看大致可以分为文化传播策略、叙事传播策略、公共关系传播策略、广告传播策略、创新策略和网络传播策略等。

### （一）文化传播策略

文化作为一种无形的意识形态，对每一个人甚至每一个企业的道德判断和价值取向都会施加影响。同样，不同的企业自然也会有不同的企业文化，其对外表现为一种旅游品牌文化。如果企业能够适时地对自身旅游品牌的文化内涵加以提炼和传播，则将十分有利于旅游品牌形象的塑造和提升。

旅游品牌不只是向目标消费者提供能够满足他们生理需求的物质产品，更是一种以文化为底蕴、以社会关系为表征的符号。因此，在旅游品牌传播的过程中，企业必须深刻地认识到，文化可以作为旅游品牌的无形资产，能够使旅游品牌具有差异化和个性化的特征。企业如果希望自身的旅游品牌商品具有长盛不衰的生命力，就必须使旅游品牌具有长盛不衰的文化力。

### （二）叙事传播策略

旅游品牌叙事是指企业刻意将旅游品牌的背景文化、价值理念以及产品特殊利益等作为主要的诉求内容，并以真实的人物、生动的情节和感人的故事为诉求形式，通过各种媒介向目标受众所进行的商业传播活动。

### （三）公共关系传播策略

企业运作离不开良好的社会环境，旅游品牌的发展同样离不开良好的公共关系。公共关系就是一个组织运用有效的传播手段，使自身适应公众的需要，并使公众适应组织发展需要的一种思想、政策和管理职能。公共关系包括迎来送往搞接待的层次，新闻报道、广告宣传的层次和专业的、高层次的公共关系策划等。公共关系所包含的门类主要包括员工关系、政府关系、媒介关系、顾客关系、社区关系等多种形式。除了员工关系之外，其他的都属于外向公共关系，旅游品牌传播则应该更多地考虑使用外向公共关系。公共关系则是典型的社会传播，其所传播的信息带有较为明显的客观性，其所传播的效果自然更容易被受众所接受，可信度也更高。因此，使用公共关系策略进行旅游品牌传播确实是一种行之有效的手段。

### （四）广告传播策略

现代社会，广告在改变人们的生活方式方面正扮演着越来越重要的角色。广告传播策略是企业根据旅游品牌商品的特征和市场环境的竞争状况以及目标受众的行为特征，选择和采取的与之相适应的广告传播手段。处于旅游品牌初创期的产品刚刚进入市场，且在市场上的知名度非常低。此时，旅游品牌传播的首要任务就是要在短时间里迅速提高知名度。尽可能地投入较多的广告预算，以使更多的目标受众能够接触到本旅游品牌商品的广告信息；广告的创意作品必须能够引起受众的注意，以使目标受众对本旅游品牌商品的信息产生认知并形成较为深刻的印象。处于旅游品牌成长期的产品已经逐渐被市场所接受，产品销量快速增长，旅游品牌知名度也呈上升趋势，不过，同类别旅游品牌商品之间的竞争强度也会越来越激烈。此时，旅游品牌传播的核心任务就要从之前的"扩大知名度"向"提升美誉度"的方向转变，通过塑造旅游品牌的个性努力形成自身独特的风格，以使一部分目标消费者成为本旅游品牌稳定的顾客群，进而使本旅游品牌形成市场竞争的优势。处于旅游品牌成熟期的产品，其销量接近饱和，市场销售的增长速度趋于稳定，同类别之间的旅游品牌竞争更趋激烈。此时，企业开展旅游品牌传播的主要目的就是努力提高目标消费者对本旅游品牌商品的忠诚度。因此，在此阶段的旅游品牌广告传播策略，一方面应以突出旅游品牌的差异性为主要诉求，另一方面则应强调企业的整体形象，以保持旅游品牌对目标消费者的影响力。

### （五）创新策略

经济的发展离不开创新，旅游业的激烈竞争要求企业不断创新。创新一般围绕技术、管理及制度展开。在旅游业中，品牌的技术创新目前更多地体现在对现有技术的充分利用方面。例如，在旅游饭店中，部分饭店首先启动了内部网络，利用饭店自有的局域网可以建立全面的客史档案，进行内部信息传递与共享，促进饭店服务质量的提高与管理效率的提升。旅游产品作为服务产品，与有形产品的创新既有类似之处，也有自身的特点。产品的创新都必须以消费者的需求为出发点，可以从服务产品中消费者与消费者之间的影响着手，也可以从旅游产品的功能着手。

## （六）网络传播策略

相对于传统媒介而言，互联网具有传统媒介所无法企及的优势，互联网能够向广大网民适时地提供大量的信息，同时又向网民提供了超强的搜索功能，使网民可以十分便捷地搜寻到自己所需要的信息。互联网信息传递方式丰富多彩。人们可以根据自己的兴趣和爱好开设或选择相应的网站、论坛或博客，旅游品牌传播的目标受众更精准、更有效率。进行网络传播的方式包括以下几种：

**网络广告**。网络广告，简单地说，就是通过网络媒介所发布的广告。按照广告在网页上所占据的面积及呈现形式，可以将其划分为旗帜广告、按钮广告、插页广告、墙纸广告等；按照广告在网页中的页面位置的不同，又可以将其划分为首页广告、内页广告和弹出广告等；按照网络广告所依托载体的不同，还可以将其划分为网页广告、流媒体广告和即时聊天工具广告、游戏嵌入式广告、电子杂志广告、直邮广告等。网络广告为广告主更好地与目标受众进行旅游品牌信息的交流与沟通提供了更多的可能。

**广告主网站**。广告主网站，就是广告主在互联网上进行网络建设和形象宣传的平台。广告主网站就相当于一个广告主的网络名片。广告主网站不但对广告主的形象来说是一个良好的宣传平台，而且可以辅助广告主的旅游品牌销售，甚至可以通过网络直接帮助广告主实现产品的销售。广告主网站分为基本信息型、电子商务型、多媒体广告型、产品展示型等。

**虚拟社区**。虚拟社区是网民借由计算机网络，以在线的方式，围绕某个主题、某个兴趣或某个需求进行集中交流的空间。它是一个沟通平台，是一种新型的人与人之间的交流方式。虚拟社区包括专业垂直类网站和开放式的专题论坛、聊天室等。在虚拟社区开展旅游品牌传播时以间接含蓄、不露声色的方式把旅游品牌信息融入一个合适的载体，使网民在不知不觉中接受旅游品牌的信息，达到事半功倍的传播效果。21世纪的市场营销与传播策略已经进入体验营销的时代，今天的消费者越来越注重旅游品牌体验。面对同样的事物，不同的人往往会有不同的体验。旅游品牌的形象不完全是由广告主说出来的，更主要的是由消费者感觉出来的。广告主有意识地在虚拟社区开展虚拟式的旅游品牌体验，也是广告主应该加以重视的旅游品牌传播策略。

# ？ 复习与思考

## 一、 名词解释

旅游品牌　旅游品牌定位　旅游品牌传播

## 二、 简答题

1. 旅游品牌的构成有哪些？

2. 旅游品牌定位策划的步骤有哪些？

3. 旅游品牌视觉识别符号系统包括几部分？

## 三、 单项选择题

1. （　　）不是品牌构成的三大要素之一。

A. 内在属性　　　　B. 外在属性　　　　C. 精神属性　　　　D. 物质属性

2. 品牌策划的首要任务是（　　）。

A. 品牌设计　　　　B. 品牌传播　　　　C. 品牌营销　　　　D. 品牌定位

## 四、 多项选择题

1. 品牌的特性包括（　　）。

A. 专有性　　　　B. 价值性　　　　C. 知名度　　　　D. 忠诚度

2. 旅游品牌视觉识别符号系统的设计包括（　　）。

A. 名称设计　　　　　　　　　　B. 徽章设计

C. 吉祥物设计　　　　　　　　　D. 旅游纪念品设计

3. 旅游品牌传播策略从传统的角度看大致可以分为（　　）。

A. 广告传播策略　　　　　　　　B. 文化传播策略

C. 公关传播策略　　　　　　　　D. 代言人传播策略

## 五、 案例分析

### 长三角旅游规划创新思路（节选）

　　长三角今天已尽显成功气度及尊贵地位，长三角旅游理应趁势抱成一团，通过合纵连横，迅速打造中国旅游真正意义上的第一个"世界品牌"。在进行长三角旅游品牌策划之前，要明确以下几点：

第一，基点分析：长三角文化阐释与文化旅游类型。文化是旅游灵魂。长三角旅游文化概括而言是一种"新吴越文化"，是一种发展了的吴越文化，其本质特征可以概括为：（1）是一种原生文化；（2）是一种多元文化；（3）是一种世俗文化；（4）是一种商业文化；（5）是一种海洋文化；（6）是一种开放文化；（7）是一种先进文化；（8）是一种情调文化。

第二，要素优化：长三角旅游资源评估。长三角旅游，就本质和整体而言，其特征和优势，是一种城市旅游，或者说是一种城市群旅游。城市群是长三角区域一体化的重要载体，在中国经济版图上最具活力和发展最快的6大城市群板块中，长三角城市群更是鹤立鸡群。

第三，个性张扬：长三角旅游质的把握和规定性。长三角旅游个性，实质是江（长江）、河（运河）、海（东海）、泊（湖泊）及城市群的一种空间集聚和组合。

第四，发展战略：长三角旅游一体化发展。即实现旅游发展一体化和整体效益最大化。打破行政区划的壁垒，形成和完善大区旅游接待体系，提高长三角旅游业的核心竞争力。根据资源与区位的特点，进行适度分工，形成各地区具有不同风格的旅游区，如会展型的、度假型的、观光型的，等等。加强制度创新，从政府、企业和科技、教育、文化、社会等方面继续扫清体制性的障碍。

第五，营销突围：长三角旅游一体化奋力前行。合作营销，统一宣传，加强区域协作，加强与旅游客源地的合作与交流，建立和发展互为目的地的旅游营销联盟。如共建网站，针对不同的客源市场开展个性化促销，加强宣传促销的实效性、针对性。还要建立现代旅游促销理念，重视网络促销。

——资料来源：沈祖祥．旅游策划：理论、方法与定制化原创样本［M］．<br>上海：复旦大学出版社，2010；内容有改动

根据以上案例，回答如下问题：

上述长三角旅游规划创新思路对于该地区的旅游品牌策划有何指导意义？

## 📖 推荐阅读

1. 邵春．品牌策划36计［M］．北京：中国旅游出版社，2004.

2. 程宇宁．品牌策划与管理［M］．北京：中国人民大学出版社，2011.

3. 曹洪福．当品牌遇到策划［M］．北京：中国财富出版社，2013.

# 旅游营销策划

　　旅游营销策划是一种高智商的创造性活动，是一项实践性很强的科学性与艺术性相结合的旅游企业市场活动，其本身既有严谨的内在逻辑关联性，又有可操纵性的市场营销程序。因此，在进行旅游营销策划时，应该遵循一定的旅游营销策划原理，并按照一定的流程逐步进行，才能提高旅游营销策划的质量和科学性。

　　本章对旅游市场营销及相关概念进行了阐释和辨析，介绍了旅游客源市场开发的步骤与内容，详细介绍了旅游产品促销策划与旅游广告策划的影响因素、步骤以及目标。通过学习本章内容，学生可以对旅游营销策划有全面的了解，能够策划一个简单的节事活动。

## 学习目标

### 知识目标

1. 掌握旅游市场及旅游市场营销的特殊性。
2. 掌握旅游客源市场开发策划的关键步骤。
3. 掌握产品促销的四种形式及其在促销中的优劣势。
4. 掌握旅游广告策划中的关键环节。

### 技能目标

1. 能够进行旅游产品促销方案策划。
2. 能够在实践中运用旅游营销策划的内容与方法。

## 向美国推销加拿大旅游

### 一、背景

1973～1982 年间，赴加拿大的美国旅游者人数从 1350 万人次减少到 1050 万人次，10 年内减少了 300 万人次，下降 20% 以上。这与世界旅游业的增长形成鲜明的对比，而且这是发生在美国出境游人数增加的情况下。

为了更好地了解美国市场，1985 年 6 月，加拿大旅游局委托开展了一项庞大的市场调研活动。这次调查确认加拿大在"观光旅游"、"户外活动"、"都市风情"这三个方面具有良好的市场机会。调查还反映了加拿大在开展这些类型的旅游方面的优势和不足。新的营销活动就是针对这三种主要类型的细分市场进行策划的，旨在发挥加拿大所具备的优势并消除不良印象。

### 二、现状分析和战略考虑

市场调研和分析发现，加拿大有三大细分市场有着吸引美国人访加的巨大潜力。

观光游览：这个细分市场的顾客重视文化因素，他们生活在主要的中心城市，而且从社会经济角度看，很可能是"中上流阶层"。加拿大的主要不足之处在于基础设施。

户外活动：加拿大的户外场地被认为是更为接近自然，未经雕琢，并且具有另一种生活方式。不足之处主要是：知名度不高；气候欠佳；距离太远。研究表明，对市场最具有吸引力的户外活动是那些适合特定市场的活动——垂钓、打猎和荒野探险。

都市风情：加拿大城市的名气不大，住宿、饮食、娱乐设施欠佳。人们对加拿大城市的认知与加拿大城市实际上能够提供的东西之间存在着不小的差距。

那么，由此而涌现出来的战略问题就是如何令这三个细分市场相信加拿大能够提供他们所寻求的东西。

### 三、营销目标和营销策略

目标：增加加拿大旅游出口收入。

手段：（1）提高加拿大作为国际旅游目的地的知名度。（2）强化加拿大作为独具特色的国际旅游主要目的地的形象。（3）通过实施多种旅游发展计划，通过传播市场和产品信息，为从加拿大国内外旅游业界遴选出来的经营者提供帮助。

指导原则：（1）加强联邦政府与公营和私营部门合作伙伴的协商。（2）尽可能地与公营和私营部门合作实施市场开发行动。

### 四、目标细分市场

美国的目标细分市场分为三大块：

观光游览：观光游览旅游者的行程一般是由若干单个产品组合而成，平均时间为 8 天。

户外活动：喜欢户外活动的旅游者通常是带着孩子的年轻夫妇。他们乘坐小汽车、卡车或者其他娱乐性交通工具去一些自然地区。旅游者对行程只是稍加计划和安排，时间为 3~4 天。

都市风情：这个市场的旅游者一般都是中年夫妇，他们的收入和接受的教育都在平均水平以上。他们选择那些美丽著名、受旅游者欢迎、拥有各种服务和设施的城市。这样的旅行在许多方面像是一个延长的周末，时间平均 3 天。

### 五、营销活动细节——广告

所有的媒体信息都是围绕与目标细分市场关系密切的三个主题设计的。观光游览市场的宣传主题或理念为"古老的世界"（Old World），户外活动市场的主题叫"野性的世界"（Wild World），都市风情市场的主题叫"新奇的世界"（New World）。

大规模的营销活动于 1986 年春夏启动，主要依赖电视来扩大宣传和丰富形象，印刷广告则主要用来介绍具体的入境口岸、游览细节以及各省区的电话号码，以备查询，但此次营销并没有在平衡淡旺季方面有所建树。

### 六、营销的成效

本次营销活动的目标是增加美国人访加的旅游出口收入。1986 年，访加的美国旅游者人数大量增加，比 1985 年多 200 多万人次，增长率几乎达到 18%。从较长时间来看，1985~1990 年间，旅游者人数年平均增长 75 万人次，增长率为 6.6%，单是 1990 年旅游者总数就超过了 1230 万人次。由此可见，从 1986 年营销活动开始，旅游者人数就在增加，这个结果同时也说明 1972~1983 年间困扰市场的游客人数下降趋势已扭转过来，本次营销活动实现了增加旅游出口收入的总目标。

——案例来源：向萍等．旅游营销学［M］．北京：中国旅游出版社，1999．

案 例 分 析

旅游营销对整个旅游策划活动的重要性。

# 第一节　旅游营销概述

## 一、市场营销的概念

市场营销源于英文 maketing 一词，其思想产生于 20 世纪初期的美国。真正的市场营销思想开始于第二次世界大战结束后的 20 世纪 50 年代，之后进入了蓬勃发展时期，在世界范围内得到了广泛的实践。随着市场的日渐成熟，关于市场营销的研究也日益广泛与深入。

美国市场营销协会，1960 年对市场营销下的定义是：市场营销是引导产品或劳务从生产者流向消费者过程中的一切企业活动。这一定义将"营销"等同于"销售"，对现代企业营销活动的全过程并没有给出确切和全面的表述。1985 年，美国市场营销协会更新了市场营销的概念：市场营销是对思想、产品及劳务进行设计、定价、促销及分销的计划和实施的过程，从而产生满足个人和组织目标的交换。这一概念与之前相比更为完善和具体。

美国著名市场营销学专家菲利普·科特勒对于现代营销思想的发展颇有建树，在其著作《营销管理》中对市场营销的定义作出界定：营销是个人和团队通过为他人创造产品和价值并进行交换以满足其需要和欲望的社会过程和管理过程。为了更好地解释这一定义，他同时又提出了需要、欲求、需求、产品、交换、交易以及市场这一组核心概念。

市场营销学的研究重点为，在买方市场条件下，企业如何在竞争激烈和瞬息万变的经营环境中开展有效经营，谋求企业的生存与发展。所以，现代市场营销学是立足于卖方市场，从企业角度出发来研究买方行为，研究如何满足买方日益个性化的需求并最终实现双方交易，实现企业的经营目标。

## 二、旅游市场的概念和特征

### （一）旅游市场的概念

旅游市场是旅游产品商品化的场所，是旅游企业发生各种旅游经济行为的领域，还是旅游生产者与旅游消费者发生联系的纽带。从市场营销的角度分析，旅游市场又有不同的内涵。旅游市场是指在一定时间、地点和条件下具有购买力和旅游动机的总体上的旅游需求，即旅游客源市场或旅游需求市场。旅游市场是由旅游者、旅游购买力和旅游购买欲望三要素构成。

### （二）旅游市场的特征

旅游市场作为专业化的市场，除了具有一般市场所具有的基本特征之外，还有以下几种独特的特征。

**全球性**。旅游市场是由全球范围的旅游需求与旅游供给组成的，有全球性的特征。

市场对产品的选择有全球性的自由，不受地域、政治、民族局限等的限制。旅游地的接待对象无民族、无国界之分，旅游者的旅游活动也不受地方和国界的束缚。

**波动性**。旅游业作为一种综合性社会经济现象，它影响和被影响的因素几乎涉及社会的方方面面。许多社会因素都可能对旅游需求以及旅游地产生很大的影响，而且这种影响常常有全球关联的作用。战争、政治风波、治安、民族歧视、经济水平等，都可能导致旅游市场的关联性的波动甚至变局。既可能引起旅游流向的变化，也可能引起市场结构的变化，还可能引起消费结构的变化。

**季节性**。旅游市场受自然条件及旅游者闲暇时间等因素的影响，季节性十分明显，有旺季和淡季之分，这就要求旅游经营者采取行之有效的政策和措施，调节旅游客流量，相对缩短淡旺季之间的差距，使旅游业协调发展。

**多样性**。旅游市场的多样性主要体现在以下几个方面：首先，旅游者的需求具有多样性。在大众旅游时代，旅游者的构成多种多样，其需求也千差万别。其次，旅游购买形式多样化，有团体包价旅游、半包价旅游、小包价旅游、散客旅游等多种形式。最后，旅游产品多样化。由于旅游者的需求多种多样，这就决定了旅游产品必须多样化才能满足旅游者的不同需求。

## 三、旅游市场营销的概念和特征

### （一）旅游市场营销的概念

市场营销的作用在于沟通旅游企业和客源市场间的供求关系，以求旅游企业获得最佳效益，因而旅游企业的市场营销工作是旅游企业经营管理的核心任务。旅游市场营销是将市场营销的基本策略和技巧引入旅游企业的经营管理之中，以促进经济发展的活动。换言之，旅游市场营销是旅游经营者为造就宾客满意，并在宾客满意的基础上实现旅游企业经营目标而展开的一系列有计划、有组织的社会管理活动。旅游市场营销不是单纯的经营销售，它具备了强大的功能：调研旅游者的合理需求和消费欲望，确定旅游目标市场，设计、组合、创造适当的旅游产品，以满足目标市场的需要。

### （二）旅游市场营销的特征

旅游业具有自身的特殊性，旅游产品亦然，既包括有形的旅游商品，又包括大量的无形服务。因此，针对于旅游产品的营销必然也具有其独特的特征。具体表现如下：

**非耐用性**。绝大部分有形产品和无形服务都可以让消费者较长时间持续使用。但由于旅游产品具有短期性的特点，因此旅游市场营销也具有非耐用性的典型特征。但正是由于这一特征，也决定了旅游消费可以反复消费。因此，旅游市场营销可以实现针对于目标市场多次营销。

**更加感性的购买驱动**。当顾客购买产品时，一般都知道该产品对自己而言有什么特别的功用，此刻运用的理性判断多于感性判断。例外的是有些消费者有较强的产品忠诚度，钟情于特定的产品和品牌，这种品牌忠诚度在旅游市场营销中心出现的概率也非常高。最主要原因是，旅游业是智力型产业，由人来提供和接受服务，面对面服务的情况最为普遍。感情就在这些面对面的服务接触中产生了，从而影响人们未来的购买行为。

**旅游产品的质量比较难控制**。由于旅游服务的无形性，旅游者无法看见、实用或是自己来评估服务，但是他们能看到各种各样与这些服务相联系的有形因素。所以，旅游者在购买旅游产品时，就高度依赖这些有形的线索和证据。这些有形的证据的综合效果决定了他们对服务质量的评估以及产品满足他们需求的程度。

**更加多样化的分销渠道**。旅游企业不像一般的企业一样通过物流把产品从工厂车间运送到消费者手中。旅游企业没有有形的分销系统，代替旅游服务分销系统的是一系列独立的中间商，或者是借助大众传媒，利用媒体的影响力和号召力将旅游产品信息发布出去。因此，针对于旅游市场营销而言其分销渠道应与自身的营销系统相适应，才能产生良好的营销效果。

**更加依赖旅游企业间的协作**。旅游者经历一次旅游活动，会接受许多不同的旅游企业和组织提供的旅游服务，例如旅行社、旅游饭店、旅游景区、旅游交通、旅游商店等。旅游者会依据在旅游过程中所有涉及的企业的表现来评价整个旅游体验的质量。如果其中有个别环节的个别企业提供的服务没有达到旅游者的标准，就会破坏整个旅游过程。因此，旅游企业间的协作显得尤为重要。

## 四、旅游营销策划的内涵和三要素

### （一）旅游营销策划的内涵

旅游营销策划是指旅游策划者为实现旅游组织的目标，通过对旅游市场营销环境等的调查、分析和论证，创造性地设计和策划旅游方案，谋划对策，然后付诸实施，以求获得最优经济效益和社会效益的运筹过程。

旅游营销策划是对旅游企业未来的营销行为、营销活动的筹划。其本质即是：旅游企业围绕某一具体的目标或问题，充分激发创意而进行的运筹。现代市场经济日益发达，市场竞争愈演愈烈，在经济全球化、市场竞争国际化、通信技术网络化的今天，企业要想盈利，用常规的方法与策略是难以破解其面临的种种难题的，一般的规划、一般的行动方案也是难以奏效的，企业需要富于创新的、巧妙统筹的营销策划。这种筹划是建立在对市场环境和市场竞争充分了解的基础之上，综合考虑外界的机会与威胁，自身的资源条件及优劣势，竞争对手的竞争战略和策略，以及市场变化趋势等因素，编制出规范化、程序化的行动方案，从构思、分析、归纳、判断，直到拟定策略，实施方案，跟踪、调整和评估方案的实施。

## （二）旅游营销策划的三要素

旅游营销策划包含创意、目标和可操作性三个要素。如果没有独辟蹊径、令人耳目一新的营销谋略，不能称为营销策划；没有具体的营销目标，策划也落不到实处；而不能操作的方案，无论创意多么巧妙杰出，目标多么具体、富有鼓动性，也没有任何实际价值。

**独特的创意**。所谓创意，就是与众不同、新奇而又富有独特魅力的构思和设想。营销策划的关键是创意，可以说，创意是营销策划的核心和灵魂。首先，创意并不是什么高深莫测的东西，独特的创意来源于长期的经验积累。其次，必须充分发挥想象力、联想力和创造力，开阔思路。最后，还要运用独特的思维方式，打破常规、习惯、思维定式，而采用多种新的思维方式。

---

**相关链接**　🔍搜索

### 重庆武隆的《2012 中国版》

**一、案例介绍**

新媒体催生网络时代的到来，网络广告、网络人物、网络商城的层出不穷更是彰显了新时代背景下网络营销的庞大和复杂。在海量化的信息中脱颖而出，赢得口碑和消费已然成为市场经济环境下各行各业竞相追逐的目标。

2011 年 6 月 13 日，《2012 中国版》"静像电影"在武隆旅游业的强力支持下诞生了。该片将"2012 年，重庆发生毁灭性灾难"为话题，将武隆的天生三硚、仙女山、芙蓉洞等世界自然遗产景区地质地貌贯穿其中，运用音乐、旁白等电影动态元素，创造性地编制出了一个意外发现 2012 全球避难地在武隆的神秘故事。

该片推出以来，除了被《重庆晚报》、《娱乐周刊》等平面媒体大篇幅报道外，还迅速蹿红于全国主流网站、大众网络社区、热门微博和贴吧，实现了传播辐射 90.3 万微博人群、88.2 万视频网民、219.2 万网络社区人群，累计覆盖超过 430 万人群的良好传播效果。

《2012 中国版》"静像电影"极大地增加了武隆旅游的曝光率，有效提高了武隆旅游的影响力。它是武隆旅游的一次有益尝试，为武隆旅游市场推广和营销提供了新的思路。不仅如此，它还有力地推动了"静像电影"这一网络新形式的深入探索和发展。

**二、案例评价**

2011 年度最具影响力的故事事件营销炒作，用网友的视角，以"2012 年，重庆发生毁灭性灾难"为噱头，植入武隆各个景区优美景色以及向网民传递"武隆是 2012 的避难地"的观点，让武隆世界自然遗产景区成功地在全国各地多种媒体上得到曝光，引起了全国众多网友的关注，充分将论坛、微博、搜索引擎等社会化媒体整合运用推广，既达到了宣传目的，也为川渝地区的旅游产品销售带来了意想不到的效果。

——资料来源：网易旅游

**明确的目标**。营销策划是为了解决某一难题，达到某一目标，有很强的目的性。因此，必须为营销策划确立一个恰当的目标。恰当的营销案例目标包括如下三个方面：第一，目标要具体化、量化。第二，目标要包括长期目标、短期目标。短期目标是长期目标的分解，各阶段的短期目标之间要保持连续性和协调性。第三，目标要具有价值。营销策划目标的价值表现在两个方面：一是对企业的所有员工是有意义、有价值的，与他们的利益息息相关，并能得到他们的认可和支持，能充分调动他们的积极性；二是对旅游企业的发展要有促进作用。

**可操作性**。要使营销策划能够实施、易于实施，就要求营销策划不仅要有新颖奇特的构想和具体的目标，而且要有很强的可操作性。可操作性是指在企业现有的人、财、物、信息、信誉、品牌的条件下可以实现，同时又与外部环境不冲突；另外，要有具体的可操作的行动方案，使营销策划的各种参与者都知道如何去行动。

# 第二节　旅游客源市场开发策划

旅游客源市场开发是指旅游企业为了实现旅游产品的价值而进行的一系列占有、扩大客源市场的相关活动。它包括两方面的含义：一是充分发挥现有市场的潜力，提高对现有市场的占有率；二是开拓新的旅游市场。旅游客源市场开发要在明确旅游市场战略目标的前提下进行市场调研和预测，了解市场需求和产品竞争对手，分析市场环境和选择目标市场，确定合适的市场营销组合，为企业确定业务范围和领域提供依据，也为最终开发出高质量的旅游产品，满足旅游市场的需求，最大限度地获取经济、社会、环境三方面的效益奠定基础。旅游客源市场开发的重点工作主要是借助市场学的基本原理和方法进行旅游客源市场的调查、预测、细分和目标市场的选择等。

# 一、旅游客源市场开发策划的特点

旅游客源市场开发策划是运用市场营销学的有关理论，对旅游客源市场开发的各个环节进行有效的谋划与设计，以达到一定的市场目标，如开拓新的客源市场，或提高原有市场的占有率等。由于在客源市场开发中应用的策划理论基本都是市场营销学的基本原理，旅游客源市场开发与一般产品的市场开发具有一定的共性，但同时，旅游客源市场的特性也对旅游客源市场开发策划提出独特的要求。与一般产品的市场开发相比，旅游客源市场开发策划主要有以下特点：

**对资源的高度依赖性**。旅游目的地旅游产品的类型和等级总是受到当地资源赋存状况的影响，旅游产品的魅力与吸引力往往依赖于资源的价值、规模以及开发水平，因此旅游资源本身的价值对旅游客源市场有着举足轻重的影响。旅游资源的吸引力越大，价值越高，客源市场的范围就越广阔，客源市场的类型就越多样，层次就越丰富；反之，其客源市场就越狭小，类型就越单一，层次就越简单。因此，对于旅游客源市场的开发策划，必须建立在自身资源的深刻清醒认知的基础上，考虑自身资源的优劣势，因地制宜地进行开发策划。

**开发对象的差异性**。旅游客源市场类型多样，需求不一。针对不同地域、不同特征的旅游客源市场，旅游目的地所采取的开发策略也应有所不同，突出针对性和差异性。从本质上讲，旅游客源市场的开发就是旅游目的地获取旅游客源市场认知所进行的一揽子的谋划与设计活动。要想取得良好的认知效果，就必须深入了解旅游客源市场的特征，发现旅游客源市场的旅游需求偏好，在此基础上制订出有针对性的能够满足目标客源市场需求的开发方案。

**开发主体的协调性**。旅游客源市场的开发共有三大主体，分别是政府、旅游企业、旅游行业协会组织。一方面，由于三者对于客源市场开发所持立场不同，利益出发点也不尽相同，开发的思路往往有一些不同，因此旅游客源市场开发策划协调性显得尤为重要。另一方面，旅游企业之间在旅游者完整的旅游体验中承担着不同的任务，旅游企业间的沟通和协调对于旅游者的满意度有着至关重要的影响。因此，各开发主体、各协作单位间能否实现有效协调、无障碍沟通对于旅游客源市场开发策划至关重要。

# 二、旅游客源市场开发策划的类型

依据开发主体的不同可以将旅游客源市场开发策划划分为三种类型，分别是政府主导的旅游客源市场的开发策划、旅游行业组织主导的旅游客源市场的开发策划和企业主导的旅游客源市场的开发策划，不同的类型各有千秋。

## （一）政府主导的旅游客源市场的开发策划

中远距离客源市场的开发主要采用政府主导的客源市场的开发方式，例如国际旅游客源市场或不同行政区域客源市场的开发。由于入境旅游具有能够快速增加国家外汇收入、平衡国际收支、提高目的地国家的国际影响力的作用，各国政府及旅游主管部门都致力于国际旅游客源市场的开发。另外，跨行政区域的国内旅游具有有效回笼资金、提供更多就业机会、推动区域经济发展等作用，各级地方政府也十分重视跨行政区域的客源市场的开发。

政府主导的旅游客源市场开发策划的优势非常明显：首先，政府所掌握的人力、物力、财力资源较为雄厚，具备强大的经济外部效应。其次，由于政府的行政能力和行政资源能够有效组织各类开发策划活动，对于旅游企业参与旅游开发策划活动有较强的号召力和权威性。再次，此类型的开发主要针对国际旅游客源市场或者是跨行政区域客源市场，在开发中可能要涉及国际因素、外交程序或者是行政协调等问题，政府在这些方面具有典型的优势。最后，政府的信用和权威是此类开发策划的最典型的特征，能够增强客源地旅游者的信心，提高旅游者对旅游目的地的接受度。

与此同时，政府主导的旅游客源市场开发策划的缺点也同样明显，即权威性有余、灵活性不足。因此，在进行此种类型的旅游客源市场开发策划时，必须充分考虑各种不确定因素的影响。在策划时要留有调整和应对的空间，在执行过程中更要密切关注市场的变化以及发展情况，以便随时对开发策略进行调整，努力实现最佳效果。另外，政府主导的旅游客源市场开发策划在一定程度上能够拓展旅游目的地的市场广度，但受开发频率和开发深度的限制，政府主导的旅游客源市场开发策划的效果却十分有限。在实践中，单独依靠某一种类型的旅游客源市场开发策划效果都不理想，多类型、多渠道的联合开发策略能够弥补各单一类型的缺陷，收到理想的效果。

**相关链接**　🔍搜索

### 中国旅游产业的"美丽营销"

自 1999 年设立"十一"黄金周至今 14 年，随着国民生活水平和消费能力的大幅度提升，国内游市场得到长足的发展，局部优秀的旅游目的地已达到饱和状态，这从近年来每到黄金周各大景区就出现人满为患的现象可以得到证明。为今之计，对于比较成熟的旅游目的地和景区而言，需要巩固国内市场，大力拓展海外市场，让"美丽中国游"走向世界、融入世界，才能最大限度地推动中国旅游更好发展。

大力发展入境旅游，对推动中国旅游业整体提升、宣传中国旅游整体形象、增进中国与世界的交流与合作、传播中国先进文化及深化对外开放、展示"美丽中国"形象等方面，都具有积极作用。那么，怎样建立"美丽营销"体系？应该从调研、战略、执行、监控四大方面入手，遵循客源地文化视角和语境进行创新传播，开启"美丽中国"统领下的创新营销变革。

**一、调研是"美丽营销"的基础**

不同的文化背景和社会经济发展，决定了不同国家和地区的游客在目的地选择、产品喜好和消费方式方面的差异。开拓海外市场，必须以海外客源地市场特点为支撑，以客源地文化差异为导向，采用多元化的营销手段进行品牌营销。"美丽营销"要具有明确的目标市场，采用差异化的营销手段进行品牌推广，并依据目标市场，与当地旅行商合作，调整适合客源地需求的旅游产品和线路。

**二、战略是"美丽营销"的驱动**

营销战略不是象征性地画出一个客源地半径，而是要依托调研基础进行深度的客源市场分析，制定可行性营销战略。目标市场确定后，需要制定短期、中期、长期的营销战略。其中，形象定位是营销战略的核心。在海外营销过程中，必须以国家旅游形象定位为统领，省市地方旅游营销为支撑，在世界范围内树立起众星捧月的"金字塔"品牌体系。

在市场战略层面，必须要适应国际旅游市场多样化的需求，结合中国具有世界级"第一"和"唯一"的优质资源，实施旅游精品战略，完善旅游产品体系，建设"中国国际旅游精品库"，培育一批具有国际吸引力和影响力的旅游品牌。通过品牌引领，彰显中华民族的独特文化魅力，让游客感受全时空、全方位的"美丽中国"。

在营销战略层面，要以整体形象不变，局部灵活调整的策略，结合不同客源地的市场动态和社会热点，适时适地融入当地人民的生活，开展精准化营销。

**三、执行是"美丽营销"的保障**

要巧借海外的台，唱好中国的戏。采用线上线下相结合的方式，选择适合客源地消费者喜闻乐见的载体，进行品牌推广和文化渗透。

业内营销方面，中国旅游的海外营销，可以积极参与各种会展，并与当地旅行社建立良好的互动关系，不遗余力地进行形象推广和产品销售。

在大众营销方面，可以采用情感营销；可租用客源地最受欢迎的主流媒体，城市人流最大的车站、广场、商业区等投放广告；可以在海外最普及的Google、YouTube、Twitter等新媒体平台开展线上互动推广；也可以巧借影视作品、世界性赛事、社会热点等，植入中国元素、策划事件营销，构筑起立体化的营销执行体系。

**四、监控是"美丽营销"的导向**

"美丽中国游"海外营销，必须有实时的监控、评估体系。比如，可在主要客源地建立目的地网站并进行推广，以目的地网站的访问量和互动率考评阶段性营销成果；可以采用传统的市场问卷、专题访问等手段，考量营销执行产生的影响力；可以通过客源地游客数量在目的地的阶段性增长率，评估营销成果的转化率等。

监控和评估体系是一个复杂的工程，可考虑采用第三方调研机构介入，通过第三方权威、专业的调研分析，得出切实的研究数据，为下一步的营销计划提供依据，指明方向。

——资料来源：http://summit.5u588.com/news/20130544260.html.

## （二）旅游行会组织主导的旅游客源市场开发策划

旅游行会组织是由有关旅游社团组织和企事业单位在平等资源的基础上组成的非营利性社会组织，具有独立的社团法人资格。旅游行会组织主导的旅游客源市场开发策划的优势十分突出，即具有较强的灵活性。首先，旅游行会组织主要由旅游经营者组成，市场敏锐性和认知度较高，针对市场的变化能够快速作出反应。其次，旅游行会组织往往在区域内有一定的影响力和号召力，能够将区域内旅游企业的资源优势进行集中和整合，有条件进行一定规模的旅游开发策划活动。当然，旅游行会组织主导型旅游客源市场开发策划的缺点是该组织没有行政能力和行政权力，其本质就是一个松散的民间组织，其权威性有所欠缺，对会员企业的约束力十分有限。最后，旅游行会组织是由旅游企业会员组织的，主要的负责人也从企业中产生，在市场开发中以及利益分配中公平性的体现也十分困难。

## （三）旅游企业主导的旅游客源市场开发策划

旅游企业主导的旅游客源市场开发策划的主要优势是机动灵活。旅游企业直接和旅游市场接触，掌握着大量一手的市场反馈信息，最便于把握市场的需求。但旅游企业所占有的人力、物力、财力资源十分有限，难以承担大规模的旅游客源市场开发策划方案。因此，此类旅游客源市场开发策略往往以中小型市场开发活动为主。旅游企业主导的旅游市场开发策划的主要缺陷在于市场开发广度有限。实力雄厚的大规模旅游企业，甚至是跨国旅游集团，有能力在广阔区域内进行旅游客源市场的开发，但我国大型旅游企业的数量十分有限，受实力薄弱影响，能够策划并独立实施市场开发方案的市场范围有限。因此，在策划中应注意与政府或行会组织的合作开发，有目的地参与政府及行会组织的市场开发活动，并将参与方案纳入企业自身的市场开发策划中，为企业的目标市场服务。

> **案　例**
>
> ### 莫斯科"周末旅游"
>
> 莫斯科浓郁的俄罗斯情调是令人向往的，但漫长而寒冷的冬季似乎让游人们裹足不前，每到冬季前往莫斯科度周末的人都很少。汤姆森假日旅游项目经办人决定打破莫斯科的坚冰，他带了一批报界人士去莫斯科度过了一个示范性的周末，赢得了各大刊物连篇累牍的报道。以此为契机，他们在隆冬季节成功地发起了去莫斯科度过一个开销不大的周末旅游项目。

负责汤姆森假日旅游项目的只有 3 个人，为首的是道格拉斯·古德曼。10 年来他坚持不懈地使用公共关系战术，为使公司成长为该行业首屈一指的大企业做出了卓越的贡献。经营旅游业成功的关键在于不断推出新的度假活动，对市场开发部门而言这就意味着今年的活动还在进行，下一年的详细工作计划就要准备妥当。

他们准备推出的 1983 年夏季旅游项目有："夏日阳光"、"湖光山色"、"亲密友好"、"马车"、"别墅和公寓"等。为了让尽可能多的人了解这些项目，公司决定在 1982 年 9 月 1 日发放 100 万份关于 5 种不同的度假活动的便览。当然，率先推出也有其弊端，别的公司可以根据汤姆森的定价制定出竞争性价格。利用便宜的价格来抢夺顾客。对于这一问题，汤姆森公司暗藏了一条锦囊妙计。

在严格保密的情况下，汤姆森公司在意大利的印刷公司重印了 320 页的彩色便览，至少有 50 个假日旅游项目减价 10~50 英镑，几乎在便览的每一页上都有新的标价，封面也予以重印，添上了"不收附加费"的保证和减价的声明。便览被悄悄地运到伦敦的仓库，只有几个关键的职员了解情况。他们小心翼翼地守护着这个秘密，不让竞争对手有丝毫察觉。让人们了解重新推出旅游项目的时机终于到了。他们计划在 1982 年 12 月 6 日一鸣惊人，以全面覆盖式连续报道 3 天，然后才刊出广告。

报道的质量更是令人惊喜，9 家全国性报纸提到汤姆森公司 72 次，若干种省级报纸在头版头条给予了报道。报纸和电台的报道整整持续了一周。《星期日时报》居然用了一整版来介绍这次旅游项目的重新推出。电台、电视台在全国假日节目中也发布了消息。1983 年 1 月创造了新的订票纪录，旅游业务急剧回升。汤姆森公司推动了旅游活动，使得夏季旅游呈现良好前景。

——资料来源：http：//www. lcvlcv. com/stuVillage. do? method = queryNewsInfo&id = 15860&
count = 53240.

**案 例 分 析**

如何根据市场的变动来设计营销方案？

## 三、旅游客源市场开发的步骤

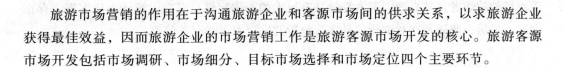

旅游市场营销的作用在于沟通旅游企业和客源市场间的供求关系，以求旅游企业获得最佳效益，因而旅游企业的市场营销工作是旅游客源市场开发的核心。旅游客源市场开发包括市场调研、市场细分、目标市场选择和市场定位四个主要环节。

## （一）市场调研

市场调研是旅游客源市场开发的起点，是旅游企业了解旅游市场需求的历史、现状的显微镜和了解旅游市场发展趋势的望远镜，也是旅游企业在日益激烈的竞争中立于不败之地的法宝。

### 1. 市场调研的概念和意义

市场调研是指根据旅游市场营销的需要，运用科学的方法，对旅游企业营销活动的有关信息、资料进行收集、整理、分析，提出调研报告，为旅游企业营销管理者正确决策提供科学依据的工作过程。国际知名的市场营销专家菲利普·科特勒对市场调研的定义是：系统地设计、收集、分析和报告与某个组织面临的特定营销问题有关的各种数据和资料。

政府、旅游行会组织甚至是旅游企业一直致力于旅游客源市场的开发，他们需要更多关于更大、更远的市场上的信息。旅游企业必须了解持续变化的旅游市场，将旅游市场的调研信息作为有效的营销手段，占领市场。在如今瞬息万变的时代，旅游市场调研信息对管理者的开发决策至关重要。

### 2. 市场调研的特点

**服务性**。为了使旅游者得到高品质的服务和最大限度的满意，旅游企业每作一个决定都需要各种信息，好的旅游产品和旅游营销计划需要以对客源地旅游者需求的全面了解为前提。旅游企业甚至还需要有关竞争对手、旅游经销商和其他各种市场因素的信息。开发者不仅把调研信息作为制定更好的开发决策的前提，而且把它作为重要的战略资源和营销手段。

**科学性**。市场调研的方法是科学，而不是主观臆测。市场调研有科学的调研工具和严密的调研程序，可以为旅游企业决策者提供科学的、可信的决策依据。

**应用性**。每一次调研都是为一项开发策划活动做准备，是旅游营销策划和决策活动的前奏。市场调研是一种具有使用目的的应用性调研。

**不确定性**。尽管市场调研是建立在严密的程序、科学的技术手段基础上的，但目标市场上存在大量的不确定因素，使得调研的科学性受到一定的限制。首先，调研对象客源市场的旅游者，其心理因素本身就具有极大的不确定性；其次，统计方法客观上存在误差；最后，调研者在对调研信息进行分析的过程中可能存在偏差。

### 3. 市场调研的步骤

市场调研是一项具体、复杂、细致的工作。为了提高市场调研活动的质量和效率，必须明确市场调研工作的步骤和程序。

**确定问题和研究目标**。市场调研的起始阶段是识别营销问题和调研目标。随着旅游客源市场外部环境的变化，市场开发部门会面临这样一些问题："在客源市场开发时，应当选择何种开发方式？选择何种营销策略呢？"市场调研可以用来评估产品、促销、分销或者定价的选择。另外，也可以用于发现和评估新的市场机会。

**制订调研计划**。要解决调研目标中的有关问题，需要收集不同的信息，这就要求制订一个详细的信息搜集计划。在这个计划当中，要明确调研对象、调研项目、调研所使用的获取资料的渠道及方法、可以运用的调研工具等问题，确保调研活动的有效开展。

**收集信息**。旅游客源市场调研的信息来源可以分为两大类：第一手资料和第二手资料。第一手资料又称为原始资料，是指调查人员通过现场的实地调查所收集的资料；第二手资料又称为间接资料，是他人为某种目的已经加工整理好的信息。第一手资料针对性强，适用性强，但是获取的成本比较高；第二手资料获取的成本低，时间短，但适用性相对较差。旅游客源市场调研一般先利用第二手资料确定调查目标和基本方向，然后通过第一手资料的收集进行详细的分析和研究。旅游客源市场开发时可以将两种不同来源的信息充分结合起来，以达到最好的调研效果。

**分析信息**。政府、旅游行会组织以及旅游企业通过调研收集到的原始资料和信息往往是杂乱无章、无法使用的，必须经过分析和处理，以保证信息的真实性和系统性。市场调研人员应当使用恰当的统计分析方法，将收集到的信息进行整理和分析，并进行量化，以得出全面的、合乎逻辑的结论。

**提出调研报告**。调研过程的最后阶段就是结论和报告准备阶段。调研报告是对市场调研活动中所涉及问题的总结性文件，是政府、旅游行会组织及旅游企业作为旅游客源市场开发的重要参考资料。调研人员在调研报告中必须明确回答市场调研开始阶段提出的问题，最好有明确翔实的文字说明、具体的数据佐证以及便于理解的数字表格方式。一般来讲，调研报告没有统一的模式，但基本包括以下内容：调研的目的和意义；调研所采用的主要方法；调研过程中发现的问题及答案；对客源市场开发提供的有决策意义的意见；附件，如样本分配情况、数据统计量表等资料。

### 4. 市场调研的常用方法

**资料调查法**。资料调查法是通过收集旅游企业内部和外部各种已经存在的信息数据和情报资料，从中筛选出与调研课题有关的内容，进行分析研究的一种调查方法。一方面，此类方法简单易行，能够快速获取信息，实现调研目标。另一方面，资料获取渠道广阔，如旅游企业内部的旅游报表、各类专业报纸、旅游杂志、旅游统计年鉴、各类旅游学术期刊、国内外旅游组织或专业旅游市场调研机构的年报和调研资料等，互联网共享的信息资料等。这类资料获取方便快捷、成本低廉，借助于科学的分析工具进行系统的分析，能够有效地服务于旅游客源市场的开发。

**实地调查法**。实地调查法是通过直接接触调研对象的方法取得第一手资料，并对资料进行详细的分析研究的一种调查方法。该类方法获取的资料有很强的针对性和适用性，十分宝贵；但此类方法一般需要较多资金、人力、物力的投入，成本相对比较高。在旅游客源市场开发调研中使用较多的有面谈调查法、电话调查法、邮件调查法三种类型。面谈调查法是指访问者通过面对面的询问和观察被访问者而获取调查信息的方法。此类方法是市场调研中最通用和最灵活的一种调查方法。调查者往往在访问前事先设计好问卷或调查提纲，可依顺序提问，也可以围绕调查问题进行交谈、个人面谈、小组面谈等。电话调查法是指通过电话向被调查者询问有关调查内容和征求市场反应的一种调查方法。这是为解决带有普遍性的问题而采用的一种调查方法。电话调查具有快捷高效的特点，其缺点是时间设计不宜过长，因此调查获取的信息深度有限。邮件调查法是指将已经印制的调查问卷或调查表格，以邮件的方式寄给抽样选取的调查对象，由调查对象填写之后回复给调查者，调查者对调查问卷进行整理，获取信息的一种方法。此类方法的优点是成本低、调查获取的信息较为深入；缺点是时间成本较高，资料的回收率一般较低，信息的信度和效度不高。

**抽样调查法**。抽样调查法是按照随机原则从总体中选取一部分调查单位进行调查，从中得出有关整体的结论。抽样调查法包括三项内容：选择一个适当的抽样对象；确定样本大小；选择恰当的抽样方法，即随机抽样或非随机抽样。

**问卷调查法**。问卷是指调查者根据调查目的与要求，设计出由一系列问题、备选答案及说明等组成的向被调查者收集资料的一种工具。标准化的问卷有利于准确、迅速地收集市场资料和市场信息，便于高速、高效地对这些数据进行处理分析。问卷设计时一定要遵循主题明确、结构合理、通俗易懂、问卷篇幅适宜以及便于统计等原则。

## （二）市场细分

### 1. 市场细分的概念和意义

市场细分是指旅游企业针对旅游者日益变化的个性化需求，将一个整体旅游市场划分为若干个具有相同需求的子市场，从而确定自身旅游目标市场的活动过程。

市场细分是分析旅游企业市场需求的一种手段，它对于旅游企业的经营和管理具有重要的指导意义。通过市场细分，旅游企业可以了解不同类型旅游者的需求状况以及被满足的程度，从而使旅游企业迅速占领未被满足的市场，扩大市场占有率，取得市场经营的优势。市场细分有助于旅游企业确定自身的服务方向、产品策略，制定有效的组织营销策略。市场细分有助于旅游经营者总结出适合自己的经营策略。

### 2. 细分市场的特点

旅游企业进行市场细分，是为了发现更好的市场机会，制定相应的市场营销策略。基于旅游行业的专业性和特殊性，旅游市场细分要注意以下特点：

**可识别性**。可识别性是指细分出来的各个市场、顾客特征、市场范围、市场规模以及购买力大小等资料，能够通过市场调研、分析及其他的方式获得，以便衡量该市场。

**可衡量性**。可衡量性是指细分的市场不仅要求范围比较清晰，而且必须能大致判断市场的大小。要保证细分市场的可衡量性，一方面要保证所确定的细分标准清楚明确，容易辨识；另一方面要保证所确定的细分标准本身是可衡量的，旅游企业可以利用这些标准从旅游者那里得到确切的信息。

**可进入性**。可进入性是指细分的市场是旅游企业利用现有的人力、物力和财力通过一定的营销活动可以通达的市场。考虑细分市场的可占领性，实际上主要考虑的是旅游企业营销活动的可行性。

**稳定性**。稳定性是指一定的实践和条件下，旅游企业市场细分的标志能够保持相对不变，旅游企业占领市场后，在一定时期内不必改变自己的目标市场。

**效益性**。效益性是指旅游企业能够在进入细分市场后，获取较好的旅游收益。即一个细分市场被确定后，能够保证旅游企业产生效益，甚至有相当强的发展潜力。

### 3. 市场细分变量

旅游企业进行市场细分的原因是旅游者的需求存在差异性，引起差异性因素有很多，这些影响因素就是市场细分变量。

**地理变量**。旅游企业可以根据旅游者的国家、地区等地理区位差异将其划分为不同的细分市场。不同地理环境下的旅游者对旅游产品和服务的需求和偏好有所差异，对旅游企业采取的营销策略会有不同反应。地理变量的识别度较高，但即使同一国度、同一区域旅游者的需求也不尽相同。因此，完全依据单一的地理变量来细分市场并不能够完全反映游客的真实需求，需要和其他细分变量结合起来考虑。

**人口变量**。人口变量是在众多领域广泛应用的分类指标，也是在进行旅游客源市场细分时最为常见的标准。人口变量通常包括年龄、性别、家庭、社会阶层和文化程度、经济收入与支付能力、职业背景等。例如，以年龄为变量因素的有银发旅游市场、夏令营旅游市场等；以性别为变量因素的有主妇旅游市场、女性白领旅游市场等；以家庭为变量因素的有家庭亲子旅游市场等。

**消费行为变量**。按消费行为变量来进行市场细分，可以选择消费者追求的利益、消费者的购买和使用程度、消费者的平均支付能力和消费水平、对产品的忠诚度等行为因素作为标准。

**心理因素**。心理因素是对消费者购买行为产生影响的主观因素，消费者的心理因素也能成为市场细分的依据。从心理因素进行细分，主要是依据消费者的生活方式、购买动机等因素。

## （三）目标市场选择

目标市场是在市场细分的基础上，旅游企业营销活动所要满足的市场需求。即旅游企业主要经营对象是某一类型的旅游者群体，旅游企业的主要经营任务是满足这一群体的消费需求。

旅游企业在进行目标市场选择的时候，必须对不同的细分市场进行分析，才能选择出适合本企业进入的市场。

### 1. 目标市场选择的评估因素

**细分市场的规模和增长情况**。旅游企业营销人员在选择目标市场时首先要收集和分析的是现有细分市场的销售额、增长率和预期利润等资料。

**细分市场的结构吸引力**。旅游企业营销人员发现有些细分市场具备理想的发展规模和增长率，但并没有能够提供可观的利润时，将会对细分市场中竞争者状况、替代产品状况、旅游者讨价还价能力以及供应商的状况等影响市场长期吸引力的结构性因素进行分析。

**旅游企业的经营目标与经营条件**。即便一个细分市场具有理想的发展规模和增长率，而且具备足够的结构吸引力，旅游企业是否要选择此目标市场，还取决于该细分市场是否符合旅游企业的预期经营目标；另外，即使符合旅游企业的预期经营目标，对于该细分市场进行营销也需要经营资源以及经营条件，只有具备这些经营条件才有可能选择该细分市场。

### 2. 目标市场的营销策略

当旅游企业选择了目标市场之后，接下来思考的是如何经营好这些目标市场，常用的旅游目标市场的营销策略有：

**无差异市场营销策略**。无差异市场营销策略是旅游企业把旅游者需求看成一个无差别的整体市场，认为购买企业旅游产品的旅游者都具有同样的旅游需求，即使只采用比较单一的营销组合也能满足整个市场的旅游需求。该策略适用于：第一，同质市场；第二，新产品的发布与推介；第三，需求大于供给的卖方市场。该策略的优点是采用单一的营销策略，产品的组合成本、销售渠道的费用及促销费用都大大降低。其缺点是忽视了市场需求的差异，可能会导致部分顾客不满意，无法满足市场激烈竞争的需要。

**差异性市场营销策略**。差异性市场营销策略是旅游企业根据各个细分市场的特点，增加旅游产品的种类，或制定不同的营销计划和办法，以充分适应不同旅游者的不同需求，吸引各种不同的购买者，从而扩大企业产品的销售量。该策略适用于：第一，规模大、实力雄厚的旅游企业；第二，竞争激烈的买方市场；第三，产品成熟阶段的营销。该策略的优点是有较强的针对性和适应性；缺点是这种策略将增加企业的各种费用，对企业的管理能力将会是一个非常大的考验。

**集中性市场营销策略**。集中性市场营销策略是指营销人员使用某种特定的营销组合来满足某个单一目标市场，并将酒店的人力、物力、财力都集中于这一目标市场。此类营销策略适用于：第一，中小型旅游企业；第二，竞争比较激烈的市场。此类营销策略的优点是旅游企业经营的专业化和专门化；有利于旅游企业提高资源的利用率；有利于旅游企业在目标市场上奠定扎实的基础。缺点是由于过于关注特定细分市场而容易增加企业的经营风险。

## （四）市场定位

经过市场细分和目标市场的选择，旅游企业确定了自己的经营空间和营销对象。为了使目标市场旅游者能够非常容易地识别出本企业的产品，以便与竞争对手区别而形成自己独特的经营风格和做法，就需要对产品实行市场定位。

### 1. 市场定位的概念

市场定位是企业为了适应消费者心目中某一特定的看法，通过为企业、产品、服务创立鲜明的特色或个性，而塑造出的独特的市场形象的行为过程。

市场定位在旅游企业的营销工作中具有非常重要的意义。通过市场定位，可以强化旅游企业及其产品和服务在市场上的整体形象，增强旅游产品在客源市场上的竞争力。

### 2. 市场定位的内容

旅游目的地或旅游企业要想在市场中取得优势，就得在信息传递中把自己的特色突出地展现给广大旅游者，让自己的产品占据一定的市场地位，通过定位提升旅游形象，树立旅游品牌。具体包括以下内容：

**形象定位**。所谓形象定位，即旅游企业以哪种旅游形象面对目标市场，为客源市场提供哪种产品和服务。这里所说的形象是指企业外部形象，如旅游企业名称、企业标志等，所有这些视觉因素会直接影响人们对旅游企业形象的看法。

**产品定位**。产品定位是指旅游企业为旅游者提供哪种类型的旅游产品。旅游企业营销人员在对产品进行定位时，应关注三方面的内容：首先，创造和设计特色旅游产品，树立鲜明的市场形象；其次，关注旅游产品所蕴含的价值和利益；最后，强调旅游产品的竞争优势。

**价格定位**。价格是旅游企业营销中最敏感的因素。营销人员怎样制定旅游产品的价格，实行高价策略还是低价策略，是旅游企业迫切需要解决的实际问题。旅游企业营销人员应依据国家政策的变化、旅游者消费欲望的变化以及市场供需关系的变化来制定价格。

**消费者群体定位**。消费者群体定位是指旅游企业以哪种类型的旅游者集群确定为目标市场。

**销售渠道定位**。销售渠道定位是指通过哪种销售渠道将旅游企业的产品和服务传递给旅游者。不同类型的销售渠道有各自的优缺点，选择、确定哪种销售渠道对旅游企业而言至关重要。

### 3. 市场定位的策略

**市场领先策略**。该策略是指旅游企业在目标市场中始终保持第一位的优势，无论在产品质量、规格以及服务上都要先声夺人，始终以领袖的地位引领这一市场的消费需求发展方向的策略。

**市场挑战策略**。该策略是一种较危险的策略，采用的是一种与最强劲的竞争对手对立的策略，以对比的方式与竞争对手争夺同一目标市场的策略。

**市场避强策略**。该策略是一种较为柔和的定位策略，是旅游企业避免与竞争对手直接抗衡，放弃原有细分市场，寻找新型的旅游市场，开发设计与竞争对手完全不同的旅游产品和服务的定位策略。

**重新定位策略**。该策略是针对目标市场变化后，旅游企业扭转经营困境，抛弃原有产品定位，重新进行市场地位，树立新的旅游企业形象的一种策略。

**另辟蹊径策略**。是旅游企业通过宣传展示本企业的特色和独特之处，在竞争中获得竞争优势，为旅游企业的发展开辟一条不同寻常的道路的策略。

# 第三节　旅游产品促销策划

　　企业在开展市场营销工作时，不仅需要高效快捷的营销渠道、合理的产品定价以及高质量的旅游产品，而且需要符合旅游企业自身特点的有效促销策略。

## 一、旅游促销与旅游促销组合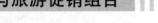

### （一）旅游促销的概念

　　旅游促销是指旅游企业通过各种营销宣传手段，与市场进行信息同步，赢得旅游者的注意力、了解冲动和购买兴趣，树立旅游企业及其产品的良好形象，从而促进旅游产品与服务的销售。从本质上讲，旅游产品促销就是旅游企业与旅游者进行信息沟通的过程。其原理是通过各种方式持续向旅游者传递企业及产品或服务的信息，并形成外界刺激，激发旅游者的购买欲望，促使其采取购买行动。

### （二）旅游促销的作用

　　促销的功能在于畅通无阻地传递产品信息，进而达到提高销售的目的。具体来讲，体现在以下方面：

　　**提供情报，传递信息**。旅游企业在设计或生产出旅游产品后，就需要采取各种方法努力向旅游者传递旅游产品或服务的信息，以便产品快速进入市场并被有效接纳。因此，旅游企业致力于向旅游者传递旅游产品的基本信息，如产品特点、产品特色、产品价格、产品能为旅游者带来的利益等信息，以引起旅游者和旅游产品中间商的关注。

　　**突出特点，强化竞争力**。产品同质化现象是很多行业面临的问题，旅游产品由于专业性较强，同质化现象更为典型。借助旅游促销手段，旅游企业可以更为便捷地将自身旅游产品的定位、特色传递给旅游者，使其对该旅游产品或旅游服务有一个清晰的认知。即使旅游产品或服务本身没有鲜明的特色，旅游促销活动的开展也有助于其独特形象内涵的树立，并对旅游产品产生好感，进而形成偏好，提高旅游者对该企业的忠诚度。

　　**增加需求，扩大销售**。通过促销活动加深旅游者对相关旅游产品和服务的认识，唤起旅游者的消费意识，通过劝说和提示旅游者购买有关旅游产品，扩大产品销售。

　　**稳定销售，巩固市场**。旅游企业可以通过促销活动，使更多旅游者形成对该旅游企业的偏好，达到稳定销售的目的。另外，旅游者的记忆深刻度和企业促销的次数及重复程度成正比。因此，持续的促销活动能够提高旅游者对旅游产品的熟悉度，保持稳定的销售额。

### （三）旅游促销组合策略

促销组合，是一种组织促销的整体思路，它主张旅游企业应把广告、公共关系、营销推广及人员推销四种基本促销方式组合为一个策略系统，使企业的全部促销活动互相配合，相辅相成，协调一致，最大限度地发挥营销的整体效果，从而顺利地实现促销目标。

**广告**。广告是旅游促销中重要的手段之一，是指旅游企业通过各种大众传播媒介，如电视、广播、报纸、杂志等，以支付费用的方式向目标市场传递有关旅游企业信息，展示旅游企业的产品和服务。广告具有覆盖面广、高度公开、具有较强的表现力和吸引力等特点；但广告传递过程中缺乏旅游者信息的反馈，且广告对于旅游者的压力小，此外广告费用相对较高。

**公共关系**。公共关系是从公共宣传发展而来的。公共宣传通常指不以企业自身的身份，而是以第三者的身份，通过大众媒体对企业及产品与服务进行转达、赞誉，直接效果是使产品或企业能形成良好的顾客印象和公共形象，最终仍然以提高销售量为目的。企业在进行公共关系活动时，也要利用大众媒体等。旅游企业进行广告活动，往往是指商业广告，需要付费，是一种有偿的促销活动；公共关系虽然也利用广告等手段，但其宣传一般是不用付费的，是一种"制造新闻"的行为。公共关系活动的特点有活动范围广泛、公众接受度高、有助于树立良好的企业形象。

**人员推销**。人员推销是旅游企业通过派出推销人员或委托推销人员亲自向顾客介绍、推广、宣传产品，以促进产品的销售。人员推销的形式可以是面对面交谈，也可以通过电话、信函交流。推销人员的任务除了完成一定的销售量以外，还必须及时发现顾客的需求，开拓新的市场，并创造新需求。人员推销的优点明显，首先具有很大的灵活性，其次具有较大的选择空间和针对性，最后具备公共关系的作用。其缺点是推销成本较高，有时候推销效果也不甚理想。

**营销推广**。营销推广是通过鼓励购买或短期刺激，促使购买者更快更多地购买产品和服务的促销方式。具体工具有：赠品、优惠券、价格折扣、奖金等。营销推广的作用是短期的，在建立品牌形象及树立品牌忠诚度方面作用有限。

相关链接 🔍搜索

### 一券在手，执掌杭州未来

为了积极应对全球金融危机，响应中央提出的扩大内需、拉动消费的宏观经济政策，贯彻落实国家旅游局提出的"全面发展国内旅游、积极发展入境旅游、有序推进出境旅游"的旅游市场开发战略，杭州市政府决定把2009年确定为"消费促进年"，市旅委也及时调整营销策略，将积极开拓国际旅游市场调整为大力开发国内旅游市场，促进旅游业持续稳定较快地发展。一场由杭州市旅委牵头启动和实施的"同游杭州，共享品质——2009杭州好客年"活动热烈地拉开了序幕，其中，发放杭州旅游消费券为重中之重，前后两次发放2.5亿元的杭州旅游消费券，确保了杭州旅游业成为全市最早走出金融危机困境的行业。

在影响力方面，旅游消费券自3月1日起正式使用，取得了显著的社会效益和经济效益。杭州旅游消费券发放使用的专项调查显示，有82.62%的受调查人员表示旅游消费券促使持券人有来杭旅游的念头。

在价值方面，持券游客手中每张10元的杭州旅游消费券拉动了289.45元的在杭消费。截至2009年11月30日，杭州旅游消费券共兑付财政资金1441.0295万元，直接拉动游客在杭消费17916万元。这是一个让人惊喜的数字。该活动不仅给旅游市场带来了巨大的动力，而且拉动了杭州内需，加快了杭州走出经济危机的步伐。

在创新性方面，杭州发放旅游消费券，开地方财政刺激旅游经济先河，本身是典型借助促销事件，提升营销力的事件营销，值得关注与借鉴。

——资料来源：网易旅游

## （四）旅游促销组合策略的类型

旅游企业的促销策略很多，结合旅游产品的特点可以分为两类：一类是将旅游产品向市场推广，通过各种手段将产品信息送到旅游者面前，即所谓推动策略；二是吸引消费者的注意力，引起对旅游产品的关注，从而产生预订愿望，即所谓拉引策略。

**推动策略**。推动策略是指旅游企业将产品或服务沿着分销渠道垂直地向下推销，即以中间商为主要促销对象，再由中间商转售给最终顾客。旅游企业以推动策略来指导渠道成员的促销活动，可以使旅游产品中间商多订购产品并销售给最终购买者。

**拉引策略**。拉动策略是旅游企业花费大量的金钱做广告对最终顾客推销，使旅游者对旅游企业产品产生需求。常见的方式包括旅游企业价格促销、旅游企业广告促销、组织旅游企业产品展销会、通过试销方式促销以及旅游企业公关活动等。

## 二、产品促销策划的步骤

完成一个促销方案的策划一般要经历三个阶段。第一阶段，首先确定一个促销目标，为未来的促销计划提供一个总体构想。第二阶段，从实施组织促销活动的需求出发，对已初步选定的促销形式进行细节上的充实。第三阶段，评估促销可能带来的预期效果。这是一项重要而困难的工作。在促销策划中应该进行科学、客观、清醒的事前评估。

## 三、产品促销策划的目标

企业的促销目标应与整体营销目标以及该阶段促销目标相配合。促销目标可以是对于市场或财务等经济效益性质目标的描述，如扩大市场份额、提高产品接受程度、增加销售额，也可以是对于企业形象等目标的描述。进一步区分具体的促销目标，可以细分为以下分类：

### （一）旅游企业在不同时期的促销目标

旅游企业在经营的不同时期开展促销的具体目标是不同的。可以从两个不同的角度来分析旅游企业在不同时期的促销目标。

#### 1. 产品生命周期各阶段的促销目标

（1）投放期：缩短产品与顾客之间的距离，引导目标客户使用，认知新产品。
（2）成长期：鼓励重复购买，刺激潜力购买者，增强中间商的接受程度。
（3）成熟期：刺激大量购买，吸引竞争品牌的顾客，保持原有的市场占有率。
（4）衰退期：处理库存。

#### 2. 销售淡旺季的促销目标

（1）销售淡季：维持顾客对产品的兴趣，刺激需求，减轻淡季的库存压力。
（2）销售旺季前：影响消费者的购买决策，争取竞争品牌的顾客。
（3）销售旺季：鼓励重复购买和大量购买，鼓励旅游者接受品牌延伸的新产品。
（4）销售旺季后：出售旺季剩余产品以回笼资金，减少积压风险。

### （二）旅游企业针对不同对象的促销目标

#### 1. 针对旅游者的促销目标

（1）鼓励现有旅游者继续购买本品牌产品，把延时性购买变为即时性购买，鼓励大批量购买，接受由本品牌延伸的新产品。

（2）争取潜在客户，培养新的客户群。

（3）争取未使用者的试用，从品牌竞争者手中夺走品牌转换者。

### 2. 针对中间商的促销目标

（1）改善销售渠道，维持和巩固现有的销售渠道及货架陈列；争取让中间商存放额外的开架样品和不定期的促销样品；鼓励中间商销售完整的产品系列。

（2）维持较高的存货水平，诱导中间商储存更多的本品牌产品，鼓励储存由本品牌延伸的新产品和相关产品。

（3）建立品牌忠诚度，排除竞争力促销措施的影响，吸引新的中间商。

（4）激励中间商推销本品牌产品的积极性，如进行特别的展示和陈列，布置有吸引力的卖场广告，对本品牌的产品进行不定期的降价销售等。

### 3. 针对销售人员的促销目标

（1）鼓励销售新产品或新品种。

（2）鼓励寻找更多的潜在顾客。

（3）刺激淡季销售。

## 四、选择促销工具组合与方法

战略思想、促销目标的确定，为促销工具的选择奠定了基础。在此阶段，核心内容是如何根据促销目标，选择适合的促销工具组合，并有针对性地分解促销任务，根据目标任务选择具有可操作性、可行性的具体促销方法。

**选择促销工具组合**。促销战略策划完成后，企业明确了促销目标，进一步确定了促销的中心任务，由此来围绕该中心任务选择促销工具组合。选择促销工具结合，要综合考虑产品性质、产品生命周期、消费者购买准备阶段等多种因素，并和企业自身特点相结合。确定广告、公共宣传、销售促进、人员推销、直接营销几种工具在整体促销活动中的重要性，优先次序，资金分配等，作为下一步进行各项具体的活动策划的前提。

**促销任务分解**。为了进一步将促销形成一个个活动、计划、组织和政策安排，需要对已确定的核心任务进行分解。这种分解一般根据沟通主题要求来进行，当然也可以按组织、部门、诉求对象来进行分解，但不论如何分解，制订一个详细的活动计划项目表是不错的选择。

**选择促销方法**。促销方法的选择除了要受到产品性质、营销策略、产品生命周期、购买者准备阶段等几个因素影响外，最重要的是具体的促销方法必须能够有利于达到所制定的促销目标。实践表明，同时使用多种促销方法比单独使用一种方法更加有效。因此在选择促销方法时，要特别注意各种促销方法的创意组合。

## 五、促销方案策划

### （一）确定促销活动要素

**促销范围**。旅游企业不可能只生产或经营一种产品，但旅游企业内部资源如人、财、物等是有限的，因此，在进行促销活动策划时，首先要确定促销的产品范围。同时，企业的市场区域通常要有主要市场和次要市场之分，促销活动所涉及的市场范围也是企业需要慎重考虑的问题。促销范围的确定主要根据不同产品在不同销售区域的销售情况、企业的自身资源状况、企业经营目标和市场竞争力状况来决定。

**促销时机**。促销时机的选择应根据消费者需求和市场竞争的特点，结合整体市场营销战略来确定。把握最适宜的促销时机，还能够收到事半功倍的效果。事实上，许多企业都善于利用重大节庆或社会活动、企业开业或周年庆典、新产品上市等有利时机开展各种促销活动。

**激励规模**。要使促销获得成功，最大限度的刺激物是必不可少的。较高的刺激程度会产生较高的销售反应，但超过一定限度时，其增加比率却是递减的。因此，企业在制定促销方案时必须决定使成本效益比达到最大的激励规模。

**参与条件**。设定参与条件要注意两个问题。一是避免将优惠给予不可能成为产品固定使用者的人；二是防止因条件苛刻，阻碍了大部分品牌忠诚者或喜欢优惠活动的旅游者参与。

**促销媒介**。企业还必须决定使用哪种促销媒介，以及如何向目标客户传达促销方案。任何一种促销方法都代表不同的对象、到达率和成本。

**持续时间**。如果促销活动的持续时间较短，一些旅游者可能因为太忙而无法参与这个活动；而促销时间太长，旅游者可能认为这是长期降价，使促销活动失去应有的作用，并对品牌产生怀疑。确定促销活动的持续时间，应综合考虑产品特点、消费者购买习惯、促销目标、企业经济实力、竞争策略及其他因素。

### （二）公共宣传活动策划

主要包括选择何种公共宣传方式，如新闻发布会、展览会、座谈会等，采用何种方法使各新闻媒体能够准确流畅地接受旅游企业的促销信息等。

## （三）促销费用预算

不同的旅游企业在财力资源、市场需求、竞争地位、促销愿望等许多方面存在差异，使得促销预算的决定很难由同一的、科学的方法来进行。常用的四种方法是：

量入为出法。即根据旅游企业的财力情况来安排促销经费。这种方法量力而行，易于操作，却忽视了促销对销售的影响，计划性较差。

销售百分比法。具体有两种方法。一是根据上一年销售额的某一百分比决定促销预算。二是根据下一年度的预测销售额的某一百分比决定促销预算。销售百分比法充分考虑了促销与企业收入间的关系，但容易忽视企业的促销目标和促销效率。

竞争对等法。按照竞争对手的促销费用来决定本企业的促销预算。使用这种决定促销预算的方法，有以下基本前提：企业了解竞争对手的促销预算；企业与竞争对手之间的类似性高，差异性低；企业是竞争追随者，而非领导者。

目标任务法。即首先确定促销目标及实现目标所需要的具体任务，然后再确定要完成这些具体任务所需要的经费。从理论上讲，这种方法相对比较合理，但实际操作起来却比较困难。

**?** ## 复习与思考

### 一、名词解释

市场细分　市场定位　目标市场　旅游产品促销　人员推销

### 二、简答

1. 简述旅游产品促销的概念及作用。

2. 试比较人员推销及销售促进的优缺点。

3. 试比较不同类型的旅游客源市场开发策划各自的优缺点。

4. 旅游企业市场细分的现实意义体现在哪些方面？

5. 旅游企业在进行市场细分时应遵循的原则包括哪些？

6. 常用的旅游企业市场定位策略有哪些？如何实施？

## 三、单项选择题

1. 中远距离客源市场的开发主要采用（　　）的开发方式。

A. 政府主导的客源市场

B. 旅游协会组织主导的客源市场

C. 旅游企业主导的客源市场

D. 组合型客源市场

2. （　　）是旅游客源市场开发的起点。

A. 市场调研

B. 市场细分

C. 目标市场选择

D. 市场定位

## 四、多项选择题

1. 旅游目标市场的营销策略有（　　）。

A. 无差异市场策略

B. 差异性市场策略

C. 集中性市场策略

D. 促销组合策略

2. 旅游促销策略包括（　　）。

A. 广告促销策略

B. 人员营销促销策略

C. 公共关系促销策略

D. 营销推广促销策略

## 五、案例分析

### 上海欢乐谷吹响风车"集结号"

结合传统节日，推出特色主题节庆活动，上海欢乐谷推出上海欢乐谷踏青节。

作为以"欢乐"为主题的都市开心地，上海欢乐谷为拉动清明节的市场，主打绿色休闲、公益的概念以满足清明节人们赏春踏青，感受缤纷春天的市场需求，特推出一场以"转动春天，放飞梦想"为主题的踏青活动——上海欢乐谷踏青节。为了迎合"转动"、"放飞"的关键点，欢乐谷特别在园内布置20余万只形式各异、呼呼转动的七彩风车，更是荣获上海吉尼斯大世界认证的"规模最大的风车展示"活动。

节庆期间，欢乐谷特别邀请中国风筝特技第一人带来精彩绝伦的特技风筝表演；花式秋千团队表演单人、双人、三人等惊险刺激而又精彩绝伦的花式高空秋千。同时，邀请上海地道的青团制作团队现场为游客制作甜甜糯糯的新鲜青团。开展爱心捐助、创意影视征集等活动。据不完全统计，此次活动曝光率达300余次之多，电视台、电台平均以每天8次的频率循环播出。据悉，从2011年3月26日到4月5日的欢乐谷踏青节期间，上海欢乐谷共接待游客12万人次，仅清明节三天小假期，共接待游客4万余人，比上年同比增长了35%。根据调研结果显示，踏青小黄金周期间游客整体满意度为95.6%；69%的游客愿意再次前往上海欢乐谷。对于此次踏青节活动，98%的游客对其表示满意。

为抓好市场契机，吸引出行客流，针对 20 万只风车这一亮点进行宣传推广。从 3 月初起，结合目标人群，上海欢乐谷在户外灯箱、视频、网络、报纸、杂志等媒体进行广告宣传。配合踏青期间主题活动的媒介推广，与上海本地报纸、热门网络社区、上海强档电视栏目开展系列合作，用现场活动、新闻报道、栏目合作等方式分阶段、多媒体，不断制造新闻事件，促进踏青市场推广。善用网络，突出 20 万只风车主题。同时充分利用报纸、电视等传统媒体科学合理投放广告，确保有的放矢；并与门户网站开展线上招募，线下自驾活动，并在百度搜索引擎、网易邮箱、人人网、开心网及主流论坛进行口碑营销和推广，总关注度达 30 万次，切合网络热点形成病毒式宣传。

回顾 2011 年的春天，上海欢乐谷里 20 万只风车争奇斗艳，中国规模最大的风车展演，吉尼斯大世界纪录……在 2011 年的春天，上海欢乐谷风车节无疑成为沪上的最大热点，同时也首开华侨城主题活动的先河。

——案例来源：网易旅游

请根据以上案例，回答如下问题：

1. 该案例具有旅游营销策划的哪些营销特征？
2. 上海欢乐谷在客源市场的开发、目标市场的营销等方面分别使用了哪些策略？

## 📖 推荐阅读

1. 肖升. 旅游市场营销 [M]. 北京：旅游教育出版社，2010.
2. 科特勒著. 谢彦君，梁春媚译. 旅游市场营销 [M]. 大连：东北财经大学出版社，2008.
3. 李天元. 旅游市场营销纲要 [M]. 北京：中国旅游出版社，2009.
4. 熊元斌. 旅游营销策划理论与实务 [M]. 武汉：武汉大学出版社，2005.

# 参考文献

1. 保继刚. 旅游区规划与策划案例［M］. 广州：广东旅游出版社，2005.

2. 曹洪福. 当品牌遇到策划［M］. 北京：中国财富出版社，2013 - 01 - 01.

3. 岑丽莹. 中外危机公关案例启示录［M］. 企业管理出版社，2010.

4. 程宇宁. 品牌策划与管理［M］. 北京：中国人民大学出版社，2011 - 07 - 01.

5. 戴光全，张骁鸣. 节事旅游概论［M］. 北京：中国人民大学出版社，2011.

6. 戴光全等. 节庆、节事及事件旅游理论·案例·策划［M］. 北京：科学出版社，2005.

7. 黄翔. 旅游节庆与品牌建设理论·案例［M］. 天津：南开大学出版社，2007.

8. 科特勒著. 谢彦君，梁春媚注. 旅游市场营销［M］. 大连：东北财经大学出版社，2008.

9. 李峰. 旅游策划理论与实务［M］. 北京：北京大学出版社，2013.

10. 李蕾蕾. 旅游目的地形象策划：理论与实务［M］. 广东：广东旅游出版社，2008.

11. 李天元. 旅游市场营销纲要［M］. 北京：中国旅游出版社，2009.

12. 李文斐，段建军. 企业公关与策划［M］. 华中科技大学出版社，2011.

13. 凌善金. 旅游地形象设计研究——以安徽为例［M］. 合肥：安徽人民出版社，2009.

14. 卢良志，吴江. 旅游策划学［M］. 北京. 旅游教育出版社，2009.07.

15. 森特，杰克逊. 森特公共关系实务［M］. 北京：中国人民大学出版社，2009.

16. 邵春. 品牌策划36计［M］. 北京：中国旅游出版社，2004 - 03 - 01.

17. 沈刚，吴雪飞. 旅游策划实务［M］. 北京：清华大学出版社，2008.

18. 沈祖祥. 旅游策划——理论、方法与定制化原创样本［M］. 上海：复旦大学出版社，2007.

19. 沈祖祥. 世界著名旅游策划实战案例［M］. 郑州：河南人民出版社，2004.

20. 谭昆智，汤敏慧. 公共关系策划［M］. 北京：清华大学出版社，2009.

21. 肖升. 旅游市场营销［M］. 北京：旅游教育出版社，2010.

22. 熊大寻. 谁在策划旅游［M］. 广州：广东经济出版社，2011.

23. 熊元斌. 旅游营销策划理论与实务［M］. 武汉：武汉大学出版社，2005.

24. 徐红星，Alan A. Lew. 事件旅游及旅游目的地建设管理［C］. 北京：中国旅游出版社，2005.

25. 杨力民. 创意旅游［M］. 北京：中国旅游出版社，2009.

26. 杨振之. 旅游原创策划［M］. 成都：四川大学出版社，2006.

27. 尹隽等. 旅游目的地形象策划［M］. 北京：人民邮电出版社，2006.

28. 余明阳，薛可. 公共关系策划学［M］. 北京：首都经济贸易大学出版社，2012.

29. 周朝霞. 企业形象策划实务［M］. 北京：机械工业出版社，2011.

30. 周培玉. 企业战略策划［M］. 北京：中国经济出版社，2008.

31. http：//www. ctrip. com/（携程网）

32. http：//www. elong. com/（艺龙旅行网）

33. http：//top. chinaz. com/（酷讯旅游网）

34. http：//www. clydc. com/sfpx. asp（盛方咨询）

35. http：//www. davost. com/（巅峰智业）

责任编辑：张芸艳
责任印制：冯冬青
封面设计：鲁　筱

图书在版编目（ＣＩＰ）数据

旅游策划实务 / 贾玉芳主编. -- 北京 ：中国旅游
出版社，2014.1（2022.6重印）
"中国旅游院校五星联盟"中国骨干旅游高职院校教
材编写出版项目
ISBN 978-7-5032-4878-8

Ⅰ．①旅… Ⅱ．①贾… Ⅲ．①旅游业－策划－高等职
业教育－教材 Ⅳ．①F590.1

中国版本图书馆CIP数据核字(2013)第308107号

书　　　名：旅游策划实务

作　　者：贾玉芳　主编
出版发行：中国旅游出版社
　　　　　（北京静安东里 6 号　邮编：100028）
　　　　　http://www.cttp.net.cn　E-mail:cttp@mct.gov.cn
　　　　　营销中心电话：010-57377108，010-57377109
　　　　　读者服务部电话：010-57377151
经　　销：全国各地新华书店
印　　刷：三河市灵山芝兰印刷有限公司
版　　次：2014 年 1 月第 1 版　2022 年 6 月第 6 次印刷
开　　本：787 毫米 ×1092 毫米　1/16
印　　张：16.75
字　　数：320 千
定　　价：35.00 元
ISBN　978-7-5032-4878-8